食品产业的可持续发展

Sustainability in the Food Industry

［美］谢丽尔·J. 鲍尔温　编

于亢亢　马亿珂　赵　华　译

中国环境出版集团·北京

图书在版编目（CIP）数据

食品产业的可持续发展/（美）谢丽尔·J. 鲍尔温编；于亢亢，马亿珂，赵华译. —北京：中国环境出版集团，2022.3
书名原文：Sustainability in the Food Industry
ISBN 978-7-5111-4613-7

Ⅰ. ①食… Ⅱ. ①谢…②于…③马…④赵… Ⅲ. ①食品工业—产业发展—研究 Ⅳ. ①F407.82

中国版本图书馆 CIP 数据核字（2021）第 253477 号

版权登记号 图字：01-2017-7876 号
Sustainability in the Food Industry

出 版 人 武德凯
责任编辑 侯华华
责任校对 任 丽
封面设计 宋 瑞

出版发行 中国环境出版集团
（100062 北京市东城区广渠门内大街 16 号）
网 址：http://www.cesp.com.cn
电子邮箱：bjgl@cesp.com.cn
联系电话：010-67112765（编辑管理部）
010-67112735（第一分社）
发行热线：010-67125803，010-67113405（传真）
印 刷 北京市联华印刷厂
经 销 各地新华书店
版 次 2022 年 3 月第 1 版
印 次 2022 年 3 月第 1 次印刷
开 本 787×960
印 张 15
字 数 268 千字
定 价 76.00 元

共同编著者

谢丽尔·J. 鲍尔温（导言、第 7 章、第 9 章、第 11 章）
绿标签组织，华盛顿特区，DC 20036

亚伦·L. 布洛迪（第 4 章）
包装/布罗迪公司，德鲁斯，GA 30095

杰夫·查利（第 8 章）
卡夫食品，诺斯菲尔德，IL 60093

本·钱皮恩（第 3 章）
堪萨斯州立大学，地理学院，曼哈顿，KS 66506

切里·查斯顿（第 8 章）
内华达酿造公司，可持续协调员，CA 95928

提姆·克洛斯比（第 3 章）
华盛顿种植，埃德蒙兹，WA 98020

兰迪·达加德（第 5 章）
奥尔胡斯大学，农业科学学院，农业生态与环境系，丹麦，切勒

德兰·提·买·迪厄（第 2 章）
范朗大学，环境技术与管理学院，越南，胡志明市

查尔斯·弗朗西斯（第 1 章、第 6 章）
内布拉斯加州立大学，农学与园艺学院，林肯，NE 68583

霍莉·吉文斯（第 7 章）
有机贸易协会，华盛顿特区，DC 20008

尼尔斯·哈尔伯格（第5章）

丹麦有机食品与农业研究中心，丹麦，切勒

巴巴拉·豪曼（第7章）

有机贸易协会，华盛顿特区，DC 20008

约翰·E. 赫尔曼森（第5章）

奥尔胡斯大学，农业科学学院，农业生态与环境系，丹麦，切勒

莎拉·卡普拉（第3章）

爱荷华州立大学，利奥波德可持续农业中心，艾姆斯，IA 50011

莉丝贝丝·莫根森（第5章）

奥尔胡斯大学，农业科学学院，农业生态与环境系，丹麦，切勒

里奇·皮罗格（第3章）

爱荷华州立大学，利奥波德可持续农业中心，艾姆斯，IA 50011

丽贝卡·拉斯穆森（第3章）

爱荷华州立大学，利奥波德可持续农业中心，艾姆斯，IA 50011

阿马吉特·萨霍塔（第7章）

有机监控员，英国，伦敦

凯莎·谢尔克（第6章）

科维斯蓝公司，芝加哥，IL 60610

B. 盖尔·史密斯（第5章、第8章）

联合利华研究院，可持续农业科学家，英国

约翰·特鲁恩（第10章）

可持续食品系统，沃林福德，CT 06492

J. C. 维斯（第5章、第8章）

联合利华研究院，可持续农业项目负责人，荷兰

贾斯汀·万·瓦特（第1章、第6章）

内布拉斯加州立大学，农学与园艺学院，林肯，NE 68583

纳娜·T. 威尔伯福斯（第11章）

绿标签组织，华盛顿特区，DC 20036

译者序

在党的十九大报告中，习近平总书记明确提出："我们要建设的现代化是人与自然和谐共生的现代化，既要创造更多物质财富和精神财富以满足人民日益增长的美好生活需要，也要提供更多优质生态产品以满足人民日益增长的优美生态环境需要。"在经济发展新常态下，形成节约资源和保护环境的空间格局、产业结构、生产方式、生活方式成为首要目标，如何在发展中平衡环境、社会、经济之间的关系也成为企业决策者要面对的关键问题，可持续这一话题也成为管理领域很多学者关注的热点。

对于可持续发展的定义，最广为接受的是世界可持续发展工商理事会（WBCSD）在 1987 年给出的"在不以牺牲未来一代的需求为代价的前提下满足现在的需求发展"。这一理解也被用在很多问题上，例如，理解经济活动对环境的影响，保证世界范围的食品安全，保证人类的基本需求，以及对不可再生资源的保护。但是，这一定义仅考虑了可持续性的宏观经济、社会层面，对企业实践的指导作用不强。而近年来可持续供应链（Sustainable Supply Chain）、可持续食品供应链（Sustainable Food Supply Chain）、环境可持续供应链（Environmentally Sustainable Supply Chain）等概念越来越多地出现在运营与供应链领域的核心期刊中。这些研究从微观角度尝试解答如何实现"三重底线"（Triple-Bottom-Line）的原则。

Wiley 出版社推出的 *Sustainability in the Food Industry* 聚焦食品产业，深入地剖析了可持续发展概念的具体应用。该书以食品供应链为切入点，从供应链的起始点农产品生产开始分析，继而对供应链上的各个节点（包括加工、配送、包装、生产、零售等与可持续发展相关的内容）展开论述，既有客观的数据展示，也有深入的案例剖析，其深入浅出的写作方式让读者能够更容易了解到食品产业可持续发展的前沿研究。

我们选择将该书翻译成中文，也是为了便于目前对可持续发展进行研究的学者了解国外的研究方法和成果，通过借鉴合适的方法，解决目前国内存在的环境污染、食品安全等问题。同时，我们希望从可持续发展的理念出发，为制定运营与供应链战略的经营者了解行业特征、创新经营模式提供思路。

作为本书的译者，我们力求译文准确、精练且通俗易懂。但是由于专业和知识水平有限，翻译不当之处，敬请广大读者批评指正。

本书得到了国家自然科学基金项目“可持续供应链的战略匹配机制：环境、企业、个人跨层研究”（No.71672189），以及国家自然科学基金项目“可持续供应链中的风险应对能力：从高管正念到组织弹性的交叉研究”（No.72072174）的支持。

此外，中央财经大学商学院的钱程老师也对本书提出了宝贵意见，并直接参与了部分疑难内容的翻译，特此表示感谢！

于亢亢

2021 年 3 月 14 日于北京

目　录

导　言……………………………………………………………………………… 1

第 1 章　农　业 ………………………………………………………………………… 5

1.1　引言：人类的食物供给是一个持久的挑战 ……………………………… 5

1.2　农业技术研究 ……………………………………………………………… 6

1.3　有机农业 …………………………………………………………………… 13

1.4　法规和支持项目 …………………………………………………………… 14

1.5　现有方法的结果和发展趋势 ……………………………………………… 16

参考文献 ……………………………………………………………………………… 17

第 2 章　食品加工和食品废弃物 ……………………………………………………… 22

2.1　引言 ………………………………………………………………………… 22

2.2　废弃物 ……………………………………………………………………… 23

2.3　废弃物管理 ………………………………………………………………… 35

2.4　能源消耗 …………………………………………………………………… 39

2.5　总结 ………………………………………………………………………… 43

2.6　案例研究 …………………………………………………………………… 44

参考文献 ……………………………………………………………………………… 48

第 3 章 配 送 58
3.1 引言 58
3.2 国际配送 64
3.3 国内配送 69
3.4 地方/区域配送 78
3.5 总结 87
参考文献 88

第 4 章 包 装 93
4.1 引言 93
4.2 食品包装的环境考虑 93
4.3 能源消耗 102
4.4 可持续包装设计 103
4.5 总结 104
参考文献 104

第 5 章 食品供应链的生命周期评估 106
5.1 引言 106
5.2 食品农业生产的环境影响比较 110
5.3 不同膳食的环境影响 116
5.4 联合利华如何使用可持续性工具和指标 124
5.5 生命周期分析 124
5.6 结论 129
参考文献 130

第 6 章 食品供应链的社会层面问题 135
6.1 食品安全、健康和营养 135
6.2 农场和市场效益 141

6.3 小农场和农村社区 142
6.4 结论 143
参考文献 143

第 7 章 可持续产品中的生态标签和消费者利益 149
7.1 消费者洞察力和绿色营销 149
7.2 全球有机标准和法规 157
7.3 公平贸易认证的食品 162
7.4 其他可持续食品 167
7.5 结论 170
参考文献 171

第 8 章 食品和饮料生产企业的可持续 174
8.1 概述 174
8.2 内华达山脉酿造企业：致力于最小化直接影响 174
8.3 联合利华：致力于最小化间接影响 177
8.4 卡夫食品：关注如何开始在组织中实施可持续 186
8.5 供应链的可持续 190
参考文献 196

第 9 章 食品零售中的可持续 197
9.1 概述 197
9.2 食品零售生命周期的影响 198
9.3 零售商在做什么 200
9.4 总结 205
参考文献 205

第 10 章 食品服务中的可持续性 208
10.1 引言 208
10.2 采购 209
10.3 订购与分销商 209
10.4 食谱规划 212
10.5 储存 214
10.6 准备和服务 215
10.7 实施可持续运营 217
10.8 案例研究 218
10.9 总结 219
参考文献 219

第 11 章 食品的可持续原则和可持续创新 221
11.1 引言 221
11.2 食品的可持续原则 222
11.3 可持续产品开发与创新 224
11.4 总结 229
参考文献 229

导 言

谢丽尔·J. 鲍尔温

食品供应链影响着地球上的每一个人。因此，食品供应链的可持续发展势在必行。可持续发展被定义为“在不以牺牲未来一代的需求为代价的前提下满足现在的需求发展”。食品供应链也被称为食品产业或食品系统，包括食品生产、加工、分销、消费者购买、消费者使用和废弃等方面。可持续的食品供给意味着食品的生产和消费将以后代的福祉为目标。

目前，食物供给的影响已显示出不可持续性，这种影响包括过度依赖食品生产的投入，如过度的产品生产。食品供应链对气候变化的影响显著，仅农业生产的温室气体排放量就占全球温室气体排放量的 17%～32%（Bellarby et al.，2008）。据估计，美国的食品系统消耗了近 16%的能源（Hendrickson，1996）。食品加工的水资源消耗占全球总用水量的 25%，占工业国家用水量的 50%～80%（Okos，2008）。此外，食物供给的影响还普遍存在营养失调问题，既包括营养不足，又包括营养过剩。因此，食物供给的可持续性考量因素主要包括能源、废物、水、空气、气候、生物多样性、食品质量、食品数量、食品价格、食品安全、食品相关就业和员工福利等（Kramer and Meeusen，2003）。本书将详细讨论这些问题。

食品产业可为广大消费者提供安全、营养和美味的食品。农业生产可以提供一系列食品。商品加工可以保存食物，以便适当分配和储存食物，并且通过预定消费商品来减少总浪费。配送可以使食物到达消费者手中。

英国的可持续农业和粮食战略为可持续食品链制定了以下关键原则（DEFRA，2006）：

（1）根据市场需求生产安全健康的产品，确保所有消费者都能获得有营养的食物，并获得有关食品的准确信息。

（2）支持农村与城市社区的可行性和多样性。

（3）通过市场和公共利益分配，利用可持续的土地管理实现发展。

（4）在自然资源（特别是土壤、水和生物多样性）的限制范围内运作。

（5）通过减少能源消耗，最小化资源投入，以及尽可能使用可再生能源，实现高标准的环境绩效。

（6）确保安全、卫生的工作环境，为所有涉及食品链的员工提供高水平的社会福利和培训。

（7）始终坚持动物健康和动物保护的高标准要求。

（8）除非为满足社会其他需求而必须替代土地原本用途，应维持可用于粮食种植和提供其他公共利益的资源。

因此，农业生产应该以最小的强度提供最为丰富的产品选择。食品加工商和制造商需要采取可持续的行动，如减少废物、堆肥、回收和加工废弃物，并且尽可能减少水和能源的使用。配送也应尽可能高效。

可持续发展在实践中的社会和环境效益十分重要，世界可持续发展工商理事会（World Business Council for Sustainable Development，WBCSD）发现，进行可持续实践的企业在经济效益上取得了更大的成功（WBCSD，2002）。可持续实践的效益包括降低生产成本，改进产品功能和质量，增加市场份额，改善环境绩效，改善与利益相关者的关系，降低风险。

消费者对可持续食品的兴趣也在增长，这种兴趣归因于改善个人与家庭健康和安全的愿望（Sloan，2007）。环境方面的原因仍然是次要的，并且在很多方面对于消费者来说都是未知的。例如，2007 年利奥波德可持续农业研究中心（Leopold Center for Sustainable Agriculture）进行的一项调查显示，只有 12%的被调查者认为全球食品是安全的，88%的被调查者认为当地和区域性的食品系统比较安全或非常安全，并且对这类食品有购买偏好（Pirog and Larson，2007）。调查结果还显示，被调查者不知道单位质量的食品用飞机运输比用货车运输排放更多的温室气体（Pirog and Larson，2007）。

本书讨论了不可持续的食品供给对健康和食品安全的影响，书中的结论远超出了普通消费者的认知范围。这表明，消费者了解得越多，他们对可持续食品的兴趣也就越高。与此同时，消费者的环境意识将提升到一个新的高度。

本书将评估食品产业主要供应链各组成部分的可持续性。鉴于其重要性和发展的需要，我们将重点关注环境因素。最后，本书第 11 章将把所有章节（供应链组成部分）的讨论加以综合，概述食品和饮料产品的可持续性原则，包括如何开发和创新更多可持续产品。

参考文献

Bellarby, J., B. Foereid, A. Hastings, and P. Smith. 2008. *Cool Farming: Climate Impacts of Agriculture and Mitigation Potential*. Amsterdam, the Netherlands: Greenpeace.

DEFRA (Department for Environment, Food and Rural Affairs). 2006. *Food Industry Sustainability Strategy*. London, UK: DEFRA.

Hendrickson, J. 1996. *Energy Use in the U.S. Food System: A Summary of Existing Research and Analysis*. Madison, WI: University of Wisconsin, Center for Integrated Agricultural Systems.

Kramer, K., and M. Meeusen. 2003. “Sustainability in the agrofood sector.” In: *Life cycle Assessment in the Agri-food Sector: Proceeding from the 4th International Conference, October 6-8, 2003*, Bygholm, Denmark.

Okos, M. *Developing Environmentally and Economically Sustainable Food Processing Systems*. Available from https://engineering.purdue.edu/ABE/Research/ research 95/okos.sohn.96.whtml. Accessed April 5, 2008.

Pirog, R., and A. Larson. 2007. *Consumer Perceptions of the Safety, Health, and Environmental Impact of Various Scales and Geographic Origin of Food Supply Chains*. Ames, IA: Leopold Center for Sustainable Agriculture. September 2007.

Sloan, E. 2007. New shades of green. *Food Technol*. 61(12):16.

WBCSD (World Business Council for Sustainable Development). 2002. *The Business Case for Sustainable Development*. Available from http://www.wbcsd.org/ web/ publications/business-case.pdf. Accessed September 19, 2008.

第 1 章
农 业

查尔斯·弗朗西斯，贾斯汀·万·瓦特

1.1 引言：人类的食物供给是一个持久的挑战

可持续农业和食品体系的发展是经济和环境长期计划的一个重要组成部分。充足的食物和适于居住的环境对人类的长期生存都是非常关键的。

过去的研究也说明了在主要的农业产区，特别是具有灌溉潜力的地区，食物生产表现出了很显著甚至是意料之外的增长。除此之外，还有种植业育种对高产系统的贡献，以及施肥和除虫管理取得的相应进步。绿色革命（Green Revolution）的成果以及国际农业研究中心（International Agricultural Research Centers）都证明了专注于公共领域的农业计划能取得很好的成绩。同时，食物的加速生产也影响了食品价格。与其他生物种群一样，人口数量的增长也取决于所获得的食物和其他资源的量。在达到预测的水平之前，人口数量很有可能达到 96 亿（Brown，2008）。人口数量的增长和对食品、能源以及其他产品的需求都依赖于不可再生的自然资源，这将对地球生命支持系统造成空前的压力（Tilman et al.，2002）。人类的活动已消耗了光合作用中全部净产出的 40%，只剩下 60%留给其他生物存续。

现今植物和动物种群灭绝的速度或许能够表明地球生态系统的脆弱性。经济学家、作家莱斯特·布朗（Lester Brown）认为，我们正处在地球历史的第六次灭绝中，上一次是 6 500 万年前恐龙的消失（可能是小行星撞击地球的结果）（Brown，2008）。现在的问题是，这次灭绝完全是人类活动以及人类对栖息地破坏的结果。对经济和食物系统最直接的影响就是鱼类的消亡和渔业的衰退，有 75%的商业鱼类正在快速消失（FAO，2007）。人类活动更长远的影响还包括维系生命的生态系统支持功能的缺失（Daily，1996）。我们必须承认人口膨胀和食物产量增加是有成本的，这个代价通常是我们无法估量的。

因此，我们已到达了自然资源开发和人类需求满意度之间平衡的拐点。布朗的《B 计划 3.0：迁移以拯救文明》（*Plan B 3.0：Mobilizing to Save Civilization*）（Brown，2008）提出了全球范围内的挑战和解决方案。此外，《开发和拓展可持续农业：一个新的社会契约》（*Developing and Extending Sustainable Agriculture：A New Social Contract*）（Francis et al.，2006）一书提供了农业中可持续实践的目录，这本书也是本章的一个主要参考文献。

1.2 农业技术研究

在过去的一个世纪，农业的发展非常显著。人口数量从 1960 年的 30 亿增加到了 2000 年的 60 亿，谷物产量增长了 3 倍，很快就与人口增长同步，解决了一些地区的饥饿问题（Kang and Priyadarshan，2007）。谷物产量的增加也提升了一些地区的营养和健康水平，尽管持续贫穷的地区（特别是非洲撒哈拉地区）依然有很多人无法获得食物。随着贫富差距的加大，食物供给的不均衡也在增加，南半球和北半球一些地区都面临着食物过剩问题。此外，现今能源转向生物燃料，特别是由北半球的玉米和油菜籽以及南半球的甘蔗和橄榄油制取乙醇，这是对食物的生产和获取的又一挑战。

谷物产量的增加在很大程度上归功于可灌溉农业用地的扩大，以及人类生产力的提升，主要是因为机械化减轻了耕种劳动负荷。机械化的过程使人们参与到产业变革的其他活动中，从而解放了劳动力。特别重要的是，主要农作物的基因序列研究的进展在绿色革命中尤为明显，影响了亚洲和拉丁美洲的大米和小麦生产，以及其他区域的玉米生产。虽然取得了这些进步，但是化学肥料和杀虫剂的使用量也大幅增加。在设计完善和高效的种植系统中，这些新技术产生了协同效应，从而增加了粮食产量。

从人类定居并从其附近的环境中选出最适合的植物开始，农作物品种的基因改善就是一个持续的过程（Plucknett and Smith，1986）。人类将谷物的种子保留下来，并且从树上或藤蔓上采摘下理想的食物。通常这些植物的种子形状较大、可食用、不易粉碎，并且经烹饪后味道极佳。大多数改善农作物产量的基因进展都是女性做出的，她们进行了这些早期的筛选，男性则负责打猎。孟德尔的遗传定律（Mendel's Principles of Genetics）是帮助我们理解玉米杂交和发育机理的关键。基因筛选技术对于一些自授粉谷物（如小麦和大米）同样也很适用。20世纪下半叶，国际农业研究中心和其研究伙伴对主要农作物的基因进展起到了关键作用。植物提供了人类饮食中3/4的热量和蛋白质，而且研究其中3种主要谷物的发展是很有价值的，因为它们提供了人类食物中超过一半的能量。

1.2.1 小麦的发展

小麦是人类消费的最重要的谷物之一（见图1.1），全球年产量接近6亿t（Singh and Trethowan，2007）。其中50%来自发展中国家，墨西哥国际玉米和小麦改良中心（International Center for Improvement of Maize and Wheat）进行了穿梭育种（shuttle breading），基因改良使作物适应了缺水条件。春小麦的种植范围从赤道到南北纬60°，以及从海平面到海拔3 000 m。冬小麦主要是适应冬季低温，在春天破土，在仲夏产出最高。这些小麦品种耐旱能力强，能够适应更广的生态区域。欧洲的一些地区的小麦产量很高，主要是在适宜的雨水条件下，合理施用化肥来避免倒伏，使其更好地生长。只要生产过程中所需的燃料、化肥和化学制剂供给充足，这些系统就是可持续的。最后，可持续还依赖于环境规章制度，以及我们如何应用这些化学制剂，以保证不产生过多硝酸盐或者化学物质残留，不对人类和其他生物造成伤害。

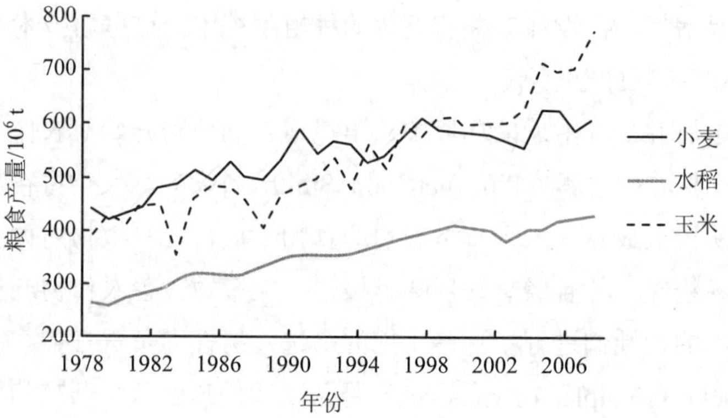

图 1.1 世界粮食产量（1978—2008 年）（FAS，2008）

有两个高产灌溉区域越来越引起关注，即墨西哥西北部——新的小麦品种就是在那里开发出来的，以及印度的旁遮普邦和巴基斯坦——这些地方的水源充足，可以同时种植夏季谷物或者豆类。只要土壤肥沃，有充足的灌溉用水，这些区域的农业也是可持续的。在旁遮普邦的案例中，地下水位以每年 1 m 的速度下降，原因是管道的密集使用以及冬季和夏季作物的灌溉。若以这个速度发展下去，农业用水的成本就会变得很高。

其他生产部门用水的竞争也是很重要的因素。每产出 1 t 谷物需要 1 000 t 水（Gleick，2000）。即使现在谷物的基本价格提升，每单位水资源的经济产出依然远低于其他产业，而且不可能与公共供给的水源竞争。农业用水的优势是涵养水源，雨水可用于农作物灌溉。把水资源（如河流、水库或地下含水层中的水）集中起来会对社会的其他部门有更高的价值。这些水资源无论是休闲用途，还是保护野生动物栖息地，都对人类社会有很高的价值。但是当食物越来越稀缺，需要水资源来满足人类的基本需求时，这种情况可能会发生改变。

1.2.2 水稻的发展

水稻是另一种非常重要的谷物（见图 1.1），每年全球产量 4 亿 t（Virmani and Ilyas-Ahmed，2007），而且 90%的产量在亚洲。这种农作物可以在澳大利亚南纬 35°到蒙古国北纬 50°，以及海平面到海拔约 3 000 m 的范围内种植。20 世纪后半叶，水稻种植面积增加了近 1.8 倍，每公顷的平均产量翻番，因此全球产量增长了近 4 倍。重要的技术进步带来品种的多样性，例如，对光照周期并不敏感的品种，可以在一年中任何雨水和温度条件适宜的时间种植；半矮生品种可以与更多谷物一样适应肥料；生长周期短的品种在灌溉充足的条件下可以一年种植 2～3 种；化学肥料和除草技术都有利于提高产量。

还有一个问题是亚洲的水稻产量一直在下降。虽然有很多理论被提出，但是目前看来，在作物的生命周期中，氮元素是否容易获取是影响产量的主要因素（Doberman et al.，2000）。这方面的研究仍在继续，因为大米是亚洲居民饮食中最重要的构成部分。此外，人们还有很多担忧，如土壤中病原体的影响，同样的农作物采用持续的培育方式时如何使用养分，以及其他可能造成产量下降的土壤养分原因。在亚洲，这一问题的解决对数百万人的生活至关重要。通过农作物轮作可以解决这一问题，但是实现种植可持续方式的前提是这些土地是否适合种植水稻，以及对大米这种食物的持续需求，这和生态上的原因一样复杂。

1.2.3 玉米的发展

从总产量来看，玉米是全球最重要的谷物，每年将近 7 亿 t（见图 1.1）。相比其原产地危地马拉和墨西哥南部，在非洲、东亚、东南亚地区，玉米是主要的谷物。作为种植者关注的第一种异花传粉的农作物，玉米是植物基因改善的范本，也是美国和一些气候温和国家的重要谷物。早期的研究除了增加谷物产量，还侧重在增加谷物中蛋白质和油的含量的同时不降低谷物产量（Johnson，2007）。玉米近交系和其杂交品种的发展已经到了研究基因、检测方法以及标记辅助筛选和其他技术的标准的阶段。双杂交（4 个遗传源）和单杂交（2 个遗传源）构成了美国杂交玉米产业的基础，也成为其他国家寻求高产量和新基因组合的范本。

除了基于自交系的杂交，早期的玉米育种人员引入了改善后的种群和农民可以种植并保存种子的其他品种。这一概念是建立在了解玉米的授粉习性基础上的，玉米 95%的授粉来自另一植株，因此可以说玉米是 95%的异型杂交。因此，田地里 95%的种子来自同一种品种，是与这块田地或者附近的田地里的其他种类的植株杂交的结果。通过混合具有相似特征的植物种群，包括谷物的颜色和成熟度，人们就可以从田地里“最好”的植株中收获种子，同时也可以保证主要种类是同一块田里两个源株的杂交体。从相对多样高产的品种开始，农民就有可能筛选出改良的品种，甚至比农场条件产出的还要好。在田地里筛选品种是很重要的，要选出那些表现比较好的个体，即既有防虫和抗旱性，又能很好地适应耕作系统的个体。挑选玉米穗的农民，通常会选最大的，以期能够增产，但却发现这些穗来自晚熟过高植株，而这些负面特征却体现不到穗上。这种品种的改良避免了农民每一季采购杂交种子，而且这种策略在很多发展中国家成功运用于增加玉米产量上。

玉米改良中新的发展是转基因杂交玉米，而不是之前被误称的转基因生物（GMOs）。这是一个误解，因为所有驯化后的玉米的基因已经改变过了，农民选择种子大或者质量好的植株来进行种植。转基因杂交品种是通过分子转移技术，引入另一序列或种群的一种或者多种基因的序列，它们已经应用在对抗特定的害虫或者特定的除草剂上。这是一种昂贵但非常有效的方法，可以将特殊的性状纳入种子的基因组中，从而简化管理，并可能降低投入的成本。另外，这种技术一个可能的缺点是在新的杂交品种广泛应用的同时会产生具有对抗特定条件基因的害虫或杂草。农民现在急切地需要种植这些新的杂交品种，同时将它们与其他控制病虫害的策略相结合，从而使这种杂交技术能得到持续应用。

1.2.4 化肥

化肥的引入（特别是第二次世界大战期间），为农业带来了更多的便利，而且促使农民在农作物种植所需养分方面的思想发生了转变。在短短的几十年里，我们抛弃了很多生态原则，包括多样化农作物轮作和农作物种植与动物的养殖相结合。这些原则是农业的基础，也是实践所得。为了增加收入和供养更多人口而追求更高产量，随着谷物和动物蛋白的增加，我们逐渐偏离了自然循环系统，转向创造更大的更同质化耕地的系统，这种系统逐渐主宰了生产环境。

这种为高需求作物供给所需养分，特别是供给主要养分（氮、磷、钾）的策略催生了化肥新产业，而且在农作物生长初期就开始施用化肥。建议施用的化肥替代了从已收获的作物中提取的养分，而且会施用更多的化肥来确保在雨水充沛的时节氧分供给充足，同时使产量最大化。但是，很多早期的策略并没有考虑其他养分来源，如灌溉用水中的、往年积累下来的以及作物中残留的养分，这些可以为下一代作物的生长提供养分。初始施用的化肥可帮助作物转化稀有的养分，特别是寒冷气候下可帮助磷的转化，同时也使作物看上去更绿、更健康。但是，大多数时候，这些早期可见的植物活力在收获的时候并没有影响产量，因此，这些投入并没有经济上的优势。而且，过度使用这些养分（如氮）可能会导致其流失，从土壤中溶解，进入地下水，同时从土壤表层流失到河流湖泊中。这是对经济资源的浪费，也会给环境和社会带来负担，因此要寻求解决这个问题的方法。

好的农场经营者是精明的养分管理者，能够利用研究报告、土地和个人经验中的所有可得信息。他们会仔细考虑所有养分来源，例如，在决定要施用多少关键养分之前，他们可以利用以前的作物和土壤有机物、灌溉用水或者冬季的降雪和春季的雨水、豆荚或者覆盖农作物的杂草来获得氮。为了发现哪里最需要养分，以及哪里能够获得最高的产量，他们会采集土壤样本并且检查不同土地的谷物产量。

尽管传统农业采用了最佳做法，但单位产量所需的营养水平也在逐渐提高，而且大部分用化学方法提高养分转化效率的研究成本也越来越高。在化学体系中，我们已经达到了研究成效由上升至下降的拐点，至少在主要谷物作物的研究上是如此。

1.2.5 农药

合成农药的引入是提高耕作便利性的又一大贡献。与养分的情况相似，越来越多地使用杀虫剂、除草剂、除菌剂、除线虫剂，以及其他化学控制病虫害的方法替代了先前有助于害虫管理的作物轮作。这些产品几小时内就能够杀死害虫、除去杂草，见效很快，而且被视为困扰农业几个世纪的虫害问题的现代解决方案。事实上，一些化学方法如通过除草剂控制杂草也会使产量降低，造成土壤侵蚀。蕾切尔·卡逊（Rachel Carson）在1962年出版的《寂静的春天》（*Silent Spring*）一书引起了人们对滴滴涕（DDT）和其他碳氢化合物、杀虫剂广泛使用的副作用的关注。从美国国家环境保护局（The United States Environmental Protection

Agency）成立到现在，对农业中应用的新的化学试剂的检测和认证要求越来越严格，而且大多数现有的农药都被视为是安全的。也有很多人坚持认为我们应该对大规模使用化学制剂更加谨慎，因为它们的长期影响可能很难估量，而且我们在决策时应该坚持提前预防的原则。奇怪的是，很多生物学家并没有意识到任何特定化学试剂的大范围使用都会导致杂草和害虫产生抗药性。现在使用抗草甘磷的两年内间种的玉米和大豆，两年都用同样的农药将加剧杂草产生抗药性。目前，有超过 1 000 种害虫和杂草能对一种或多种农药产生抗药性（Miller，2004）。

化肥和杀虫剂的发展带来了农业的一大改变，即农耕系统的简化，因此可以持续地种植单一品种或者简单地两年轮作，如美国中西部的玉米和大豆。畜牧业生产的变化是将牛肉、乳品、猪肉、禽肉的生产集中到大型封闭场所，这些场所通常在管理上与作物种植分离。对动物进行封闭的谷物喂养减少了对饲料的需求；因此，牧场的面积越来越小了，这对于传统的土地轮作、土壤施肥、控制害虫都很不利。封闭饲养的负面影响是牲畜粪便原本可作为高质量的肥料，现在却变成了需要处理的废物。一些创新的解决方案，如在饲料厂的加工过程中生产沼气是让养分回到生产过程的有效途径，同时也解决了废物处理的成本问题。

1.2.6 收获后的损失

联合国粮食及农业组织（Food and Agriculture Organization of the United Nations，FAO）很早就意识到可以通过减少收获后的损失，提高粮食供应的潜力（FAO，1981）。据估计，收获后的损失在我们现有的供应链中占食物总产量的 21%（Niranjan and Shilton，1994）。

收获后的损失来自各个阶段，包括食物离开植株、离开海洋、离开动物本体、收获以后、加工处理、储存和运输。损失的原因和数量因作物或食物的种类及生长环境等不同而差别很大。减少损失的方法是用适当的耕种方式来避免病虫害等问题。因此，适当地规划收获，种植人类所需的作物（有一些过量），在正确的条件下以及恰当的时间收获，这些都很重要。收获过程还应该尽量减小对产品造成的物理伤害，由此才能避免产品变质速度的加快。进一步的控制措施还有适当的储存条件（温度和湿度），对于一些食物来说需要迅速冰冻来保鲜。

减少收获后的损失需要技术的进步，而避免损失和增加收获之间很难权衡。有限地使用适当的损失控制手段可能会导致严重的收获不足。例如，小规模捕鱼中的收获后损失可能是所有商品中最高的（UN Atlas of the Oceans，http：// www. oceansatlas. org/html/moreinfo.jsp，2008-06-11），主要是由于小规模捕鱼过程中的保鲜和冷冻设备有限，特别是在渔船甲板上收获后的损失较高。

1.3 有机农业

有机农业被视为可持续食品生产的一种经济可行的方式。过去20年，美国的有机食品市场规模每年增长超过20%（Om Organic，2008）。这是非常显著的成绩，而且有机食品是食品工业中主要的增长领域，这个产业通常的食品市场是被视为无弹性的，只是随着人口和需求的增加而增长。

有机农场在管理养分的时候不会施用化肥，而是用农作物品类的轮作组合来满足不同的养分需求，施用动物粪便或堆肥，按顺序种植作物，通过详细的养分预算来评估作物是否需要移除，以及长期来看是否能让土壤更肥沃。好的管理者能够降低购买和应用多种养分的成本，同时避免因土壤养分流失而造成的环境问题。

有机农场施用肥料和复合肥，而且在同一个农场把作物和动物整合起来，由此使养分循环更加高效（USDA，2007）。虽然一些有机农场也会有过度的耕作并造成土壤流失，但是这种方式不但减少了环境中的化学残留，还提高了农场可再生资源的利用率。

技术进步的另一个影响是带来了有机农业产业化加速。有机食品产业的吸引力与日俱增，全球的农业和食品部门都有目共睹，而且现在超过一半的有机食品是通过大型的商场超市销售的。有机食品运动的很多发起者关心的是很多初始的社会意图丢失了，他们正在寻求一种更严格的认证，不仅要强调生产方式，还要公平地对待农场劳动力、关注本地产品以及让更多的居民受益。

有机农业对全球生产是否有贡献的争论依然存在（Sustainable Food News，2007）。FAO 认为有机农业因其健康和营养方面的价值应该得到应用和推广，同时有机农业也为发达国家和发展中国家带来了持续增加的收入。但是，以现有的产量和土地使用面积，如果不施用化肥，就不能养活目前地球上的 60 亿人以及 2050 年的 90 亿人（Sustainable Food News，2007）。基于个人观察，我们质疑这一结论，因为美国中西部的有机农场的产量即便不高于美国的全国平均水平也是很高的。

1.4 法规和支持项目

农业技术已经成功地提高了生产效率、增加了产量，特别是在美国和欧盟，农产品的产量远超过其当地的内部需求，这也使这些区域成为主要的农业出口地，并且融合为几家大型的公司。

农业出口产业是自由市场的成功示范，而且为农民带来了实惠，但事实上主要是为大型农场以及供应方带来了利益。供应方包括提供原料的公司、商品贸易商和出口商。在为这些较大的公司带来利益的同时，农业出口产业往往抑制了许多发展中国家的生产，导致市场不均衡。《北美自由贸易协定》是自由市场农业经济活动的例子。北美两个主要食品出口国的法律和支持项目在很多方面向大型的运营商和出口商倾斜，而墨西哥的小农场主则被挤出了市场。

明尼苏达州的威拉德·科克伦（Willard Cochrane）是农业方面最主要的自由经济学家之一，也是主要政党领导人的参谋。根据他的研究，长期以来美国的农场项目尝试稳定农场的生产和收入，并通过提供补偿对稳定价格和促进谷物出口做出了贡献（Cochrane，2003）。但是，这个项目还是没能保持长期的稳定，而且 70 多年来整个过程就是持续的所有权合并、农民和农场家族的退出，以及农村社会的衰退。科克伦认为大的区域性合作项目（如《北美自由贸易协定》）造成了更严重的收入不均衡，特别是对美国以及其他两个合作成员国的小的家庭农场造成了严重破坏。

另外一位在耕地系统研究方面颇受尊重的农业经济学家是密苏里大学的约翰·伊克特（John Ikerd），他认为可持续农业才是使美国食品体系长期稳健发展的途径（Ikerd，2006）。为了解决农业现有产业模式负面的、不可预期的环境影响，需要减少农药和化肥对水资源和土壤的污染。据统计，每年喷洒的农药超过 11 亿磅*（Kiely et al.，2004），施用氮肥超过 1 200 万 t（ERS，2007）。这些化学制剂的残留导致原有生产系统的生态可持续性下降。如伊克特所说，重新认识传统农业对环境的影响，引起了对这些生产系统的经济和社会的可持续性更深入的研究。

农业支持项目促进了联合经营（consolidation）的发展（Ikerd，2008），因为交易与生产的捆绑允许较大的经营主体获得更多的资本用于购买土地。传统经济作物的边际利润率很低，西部玉米产地的一个家庭至少要经营 1 600 hm^2 土地才能满足一般的生活需求。这是平均的农场规模，也有一些家庭提高了产品的附加值，把小规模农场经营得很好。例如，那些获得有机认证的农场，其产品就有优势。那些使他们的农作物和禽畜多元化的农民通过利用来自农场的资源保持土壤养分、利用轮作和种植多元化控制害虫、直接在市场上销售他们的产品等途径来降低成本，这些都使小规模农场能够支撑其日常开销。

在美国和欧洲，越来越多的人认识到土地多功能性的重要性，特别是为社会带来生态系统相关的服务。美国学者格雷琴 • C. 戴利在《生态系统服务：人类社会对自然生态系统的依赖性》（*Nature's Services：Societal Dependence on Natural Ecosystems*）一书（Daily，1996）中就对此做了说明。其中一项服务是应用于未来市场上的碳信用（carbon credits）。也有的国家（如美国）项目和地区（如欧盟）项目用补贴的形式来奖励保护相关的实践。近些年农业研究中明确了对这一新方向的支持，美国国家研究委员会（National Research Council，NRC）详细报告了未来研究的重点。这份报告清楚地说明了多功能农业和农村社会发展作为美国农村区域发展基础的重要性（National Research Council，2003），而且强调了农业用地比食品生产重要得多。基于此，他们也认可家庭、社区和生态系统服务的重要性。虽然我们认为研究要取得进展还要很多年，但是像美国这样一个以农业为主的庞大而复杂的国家，还是会做出一些重要的变革。很明显，我们确实需要更多样的绿色营销方法，其中应当包括更多关心环境的消费者和投资者。

---

* 1 磅≈0.45 kg。

1.5 现有方法的结果和发展趋势

虽然对农业实施高科技改革带来了产量和生产效率的快速提升，食品产业的可得性也得到了极大提高，但还是带来了一些问题（Horrigan et al.，2002）。对农作物产量和利润最大化的关注都会带来经济、环境和社会问题（Shrestha and Clements，2003）。

Keoleian 和 Heller（2003）对这些问题进行了总结。他们发现将农业用地快速转化为城市发展用地，会导致农业用地减少，其结果就是土壤流失，农业主产区表层土壤消耗的速度超过了再生的速度，同时地下水消耗的速度超过了恢复的速度。尽管使用了化学制剂，但害虫造成的损失还在增加。例如，即使从 1945 年到 1989 年杀虫剂用量增长了 10 倍，害虫造成的损失还是从 7%增长到了 13%（Pimental et al.，1991）。最近的估算是全球范围内所有农作物因害虫损失了 37%（Pimental and Pimental，2008）。基因的多样性在减少，因为只有 10～20 种农作物提供了全世界 80%～90%的食物热量（Brown，1981）。这种生物多样性的缺乏导致农作物产量更容易受到害虫和病害的影响，也使农民的经济收入持续下降，特别是从小农场转变到较大的产业级农场后。这是因为农产品的价格较低，但是农场的投入却很大。这就意味着只有规模更大的企业才能获得收支平衡。

因此，我们面临着复杂的全球农业生产环境，即大量的农作物因害虫而遭受了损失，农业生产投入的成本也在快速增加，还有食品和能源生产之间的竞争，以及南北半球之间的不平衡。虽然世界上大多数国家食物供给不足，但是北半球大多数国家却消费过剩，而且肥胖成为日益严重的健康问题。第 6 章将讨论现有食物系统的经济影响和社会影响。

对化石燃料的依赖导致能源输入和输出的不均衡，从而进一步加重了生态系统和环境的压力。从全球范围来看，农业对温室气体（GHG）排放有显著的贡献，其排放量占全球人类活动 GHG 排放总量的 17%～32%（Bellarby et al.，2008）。这些排放包括土地和生物的直接排放，农场运作中使用的化石燃料，农业化学物质的产生，以及整个食物系统的能源成本。最大的成本来源就是向农业用地的转变，以及土地和生物的直接排放。例如，超量施用化肥会释放温室气体氧化亚氮，这是农业最大的 GHG 排放源（Bellarby et al.，2008）。畜牧业是最大的土地使用者，原因是从放牧转变为用种植作物饲养牲畜，占用了全世界耕地面积的 1/3（Compassion in World Farming，2008）。这也导致了森林退化和其他本土植物的减少。这种转变导致了二氧化碳净排放量的增加，前提是本土植物（如树木）所吸收的二氧化碳比农作物更多（Bellarby et al.，2008）。

Bellarby 等（2008）认为可以通过很多方法来减少农业生产对环境的破坏，主要是将现有的耕种实践转变为其他能减少二氧化碳排放的方式，如改善农地管理（如休耕整一年，种植覆盖作物，以及适当施用化肥）、牧场用地管理，以及有机土壤的恢复。此外，因为肉类生产在人类食物链中能量的输送效率不高，同时还是 GHG 的主要排放源，因此减少肉类生产和消费能够在很大程度上减少二氧化碳排放量。缩减畜牧业的规模是最简单、最快速的，也是降低动物产生的 GHG 唯一有效的方法，这对控制未来全球变暖的趋势是很有必要的（Compassion in World Farming，2008）。

农业和全球食物系统中的挑战是复杂多样的。可以肯定的是单一或者简单的解决方法不能解决以上所有问题，而且任何变化都要考虑最主要的需求，即为不断增长的全球人口提供充足的食物。最近几十年，食物生产技术取得了显著的进步，但是我们也认识到其中存在新技术大规模应用所产生的无法预料的后果或问题。接下来我们需要仔细研究可能的替代方案，以及评估变更策略带来的系列经济、环境和社会影响。最重要的是，我们需要承认经济增长是有局限性的，同时农业未来技术的发展必须能够同时改善耕地系统和农村生活的质量，而不只是提高产量和生产效率。

参考文献

Bellarby, J., B. Foereid, A. Hastings, and P. Smith. 2008. *Cool Farming: Climate Impacts of Agriculture and Mitigating Potential.* Amsterdam, the Netherlands:

Greenpeace International.

Brown, L.R. 2008. *Plan B 3.0: Mobilizing to Save Civilization*. New York: W.W. Norton & Company.

Brown, N.J. 1981. "Biological diversity: The global challenge." In: *U.S. Strategy Conference on Biological Diversity*. Washington, DC: U.S. Department of State.

Carson, R. 1962. *Silent Spring*. New York: Houghton Mifflin.

Cochrane, W.W. 2003. *The Curse of Agricultural Abundance: A Sustainable Solution*. Lincoln, NE: University of Nebraska Press.

Compassion in World Farming. 2008. *Global Warning: Climate Change and Farm Animal Welfare*. U.K.: Compassion in World Farming. Available from http://www.ciwf. org/publications/reports/global-warning-summary.pdf. Accessed June 3, 2008.

Daily, G.R. 1996. Nature's Services: Societal Dependence on Natural Ecosystems. Washington, DC: Island Press.

Doberman, A., D. Dawe, R.P. Roetter, and K.G. Cassman. 2000. Reversal of rice yield decline in a long-term continuous cropping experiment. *Agron. J.* 92:633-643.

ERS. 2007. *US Fertilizer Use and Price*. U.S. Department of Agriculture, Economic Research Service. Available from http://www.ers.usda.gov/Data/FertilizerUse/. Accessed October 2007.

FAO. 1981. *Food Loss Prevention in Perishable Crops*. Available from http://www.fao.org/docrep/S8620E/S8620E04.htm. Accessed September 16, 2008

FAO. 2007. *The State of World Fisheries and Aquaculture (SOFIA) 2006*. Rome: Food and Agriculture Organization, Fisheries Department.

FAS. 2008. *Grain: World Markets and Trade*. U.S. Department of Agriculture, Foreign Agricultural Service, FAS Circular Series FG0308. Available from http://www.fas.usda.gov/grain/circular/2008/03-08/graintoc.asp. Accessed April 2008.

Francis, C.A., R.P. Poincelot, and G. Bird, eds. 2006. *Developing and Extending Sustainable Agriculture: A New Social Contract*. Binghampton, NY: Haworth

Publishers.

Gleick, P.H. 2000. *The World's Water 2000–2001: The Biennial Report on Freshwater Resources*. Washington, DC.: Island Press.

Horrigan, L., R.S. Lawrence, and P. Walker. 2002. How sustainable agriculture can address the environmental and human health harms of industrial agriculture. *Environ. Health Perspect*, 110(5):445–456.

Ikerd, J.E. 2006. *Sustainable Capitalism: A Matter of Common Sense*. Bloomfield, CT: Kumarian Press.

Ikerd, J.E. 2008. *Crisis and Opportunity: Sustainability in American Agriculture*. Lincoln, NE: University of Nebraska Press.

Johnson, G.R. 2007. Corn breeding in the twenty-first century. In: *Breeding Major Food Staples*, eds M.J. Kang and P.M. Priyadarshan, pp. 227-244. Ames, IA: Blackwell Publishing.

Kang, M.S., and P.M. Priyadarshan, eds. 2007. *Breeding Major Food Staples*. Ames, IA: Blackwell Publishing.

Keoleian, G.A., and M.C. Heller. 2003. "Life-cycle based sustainability indicators for assessment of the U.S. food system: Life cycle assessment in the agri-food sector." In: *Proceedings from the 4th International Conference, October 6-8, 2003*, Bygholm, Denmark.

Kiely, T., D. Donaldson, and A. Grube. 2004. *Pesticides Industry Sales and Usage 2000 and 2001 Market Estimates*. U.S. Environmental Protection Agency. Available from http://www.epa.gov/oppbead1/pestsales/. Accessed October 2007.

Miller, G.T. 2004. *Sustaining the Earth*, 6th ed. Pacific Grove, CA: Thompson Learning, Inc.

National Research Council. 2003. *Frontiers in Agricultural Research: Food, Health, Environment, and Communities*. Washington, DC: National Academies Press.

Niranjan, K., and N.C. Shilton. 1994. "Food processing wastes—their characteristics and an assessment of processing options." In: *Environmentally Responsible Food*

Processing, ed. E.L. Gaden. New York, NY: American Institute of Chemical Engineers.

Om Organics. 2008. *History of Organics*. Available from http://www.omorganics.org/page.php?pageid=82. Accessed January 24, 2008.

Pimental, D., and M.H. Pimentel, eds. 2008. *Food, Energy, and Society*, 3rd ed. Boca Raton, FL: CRC Press, Taylor and Francis Group.

Pimentel, D.L., L. McLaughlin, A. Zepp, B. Lakitan, T. Kraus, P. Kleinman, F. Vancini, W.J. Roach, E. Graap, W.S. Keeton, and G. Selig. 1991. "Environmental and ecological impacts of reducing U.S. agricultural pesticide use." In: *Handbook on Pest Management in Agriculture*, ed. D. Pimental, pp. 679-718. Boca Raton, FL: CRC Press.

Plucknett, D.L., and N.J.H. Smith 1986. "Historical perspectives on multiple cropping." In: *Multiple Cropping Systems*, ed. C.A. Francis, pp. 20-39. New York: Macmillan Publishing Co.

Shrestha, A., and D.R. Clements. 2003. "Emerging trends in cropping systems research." In: *Cropping Systems: Trends and Advances*, ed. A. Shrestha, pp. 1-14. Binghampton, NY: Haworth Press.

Singh, R.P., and R. Trethowan. 2007. "Breeding spring wheat for irrigated and rainfed production systems of the developing world." In: *Breeding Major Food Staples*, eds M.J. Kang and P.M. Priyadarshan, pp. 109-140. Ames, IA: Blackwell Publishing. Sustainable Food News. 2007. *Organic Agriculture Cannot Feed the World: FAO Says Chemical Fertilizers Needed to Ensure Food Security*. Available from http://www.sustainablefoodnews. com/story.php?news_id=3056. Accessed Decem- ber 10, 2007.

Tilman, D., K.G. Cassman, P.A. Maatson, R. Rosamond-Taylor, and S. Polasky. 2002.Agricultural sustainability and intensive production practices. *Nature* 418:671-677.

USDA. 2007. *Organic Production*. U.S. Department of Agriculture, Economic

Research Service. Available from http://www.ers.usda.gov/Data/Organic/. Accessed October 2007.

Virmani, S.S., and M. Ilyas-Ahmed. 2007. Rice breeding for sustainable production. In: *Breeding Major Food Staples*, eds M.J. Kang and P.M. Priyadarshan, pp. 141-192. Ames, IA: Blackwell Publishing.

第 2 章
食品加工和食品废弃物

德兰·提·买·迪厄

2.1 引言

食品加工是一个规模庞大而且快速成长的产业，在全世界的经济发展中扮演着非常重要的角色。成为这一重要角色的原因有很多：首先，加工农业原料（如谷物、玉米、木薯、蔗糖、咖啡豆、水果和蔬菜）是为了给人们提供生活所需的新产品，同时也可以提高农民的收入。其次，食品加工厂创造就业机会（在很多方面比其他产业部门创造得更多，因为食品加工企业多为劳动密集型企业）。最后，食品加工产业部门为农业产品增加了附加值，为经济发展做出了很大贡献（Dieu，2003）。

食品加工的主要产品包括谷类食品、水果和蔬菜、糖料作物、牛奶。不同国家人均农业国内生产总值（GDP）与人均国内生产总值的比较如表 2.1 所示。由表 2.1 可见农业及其相关的加工业在发达国家、发展中国家的经济发展中的重要性。

表 2.1　世界不同国家的人口和农业 GDP[a]

项目	澳大利亚	孟加拉国	柬埔寨	中国	印度	印度尼西亚
人口/万人	19 913	1 984	14 482	1 320 892	1 081 229	222 611
人均 GDP/美元	22 303	47	309	1 441	538	886
人均农业 GDP/美元	20 826	18	148	241	201	325
项目	日本	韩国	马来西亚	泰国	美国	越南
人口/万人	127 800	47 951	24 876	63 465	297 043	82 481
人均 GDP/美元	39 184	12 793	4 277	2 359	36 352	499
人均农业 GDP/美元	16 714	6 973	2 359	413	27 651	159

注：[a] 2004 年数据。

资料来源：FAO Statistical Yearbook，2005—2006。

食品产业生产活动也影响着自然环境，从原料开发、转变为产品，到最终被消费者使用和废弃的循环过程都会对环境产生影响。在食品加工过程中，最主要的影响来自废弃物的产生、水资源的利用和能源的应用。废弃物处理与水资源利用两者紧密相关，下面将详细讨论。

2.2　废弃物

在整个供应链中食品废弃物是需要特别关注的。据估计，食品损失主要来自农场的食物腐败（约为供给的 21%）和食品加工过程（约为供给的 7%）（Niranjan and Shilton，1994）。加工过程产生的废物主要包括固体废物、废水和废气（灰尘、挥发性有机物、恶臭）（Niranjan and Shilton，1994）。

大多数食品加工产业会产生废弃物和副产品。例如，典型的芝士生产工艺中就有部分牛奶未被利用而变成了副产品（Erkman，1997）。无论是企业还是消费者都不想在自己的“后院”储存废弃物。因此，他们不得不寻找地方和途径来丢弃废物，而且通常自然环境被作为各种废弃物（包括具有高毒性的工业废弃物）的接纳者。这是工业废弃物（包括废水、固体废物和废气）破坏环境的主要原因之一。除了重工业部门（如电厂、钢铁厂、造纸厂、水泥厂、化工厂和化肥厂）中明显的污染源，食品加工企业也被视为轻工业部门（包括纺织和印染厂、电镀厂、制革厂）中主要的污染源之一（Fryer，1995；Frijns et al.，2000）。在食品加工产业中，最大的污染源来自牛奶、可可、巧克力、糖的生产过程，酒水等酿造、蒸馏和肉类加工过程（Niranjan and Shilton，1994）。

众所周知，很多来自产业活动的废弃物存在有价值的部分，但依然被废弃了，主要原因是：

①企业不知道如何回收这些有价值的部分；

②回收和利用的经济效益很低；

③缺少废弃物交换中心或者废弃物交换信息中心，没人知道谁会对这部分废弃物的再利用感兴趣；

④缺少法规和激励措施来倡导废弃物循环利用以及资源保护；

⑤废弃物排放或丢弃的成本低、惩罚轻，因此企业对废弃物的多少漠不关心。

2.2.1 废弃物的产生

食品加工过程中产生的废弃物包括废水、固体废物和废气。废水中含有微生物和可溶性物质（有机的和无机的）；固体废物一般为食物残渣和包装废物；废气中含有灰尘、挥发性有机物和恶臭（Nimi and Gimenez-Mitsotakis，1994）。

据估计 1994 年有 1 500 万 t 乳清作为芝士生产的副产品产生（Clanton et al.，1994）。一半的乳清被人类和动物消耗掉了，剩余的就是废弃物，而且必须在被排放到环境（通常是排放到水中）中之前被处理掉。

炼糖生产通常产生糖浆、活性炭、助滤剂和树脂等废物。木薯淀粉生产会产生木薯块茎、木屑、纤维残留、果肉等固体废物和液体废弃物（Dieu，2003）。

啤酒生产过程中，生产 1 t 啤酒将产生 3～5 m^3 的污染物（冷却水除外），其中固体废物包括沙砾、草、种子以及直径小于 2.2 mm 的谷物，这些都要在谷物清洗时除去；还有废弃的谷物和酵母、废啤酒花、碎瓶子或不能再利用的瓶子（World Bank，1998）。

肉食生产的废弃物包括动物的血、肉、脂肪组织、胃容物、毛发、污垢，以及固化、使用酸洗溶液、防腐、使用碱性试剂等产生的被污染的冷却水（Carawan and Pilkington，1986）。

2.2.2　废水

世界卫生组织（WHO）的一项研究（1993）总结了不同食品生产过程中产生的废水及其特点（表 2.2）。表 2.2 中的数值显示，在食品生产过程中，酵母生产（150 m^3 废水/t 产品）、油炸和冷冻虾加工（116 m^3 废水/t 产品、115 m^3 废水/t 产品）、甘蔗酿酒（113 m^3 废水/t 酒精）、花椰菜加工（89.4 m^3 废水/t 原料）、罐装葡萄柚生产（72.1 m^3 废水/t 原料）都产生了大量废水。

表 2.2　食品加工行业产生的废水

加工过程		单位/U	废水的体积/（m^3/U）	BOD_5/（kg/U）	TSS/（kg/U）	N/（kg/U）	P/（kg/U）	其他污染	
								类别	产生量/（kg/U）
屠宰、处理和储存肉类									
简单的屠宰厂	回收血	t LWK	5.3	6.0	5.60	0.7	0.05	油	2.1
	不回收血	t LWK	5.3	10.0	8.00	0.7	0.05	油	4.0
复杂的屠宰厂		t LWK	7.4	10.9	9.60	0.84	0.33	油	5.9
包装厂	低加工	t LWK	7.8	8.1	5.90	0.53	0.13	油	3.0
	高加工	t LWK	12.5	16.1	10.5	1.30	0.40	油	9.0
炼油厂		t LWK	3.3	2.15	1.13	0.48	0.04	油	0.72
禽肉加工	回收血	1 000 只	37.5	11.9	12.7			油	5.6
	不回收血	1 000 只	37.5	17.0	12.7			油	5.6
乳制品生产									
收集站	罐	t 产品	0.68	0.46	0.03	0.49	0.11		
	批量	t 产品	0.08	0.17	0.03	0.06	0.013		
液体产品		t 产品	3.1	3.21	1.50	0.31	0.68		
养殖产品		t 产品	3.9	3.21	1.50	0.31	0.68		
黄油		t 产品	2.6	1.1	0.40	1.95	0.42		

加工过程		单位/U	废水的体积/（m^3/U）	BOD_5/（kg/U）	TSS/（kg/U）	N/（kg/U）	P/（kg/U）	其他污染	
								类别	产生量/（kg/U）
由脱脂凝乳制成的干酪		t 产品	7.7	21.7	3.40				
自然干酪		t 产品	2.3	2.2	0.20	1.56	0.34		
奶油		t 产品	3.0	10.9	1.50				
浓缩牛奶		t 产品	2.0	6.7	0.83	0.39	0.08		
粉末生产	喷雾干燥	t 产品	0.7	22.4		1.30	0.28		
	滚筒干燥	t 产品	0.8	26.8		1.56	0.34		
罐装和保鲜果蔬									
水果加工									
杏		t 原料	29.1	15.4	4.25				
苹果	所有产品	t 原料	3.7	5.0	0.5				
	除了果汁的所有产品	t 原料	5.4	6.4	0.8				
	果汁	t 原料	2.9	2.0	0.3				
梅子罐头		t 原料	5.8	2.8	0.6				
柑橘		t 原料	10.1	3.2	1.3				
甜樱桃		t 原料	7.8	9.6	0.6				
酸樱桃		t 原料	12.0	17.2	1.0				
咸樱桃		t 原料	19.9	21.7	1.4				
蔓越莓		t 原料	12.3	10.0	1.4				
烘干水果		t 原料	13.3	12.4	1.9				
葡萄柚	罐装	t 原料	72.1	10.7	1.2				
	压榨	t 原料	1.6	1.9	0.4				
橄榄		t 原料	38.1	43.7	7.5				
桃	罐装	t 原料	13.0	14.0	2.3				
	冰冻	t 原料	5.4	11.7	1.8				
梨		t 原料	11.8	21.2	3.2				
泡菜	新鲜袋装	t 原料	8.5	9.5	1.9				
	加工袋装	t 原料	9.6	18.3	3.3				
	腌制	t 原料	1.1	8.0	0.4				
菠萝		t 原料	13.0	10.3	2.7				

加工过程		单位/U	废水的体积/(m^3/U)	BOD_5/(kg/U)	TSS/(kg/U)	N/(kg/U)	P/(kg/U)	其他污染	
								类别	产生量/(kg/U)
李子		t 原料	5.0	4.1	0.3				
葡萄干		t 原料	2.8	6.0	1.6				
草莓		t 原料	13.1	5.3	1.4				
西红柿	剥皮	t 原料	8.9	4.1	6.1				
	产品	t 原料	4.7	1.3	2.7				
蔬菜加工									
芦笋		t 原料	68.8	2.1	3.4				
甜菜		t 原料	5.0	19.7	3.9				
西兰花		t 原料	45.6	9.8	5.6				
甘蓝		t 原料	36.3	3.4	10.8				
胡萝卜		t 原料	12.1	19.5	12.0				
花椰菜		t 原料	89.4	5.2	2.7				
玉米	罐装	t 原料	4.5	14.4	6.7				
	冰冻	t 原料	13.3	20.2	5.6				
脱水的	洋葱和大蒜	t 原料	19.9	6.5	5.9				
	蔬菜	t 原料	22.1	7.9	5.6				
	豆子	t 原料	18.0	15.3	4.4				
	蘑菇	t 原料	27.1	13.9	10.3				
	洋葱罐头	t 原料	22.4	8.7	4.8				
豌豆	罐装	t 原料	19.7	22.1	5.4				
	冷冻	t 原料	14.5	18.3	4.9				
甜椒		t 原料	28.8	27.2	2.9				
土豆	所有产品	t 原料	10.3	18.1	15.9				
	冷冻产品	t 原料	11.3	22.9	19.4				
	脱水产品	t 原料	8.8	11.0	8.6				
泡菜	罐装	t 原料	3.5	3.5	0.6				
	切件	t 原料	0.43	1.2	0.2				
菜豆	罐装	t 原料	15.4	3.1	2.0				
	冷冻	t 原料	19.9	6.0	3.0				

加工过程		单位/U	废水的体积/（m^3/U）	BOD_5/（kg/U）	TSS/（kg/U）	N/（kg/U）	P/（kg/U）	其他污染	
								类别	产生量/（kg/U）
菠菜	罐装	t 原料	37.6	8.2	6.5				
	冷冻	t 原料	29.2	4.8	2.0				
浓缩果汁		t 原料	5.6	16.8	2.3				
红薯		t 原料	4.1	30.1	11.5				
罐装、保存和加工鱼类、贝壳和相似食品									
鲇鱼加工		t 产品	24	7.3	9.4	0.65		油	4.7
蓝蟹	人力加工	t 产品	1.2	5.2	0.74	1.00		油	0.25
	机器加工	t 产品	38	22.5	12	3.7		油	5.6
虾	撒面包屑	t 产品	116	84	93	5.9		油	20
	罐装	t 产品	52	82	43	9.5		油	31
	冷冻	t 产品	115	120	220	10		油	29
金枪鱼		t 产品	25	13.4	10.4	2.1		油	7.4
蛤	手拨	t 产品	4.6	5.1	10.2			油	0.14
	机器拨	t 产品	19.5	18.7	6.3			油	0.46
鱼肉	可溶	t 产品	35	3	0.9			油	0.56
	不可溶	t 产品	1.9	62.2	34.8			油	22.8
三文鱼	机器处理	t 产品	18.5	50.8	20.3			油	6.5
	人工处理	t 产品	4.0	2.1	1.2			油	1.5
沙丁鱼		t 产品	8.7	9.2	5.4			油	1.7
鱼柳		t 产品	7.0	32.2	20.9			油	6.5
牡蛎/蒸汽清洗		t 产品	98	61.2	155			油	1.5
菜油、动物油和脂肪生产									
橄榄油	压榨	t 产品	5	210	325				
	离心	t 产品	1	42	65				
食用油精炼		t 产品	7	95	455				
食用油和脂肪		t 产品	1.4	19	91				
一般的		t 产品	6.8	24.9	24.6			油	28.1
玉米油		t 产品	1.85	0.3	0.35				
橄榄油		t 产品	57.5	12.9	16.4			油	6.5

加工过程		单位/U	废水的体积/(m^3/U)	BOD_5/(kg/U)	TSS/(kg/U)	N/(kg/U)	P/(kg/U)	其他污染	
								类别	产生量/(kg/U)
谷物磨粉产品									
玉米	湿磨	t 产品	22.4	7.3	5.2				
	干磨	t 产品	0.7	1.1	1.6				
小麦	普通磨	t 产品	没有废水						
	碾碎磨	t 产品	0.29	0.11	0.1				
大米	普通磨	t 产品	没有废水						
	煮熟磨	t 产品	1.5	1.8	0.07				
烘焙产品的生产									
面包		t 产品	0.11		0.004				
饼干		t 产品	0.11		0.004				
干面粉糕饼		t 产品	0.7		0.005				
湿面粉糕饼		t 产品	9		0.05				
糖厂和精炼厂									
甜菜糖生产		t 产品	23	20	75				
蔗糖生产		t 产品	3～48	2.9	6.3				
其他食品生产									
特种食品行业		t 产品	12	17	14	0.44	0.19	油	15
备好的餐饮		t 产品	11	23	14	0.3	0.08	油	11
冷冻的烘焙产品		t 产品	2.8	7.5	3.5	0.04	0.03	油	5.7
调料、酱料		t 产品	10	10	6.1	0.57	0.1	油	4
特别的肉类		t 产品							
罐装粥和婴儿食品		t 产品	22	12	7.6	0.47	0.18	油	2.4
西红柿-干酪-淀粉混合物		t 产品	2.9	7.2	6.0	0.23	0.28	油	4.7
酱菜		t 产品	8.5	25	21	1.1	0.33		
糖浆、果酱、果胶		t 产品	2.4	5.1	1	0.04	0.05	油	0.6
中国和墨西哥食品		t 产品	14	6.9	2.8	0.28	0.14	油	3
面包冷冻食品		t 产品	48	26	26	2.6	0.35		
鸡蛋破碎	美国工厂	t 产品	10.3	33					
	荷兰工厂	t 鸡蛋	7.9	12.4					
		12 个鸡蛋	0.003 9	0.006					

加工过程	单位/U	废水的体积/(m^3/U)	BOD_5/(kg/U)	TSS/(kg/U)	N/(kg/U)	P/(kg/U)	其他污染	
							类别	产生量/(kg/U)
小麦、淀粉面筋	t 产品	9.9	94	81	3.7	1		
淀粉和葡萄糖	t 产品	33	13.4	9.7				
酵母生产	t 产品	150	1 125	18.7	127		SO_4^{2-}	337
饮品行业								
蒸馏、精馏								
谷物蒸馏	t 酒精	63	216	257				
糖浆蒸馏		63	220	300				
蔗糖蒸馏		113	426					
酒蒸馏		36	210	75				
酒生产	t 葡萄	2	1.6	0.3				
麦芽溶液和麦芽								
啤酒生产	t	7.3	5	0.85				
麦芽制造和酿造：新的大工厂	m^3 啤酒	5.4	10.5	3.9				
麦芽制造和酿造：旧的大工厂	m^3 啤酒	11	18.8	7.3				
软饮料								
有糖浆准备的主要工厂	m^3 产品	12.8	3.1	4.3				
没有糖浆准备的分厂：瓶装	m^3 产品	4.3	2.1	0.7				
没有糖浆准备的分厂：罐装	m^3 产品	2.0	0.8	0.3				

注：LWK 是动物宰杀后的质量。一头牛的 LWK 是 430 kg，一头小牛的 LWK 是 97 kg，一头猪的 LWK 是 120 kg，一头羊的 LWK 是 52 kg。可食用的肉约为 LWK 的 60%。

资料来源：WHO（1993）。

水也是肉类包装行业的原料，如用于动物候宰栏、屠宰、切割、肉类加工、次级生产（副产品生产）、清洗（Carawan and Pilkington，1986）。如表 2.2 所示，一个生产环节简单即副产品很少的屠宰厂（5.3 m^3/t LWK），要比一个生产环节复杂的屠宰厂（7.4 m^3/t LWK）产生的废水少。候宰栏的污染物主要为动物的粪便、尿、饲料、污物，以及候宰栏清洗时使用的消毒和清洁剂（Hrudey，1984）。屠宰环节的主要污染物是动物的血液、器官和脂肪，在清洁过程中流入下水道。

乳品厂的废弃物通常来自牛奶或者奶制品的稀释物，以及清洁剂、杀菌剂、润滑剂、锅炉和水处理中的化学制剂、罐车的清洗及其内部废弃物。这些过程中产生的废弃物和其他来源的废弃物对所有乳品厂运行过程中的废水都有显著的影响，包括以下几个方面（Marshall and Harper，1984）：

①散装罐或罐的清洗；

②所有管道、泵、罐、缸、加工设备、填充机器等内部和表面残留物的清洗；

③所有加工设备的清洗；

④在启动、产品转换，以及关闭消毒器、热交换器、分离器、澄清器和蒸馏器的过程中水-乳混合物的排放；

⑤将牛奶转移到真空反应器、消毒器和蒸馏器的尾水中；

⑥澄清池排泥；

⑦芝士和干酪生产过程中产生的细粉；

⑧由于错误的设备操作和维护，处理不当造成的溢出和泄漏；

⑨不需要的副产品或腐败的原料；

⑩设备故障和包装破损导致的包装损失；

⑪产品被退回；

⑫设备、堆垛机、输送机的润滑剂；

⑬罐车外部的清洗产生的污物、石子和农业废弃物；

⑭煤和木材燃料产生的灰尘，以及石油泄漏；

⑮烘干机排出的粉末；

⑯锅炉灰渣；

⑰水和锅炉处理化学制剂；

⑱离子交换中的化学物质。

水果和蔬菜加工产业中的废水主要来自清洗、水槽输送、修剪、剥皮、罐清洗、冷却和工厂清洁。这些废水通常是断断续续的，差异很大，而且取决于工厂内的具体操作（Harrison et al.，1984）。

植物油加工废水是洗油过程产生的，含有较高含量的有机物、悬浮物、有机氮、油和脂肪，也有原料中的农药残留（International Finance Corporation，IFC，

2007a)。橄榄油生产的废水量能控制在 3～5 m^3/t 产品。

啤酒行业的特点就是消耗大量的高品质的水。啤酒厂废水中的污染物主要为生产过程中的有机物（IFC，2007b）。

鱼类加工需要大量的水用于清洗，同时水也是鱼类加工前和加工过程中产品储存和冷藏的介质。清洗废水中可能存在酸性、碱性或中性的清洁剂和包括氯化物、过氧化氢、甲醛在内的消毒剂（IFC，2007c）。

食品废弃物的环境影响主要来自五日生化需氧量（BOD_5）高的污水，其可能会导致微生物的增加（Niranjan and Shilton，1994）。树薯粉加工产业的增多也导致了严重的水污染，因为其产生的大量废水中有机物浓度非常高。Mai 等（2002）和 Oanh 等（2001）对越南的大型树薯粉加工企业的研究显示出相似的废水特征，总的化学需氧量（COD）为 7 000～41 406 mg/L，CN^-质量浓度为 19～28 mg/L。特别是在越南的主要地区，井水、泉水和河水的污染是该工业对环境污染最显著的结果（Dieu，2003）。蔗糖、软饮料、牛奶、海产品加工、罐装食品厂、屠宰场等产生的几种废水，其 COD 为 500～8 000 mg O_2/L，BOD_5 为 400～6 500 mg O_2/L，pH 为 4.9～5.1，造成地表水环境恶化*。

进一步的例证也说明了乳品废弃物的 BOD_5 主要为乳糖、脂肪、蛋白质和乳酸，其每千克组分中的 BOD_5 含量分别是 0.65 kg、0.89 kg、1.03 kg 和 0.63 kg（Marshall and Harper，1984）。根据 Harrison 等（1984）的研究，西兰花和花椰菜冷冻食品厂商每千克产品产生废水约 26.7 L，BOD_5 排放量是每吨产品 3.3～9.3 kg（平均每吨产品排放 5.1 kg），总悬浮物（TSS）排放量是每吨产品 1.2～3.2 kg（平均每吨产品排放 2.2 kg）。

2.2.3 固体废物

各种食品加工行业的固体废物排放量如表 2.3 所示。罐装水果和蔬菜，如玉米（每吨产品的固体废物排放量为 660 kg）和柑橘（每吨产品的固体废物排放量为 390 kg）、罐装鱼，特别是螃蟹和虾（每吨产品的固体废物排放量为 570 kg），其生产过程中都会产生大量的腐烂固体废物（WHO，1993）。

---

* 这些数据来自越南各种加工厂。

表 2.3　食品加工行业中产生的固体废物

过程		单位	废弃物/（kg/单位）	废弃物构成
屠宰场		t LWK	35	血液、内脏、蹄
		t LWK	3	受污染的动物、组织
禽肉加工		1 000 只	35	羽毛、蹄、不可食用的部分
包装厂		t 产品	300	骨头、不可食用的肉类
罐装水果和蔬菜	苹果	t 产品	280	皮、核、籽等
	甜菜、胡萝卜	t 产品	210	
	柑橘	t 产品	390	
	玉米	t 产品	660	
	橄榄	t 产品	140	
	桃子	t 产品	270	
	梨	t 产品	290	
	豌豆	t 产品	120	
	土豆	t 产品	330	
	西红柿	t 产品	80	
	蔬菜	t 产品	220	
罐装鱼	鱼	t 产品	280	不可食用的部分
	蟹、虾	t 产品	570	
菜油压榨		t 产品	4.7	进入油中的清洗的泥
糖精炼		t 产品	N/A	使用的罐子
淀粉和葡萄糖		t 产品	N/A	玉米的残留物
饮料行业	酒精蒸馏	t 产品	300	使用的树脂、罐子等
	啤酒酿造	t 谷物	100	使用的谷物、残留物、酵母
		m^3 啤酒	20	

注：LWK 是动物宰杀后的质量。

资料来源．WIIO（1993）。

啤酒生产会产生各种残留物，如所用的谷物有商业价值，能够作为副产品出售给农业部门（IFC，2007d）。乳品加工厂的固体有机废物主要来自生产过程，包括不合格的产品和产品的损失，过滤残留、离心分离和水处理产生的污泥，以及原材料和生产线的包装废弃物（IFC，2007e）。

鱼加工产业产生大量的有机废物，以及不可食用部分和骨骼甲壳等副产品（IFC，2007c）。表 2.3 给出了鱼，蟹、虾罐头大约每吨产品可产生 280 kg 和 570 kg 的固体废物的例子（WHO，1993）。

根据原材料的不同，食品和饮料加工可能会产生大量有机的和腐败的固体废物，主要是不可食用部分，以及从分拣、分级和其他生产过程中产生的不合格产品（IFC，2007b）。

2.2.4 废气

来自 WHO（1993）的气体排放清单表明，总悬浮颗粒物（TSP）、燃烧物和挥发性有机物（VOC）是食品加工业排放的主要气体污染物。燃烧物包括氮氧化物（NO_x）、一氧化碳（CO）、二氧化碳（CO_2）、硫化物（SO_x）。如果没有空气污染控制设备，小麦和黑麦研磨过程会释放很高的 TSP，每吨小麦和黑麦研磨约产生 38 kg TSP，每吨豆类和玉米研磨分别产生约 11.73 kg 和 6.25 kg TSP。鱼类加工直接烘干，淀粉生产和酒类酿造行业中每吨产品也会产生 4.0 kg TSP（表 2.4）。

表 2.4 食品加工行业中的气体排放 单位：kg/t 产品

过程			TSP	CO	VOC	NO_x	H_2S
肉类熏制厂		无控制的	0.15	0.3	0.18		58
		低压 ESP 或者烧烤后	0.15	0.0	0.075		
鱼类加工（罐装和副产品生产）		蒸管烘干	2.5				0.05
		直燃烘干	4.0				0.05
谷物研磨	饲料研磨，无控制的		4.9				
	研磨	不可控的	38.0				
		旋流器和织物过滤器	0.8				
	黑麦磨	不可控的	38.0				
		旋流器和织物过滤器	0.8				

过程			TSP	CO	VOC	NO_x	H_2S
谷物研磨		燕麦磨，不可控的	1.25				
		大米磨，不可控的	2.97				
		大豆磨，不可控的	11.73				
		干玉米磨，不可控的	6.25				
		湿玉米磨，不可控的	6.24				
淀粉生产		不可控的	4.0				
		可控制的	0.01				
苜蓿脱水	主要的分离	无次要控制	5				
		中耗能湿式洗涤具	0.5				
	肉类分离	无次要控制	2.6				
		纤维过滤	0.03				
	冷却分离	无次要控制	3				
		纤维过滤	0.03				
啤酒酿造		单位：kg/t 谷物	4.0	1.3			
		单位：kgm^3 啤酒	0.8				0.25
		酒类生产（单位：kg/m^3）					0.35

糖类加工产业的潜在排放源包括粉碎、输送和加工设备、锅炉、碳精粒和炭炉、再吸附运输系统、灰炉和处理设备、碳酸饱和罐、多效应蒸发站、真空沸腾盘（Chen and Chou，1993）。

糖类加工生产过程中也会产生噪声、气味、灰尘等。除了烟尘和颗粒物会产生环境问题外，恶臭是鱼类加工厂最有害的排放物。鱼类加工的副产品会产生比罐装更多的恶臭污染，因为鱼经常处于进一步分解的状态，会产生很高浓度的恶臭（Midwest Research Institute，1994）。最大的恶臭来源是鱼肉烘干。如表 2.4 所示，直火烘干释放的颗粒物比蒸汽烘干更多。H_2S 和$(CH_3)_3N$ 是鱼类加工释放出来的有恶臭的气体。

灰尘和 VOC 是菜籽油加工的主要排放物。灰尘来自原料加工，包括清洗、筛选、粉碎，而 VOC 排放主要是由于石油萃取溶剂（通常是乙烷）的使用（IFC，2007a）。

2.3　废弃物管理

上述废弃物的影响可通过以下方式得到控制：①减少废弃物；②资源回收和

利用；③处理和清除（Niranjan and Shilton，1994）。这些废弃物减少策略被纽约州环境保护局污染预防部门列入了一个食品加工商需要执行的清单（2001 年）。废弃物管理的获益不仅是环境效益，还包括成本节约和资源回收。

减少废弃物的方法包括更好的内部管理、设备维护和优化设备的设计，以提高效率（Niranjan and Shilton，1994）。好的内部管理意味着企业的经理和雇员要遵守相关的环境规范。改进原材料和产品库存管理、减少原材料和产品的损失，以及加强对员工的培训也是提高内部管理水平的有效方法。例如，肉类加工企业可以用托盘收集冻肉的每个袋子里渗出的血液，既处理了有污染的原料，又减少了对水的需求（Henningsson et al.，2001）。在啤酒生产的过程中，精准地调节瓶子注入器或者在注入器下面安装金属片进行调节能够减少灌注过程中啤酒的损失。

加强设备维护和优化设备设计都可以减少废弃物，从而降低 20%～30%的成本（Envirowise，2008）。Envirowise 提出效率低的包装线会使企业损失 4%的产品，而提高生产线的效率能降低 5%的成本。

原料的回收和再利用是另一个减少废弃物的好办法，主要包括发现原料的其他用途（通常用于动物饲养）或者从中提取出能回收的部分。在一项关于橄榄油产业废弃物最小化的研究中，Vigneswaran 等（1999）发现有很多回收和再利用废弃物的可能性，包括将橄榄油废弃物作为动物饲料、回收纤维作为锅炉蒸汽生产的燃料、将污泥作为肥料，污泥通过厌氧消化回收甲烷。

糖浆是制糖工业的副产品，有很多用途。人们很早就知道了糖浆作为饲料的价值（Paturau，1989）。营养学家的研究表明糖浆具备一定的饲料价值，特别是对奶牛具有较好的饲养价值。提高奶牛食谱中糖浆的比例会使牛奶乳蛋白、酪蛋白浓度和蛋白质的产量显著提高（Murphy，1999）。因此，提高糖浆比例的饲料在印度（Ranjhan et al.，1973；Daniel et al.，1984，1986；Verma et al.，1994，1995；Sengar et al.，1995；Dass et al.，1996a，1996b）和其他国家（Elias et al.，1967；Wythes and Ernst，1983；Gulbransen，1985a，1985b）得到了广泛应用。在猪饲料中加入糖浆也得到了 Gohl（1981）、Pettersson（1992）和 M′ncene 等（1999）的认同。

鸡蛋壳是饲料中非常好的钙源。在一项针对斯洛伐克和荷兰的鸡蛋壳的矿物组成的研究中，Schaafsma 等（2000）发现鸡蛋壳中的主要元素是钙和镁。鸡蛋壳中钙的含量与被广泛使用的纯钙碳酸盐相当（Kärkkäinen et al.，1997）。重金属含量低也是鸡蛋壳的优势，因为自然的钙碳酸盐可能会被重金属污染（Whithing，1994；Faine，1995）。因此，高钙含量和低重金属含量使鸡蛋壳成为饲料中重要的钙源。

树薯粉生产中的纤维残留和果肉能再到用于饲料（Dieu，2003）、酒精、化肥的生产（Bi and Guozhen，1996；Agu et al.，1997；Sriroth et al.，2000）。木薯块茎的碳水化合物含量高，在饲料中可以很好地替代玉米（Khajarern et al.，1997；Oke，1984；Cock，1985；Sanchez，1990）。

水果和蔬菜废弃物包括不符合要求的水果、果皮等，这些都是可以生物降解的。因此，将这些废弃物作为原材料（和其他原料混合）用于堆肥（Elvira et al.，1996；Hackett et al.，1999；Rantala et al.，2000；Suh and Rousseaux，2001；Paredes et al.，2002）或生产沼气（Augenstein et al.，1994；Saha，1994；Mæng et al.，1999；Al-Masri，2001；Lastella et al.，2002；Bouallagui et al.，2003）是很常见的选择。

一些研究学者提出将咖啡渣再利用于燃料（Sivetz and Desrosier，1977；Adams and Dougan，1985；Silva et al.，1998）、化肥（Kostenberg and Marchaim，1993；Kitou and Okuno，1999；Nogueira et al.，1999）、饲料、油漆抛光机、杀虫剂和除草剂的媒介（Silva et al.，1998）、活性炭生产的原料（Evans et al.，1999）、种植蘑菇（Fan et al.，2000）。Silva 等（1998）提出用咖啡渣作燃料是最好的选择。20 世纪 80 年代，咖啡渣开始用作巴西咖啡加工厂的燃料（Silva et al.，1998）。咖啡渣相比其他生物燃料更好，因为燃烧产生的热量比较高。含水率为 50%的咖啡渣可以直接在锅炉中燃烧（Pfluger，1975），或者干燥后使其含水率降低到 30%甚至 25%（Sivetz，1963）再燃烧（Sivetz and Desrosier，1977；Adams and Dougan，1985）。18 kg 含水率为 50%的咖啡渣燃烧产生的蒸汽量大约与 1 加仑（1 加仑=3.79 L，美制）的燃料油燃烧产生的蒸汽量相同（Silva et al.，1998）。因此，生产可溶性咖啡的典型过程可以为工厂提供所需能量的 75%（Pfluger，1975）。因此，借助一些技术力量来改善咖啡渣在锅炉中的燃料状况，可以使咖啡产业实现热源自给（Silva et al.，1998）。

废弃资源的回收和再利用可以增加一些处理步骤，如分离/浓缩（如离心和过滤）、转换（生物的或化学的）、最小化废弃物（生物降解）（Nimi and Gimenez-Mitsotakis，1994）。这些处理步骤会增加成本、能源需求和其他投入，因此需要考虑和权衡这些成本和收益。

大多数渔业废弃物在高纯度的鱼油分离出来之后和烘干之前被用于制作鱼食。虽然烘干消耗能源，但是能够提供稳定的产品以便储存并运输到世界各地。这一过程虽然消耗能源，但是也产生制作饲料的原料。加工废弃物可通过挤压排除液体，之后通过离心来分离油和水。油可以作为 Omega-3 鱼油的原料。鱼油在欧洲被用作食用油，可以制成很多产品，如人造黄油。

果胶通常从果皮中获得。杧果是全世界最受欢迎的水果之一，因此果皮的废弃量是很大的。像其他水果一样，杧果的果皮中含有果胶，果胶可以被分离出来添加于其他食品中（Pedroza-Islas et al.，1994）。果胶的回收过程包括过滤果肉、萃取果胶和浓缩（Pedroza-Islas et al.，1994）。

膜过滤通常用于从乳清中获得蛋白质、乳糖和矿物质（Hansen and Hwang，2003）。

纤维素是能够广泛获得的原料（Venkatesh et al.，1994）。这些原料可以转化为发酵糖（糖化），可用于生产很多最终产品（如乙醇、有机酸、食用油或专用油）（Greenwalt，2000）。糖化作用一般是通过酶、化学或物理方法完成，其中酶的转化最常见（Greenwalt，2000）。但是，Venkatesh 等（1994）发现同时进行糖化作用和发酵可以提高糖的转化效率，特别是乳酸和其他有机酸的生产。这是因为酶的抑制作用降低，产生了不理想的酸碱度。

厌氧蒸炼器可用于减少食品加工过程中产生的废物（Banks，1994），并且可以生产出有用的产品，如作为能源的沼气、专用化学品（如醛类）以及食物配料（有机酸）。厌氧蒸炼器最常用于生产沼气。生产沼气的过程包含三个阶段：水解、酸化和生成甲烷（Song and Hwang，2003）。三个阶段是由共生的微生物完成的，所产生的沼气是高热值燃料，燃烧时每千克沼气可产生 1.2 万 kcal（约合 5 023 万 J）能量（Song and Hwang，2003）。

将食品行业的副产品作为燃料还可能获得更多的收益，它不仅将废物变成了资源，还提供了能源。另一个利用废弃物的例子是生物柴油，生物柴油比普通的柴油污染少，是柴油的替代产品（用作能源）。有的生物燃料可以很容易地从淀粉和糖中分解出来，因此现在主要以谷物和蔗糖为原料。未来复杂的碳水化合物（如纤维素和木质素）也有可能分解为生物燃料，可能只需要很少的能量输入，对环境的负面影响更小，也不会影响食物供给。目前主要的生物燃料是乙醇，同时也发现了更简单的燃料（如丁醇）。有些生物燃料能够从脂类中获取，油炸油过滤之后可以用作改装车辆的燃料。生物燃料是通过改变脂肪酸产生的，在这个过程中也会产生甘油一类的副产品。也可以直接使用油脂（例如，将油炸油过滤之后）作为燃料。这需要更加复杂的发动机，不过需要的能量和化学投入较少。

据估计，50%～60%的食品加工用水可以被再利用（Niranjan and Shilton，1994）。这种水在再利用之前通常需要处理。筛选、过滤或用干净水稀释都是常用的处理方法（Niranjan and Shilton，1994）。盐浸、热交换水、水槽水和蒸馏水都是再生工艺水的潜在应用方式。

除了再利用，节约用水也是减少食品加工对环境影响的重要方法。Niranjan 和 Shilton（1994）提出加工可以用很少的水甚至不用水。例如，通过化学转化替代水处理，用干燥清洁替代水清洁，用热气或微波替代热水漂白（Niranjan and Shilton，1994）。这种做法对于像蔬菜罐装这种用水较多的工艺来说能够节省约 40%的用水（Niranjan and Shilton，1994）。

通过上述管理方法，最终排放到环境中的残余废弃物是最少的。此外，排放的废水应该尽量清洁（BOD 和 TSS 浓度低），同时不含有任何生物或非食品的组分。Hansen 和 Hwang（2003）介绍了很多处理残余废弃物的方法，均为当今工业的常见做法，其中最常用的是填埋，其次是沉淀、过滤、活性污泥法和化学处理等附加处理（Hansen and Hwang，2003）。

2.4　能源消耗

能源消耗是食品产业中普遍关心的问题。对于食品加工业，能源的成本比原材料的成本要低得多（例如，水果和蔬菜加工中能源的成本占原料成本的 4.5%）（Masanet et al.，2007），但是，随着能源成本的增加，这一比例也在提高。Frito-Lay

是一家零食生产商，是百事可乐的分公司，1999 年 Frito-Lay 实施了一个全面的公司能源管理计划，为其美国的 34 个工厂节约了 21%的能源，同时降低了 4 000 万美元的能源成本（Frito-Lay，2006）。对于能源使用的环境影响的考虑（如考虑使用不可再生资源与温室气体排放的关系）也提升了改善能源效率的动力。

食品加工中的能源主要用于湿玉米碾磨、生产甜菜糖、豆油碾磨、生产麦芽酒精饮料、肉类包装、生产罐头水果和蔬菜、冷冻水果和蔬菜，以及制作面包、蛋糕和相关产品（ICF，2007）。

在食品行业中，加热和保温系统（如蒸器、烤箱、熔炉和冷冻机）的能源需求量最大，超过产业部门内能源消耗的 75%（ICF，2007）。马达类设备（如泵、风扇、输送机、搅拌器、研磨器和其他加工设备）的能源消耗占 12%，以及设备功能（通风、照明等）占 8%（ICF，2007）。

啤酒加工是用电量和热能消耗最高的。热能被用来产生锅炉中的蒸汽，而制冷系统通常是最大的单一电能消耗（IFC，2007d）。啤酒厂的能源消耗为 300～342 MJ/100 L 啤酒，主要取决于啤酒厂的规模、复杂程度等因素（SSB Tool，2008）。表 2.5 是高效啤酒厂生产能源消耗指标的示例。

表 2.5　高效啤酒厂的能源消耗

每单位产品的能耗	单位	基准
热量	MJ/100 L	85～120
电力	kW·h/100 L	7.5～11.5
总能源	MJ/100 L	100～160

注：大型德国啤酒厂的投入产出数，EC（2006）。
资料来源：IFC（2007b）。

乳品加工厂的能耗很高。例如，80%的能耗为加工和清洁用热水与蒸汽的热能，20%的能耗是加工机器、制冷、通风和照明消耗的电能（IFC，2007e）。表 2.6 为乳品加工厂的能源消耗。

普通鱼类生产加工的能源消耗根据工艺的不同，为 15～2 300 MJ/t 原料。每吨鱼肉生产需要 2 300 MJ 能量；每吨虾的加工需要 350 MJ 能量，而每吨鱼片生产仅需要 18 MJ 能量（IFC，2007c）。

表 2.6 乳品加工厂的能源消耗

每单位产品的能耗	单位	欧洲	瑞士	丹麦	芬兰	挪威	基准
市场上的牛奶和传统产品	kW·h/L 牛奶	0.09～1.11	0.11～0.34	0.07～0.09	0.16～0.28	0.45	0.1～0.2
干酪与乳清		0.06～2.08	0.15～0.34	0.12～0.18	0.27～0.82	0.21	0.2～0.3
奶粉，干酪和（或）固体产品		0.85～6.47	0.18～0.65	0.30～0.71	0.28～0.92	0.29～0.34	0.3～0.4
冰激凌	kW·h/kg 冰激凌	0.75～1.6	0.8～1.2				

注：①European Dairy Association（2002），EC（2006）。

②Nordic Council of Ministers（2001）。

资料来源：IFC（2007e）。

在食品行业中，新鲜果蔬的冷冻、加工、冷藏都是最耗能的。在加工之前将新鲜水果和蔬菜冷藏，以防腐烂，帮助其保持水分、糖分、维生素、淀粉，而快速冷藏的鲜果蔬菜可以使其保持品质、营养价值和物理性质，以延长保存期限（Hackett et al.，2005）。表 2.7 是食品和饮品加工的能源消耗情况，由于加工过程的不同，冰冻蔬菜的能源消耗为 0.5～30 kJ/t 产品。

表 2.7 食品和饮品加工的能源消耗

每单位产品的能耗	单位	基准
蔬菜（胡萝卜）分拣	kW·h/t 冷冻蔬菜	8
蔬菜腐蚀性脱皮		2
蔬菜蒸汽去皮		3.5
蔬菜（胡萝卜）清洗		2.5
冷冻之前的机械处理（胡萝卜切丁）		2.5
蒸煮冷冻蔬菜		0.5～1.3
逆流水冷却蔬菜		0.5～1.3
用水冷却传送带		2～9
用空气冷却传送带		7～30

资料来源：IFC（2007b）。

能源消耗的总体影响（从可持续性的角度）是可以降低的。例如，首先是减少能源需求，然后是从废弃物中获得能源以及使用可再生能源。在此之前要评估能源的用途，确保成本收益比是合理的。美国的“能源之星计划”（Energy Star）认为提高能源效率有4个层面：

①在设备层面，可以通过常规的保养维护、适当的负荷和运营以及用高效的部件和设备替代老旧部件及设备提高能源效率。

②在过程层面，可以进行工艺控制和优化，确保生产操作以最高效率运行。

③在设施层面，空间照明、冷却、加热的效率都可以得到改善，而且整个设施的能源消耗可以通过过程整合以及热力系统组合实现最小化。

④在组织层面，可以实施能源管理系统以确保在能源监控、目标设定、员工参与、持续改进方面有一个强有力的管理架构。

据估计，改善锅炉维护可以节约10%的能源。设备的改进也能减少空气污染物的排放（Masanet et al.，2007）。据美国能源部（The United States Department of Energy）估计，修补工业蒸汽分配系统渗漏可以节约5%～10%的能源（DOE，2006）。整合加热循环系统是另一种提高能源效率的方法。McCain Food是一个主要生产冷冻法式炸土豆片的厂商，1995年在英国斯卡伯勒的工厂里建立了整合热循环系统。热能既可通过蒸汽冷凝器从油炸锅废气中回收，又可通过省煤器从锅炉烟气中回收。回收的热量用于薯片预热，为漂烫土豆以及工厂的各流程提供热水。这个项目最终每年节约的能源价值为17.6万英镑（1英镑约合12元人民币，1995年），投资回收期是3.6年（Caffal，1995）。在工厂里其他的运作中进行类似的投入也可以提高效率，详见Masanet等（2007）的研究。据美国能源部统计，美国典型的工厂能够通过改进其马达驱动系统的效率减少5%～15%的能源消耗（DOE，2006）。

食品加工废弃物的能源化前文已经提到，如乳制品废弃物可用于制甲烷，脂肪可用于制柴油。利用可再生能源可以进一步减少能源消耗，可再生能源可以在现场或通过电力供应商获得。最常见的能源是太阳能和风能。很多工厂都是通过最后一步用碳补偿来抵消其对能源的影响。例如，Frito-Lay的环境计划的一部分就是采购碳补偿（通过再生资源贷款），同时减少能源消耗和碳排放。

2.5 总结

食品加工对环境的影响主要来自废弃物排放以及对水和能源的使用。近年来，对废弃物的思考从关注废弃物产生之后如何处理扩展到更广的管理角度，包括减少废弃物以及从源头上最小化（没有废弃物意味着没有污染，也就没有管理成本）。这些方式无法实施时，废弃物可以在其他生产过程中被利用，作为生产一些新产品的辅料。即使使用了这两种方式，通常还是会有一些废料残余。剩余的废弃物要妥善处理，以防止产生环境污染和虫害问题，以及对人的健康和安全产生威胁。无论是在文献研究中，还是在工业化国家的实践中，我们可以发现，每种方式在环保中都扮演着重要的角色。通常整合部分或所有方法并节约水和能源是防止环境持续恶化的最佳或唯一的途径（Dieu，2003）。

零废物产业生态系统模型是一种综合了以上各方面考虑的方法。在这个模型中，农业和一些企业存在能源和原料的交换，食品加工产业和农业可以合作以使双方的环境良性发展（图 2.1 和图 2.2）。

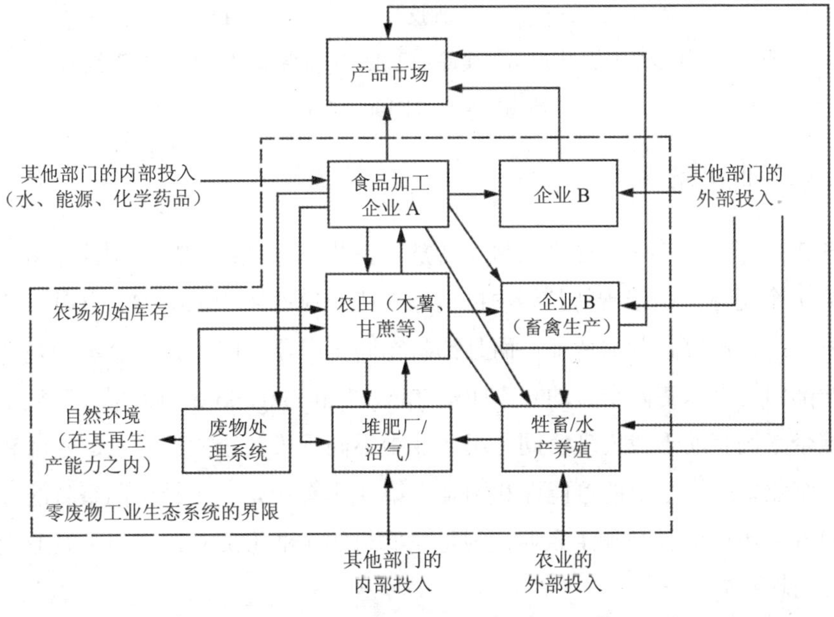

图 2.1　食品加工企业的零废物工业生态系统的推荐物理模型（Dieu，2003）

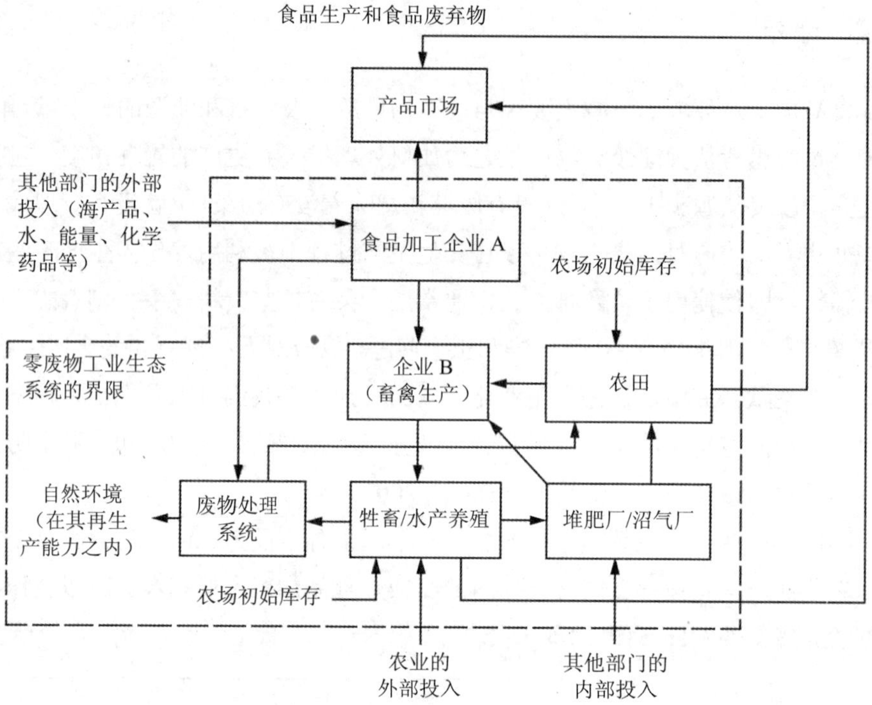

图 2.2 不以农产品为原料的食品加工业部门的零废物工业生态系统的推荐物理模型（Dieu，2003）

2.6 案例研究

图 2.3～图 2.5 描述了 3 个案例零排放产业生态系统的物理模型的原料流动网络。第 1 个是越南同奈省特拉姆村的树薯粉生产家庭组织的案例。这家企业代表了家庭（小）规模企业的特征，而且都是在同一产业部门。第 2 个案例是在同样的产业部门，是越南西宁省的一家叫作 Tan Chau-Singapore 的大型树薯粉生产工厂。这个案例有助于我们理解同一类产业中不同规模的企业在开发、应用和实施零废弃企业生态模型中的可能性和困难。第 3 个案例是位于越南同奈省的边和产业区的 6 家不同的食品加工企业，与特拉姆村的企业形成对比，但是企业规模和产业部门均不同。

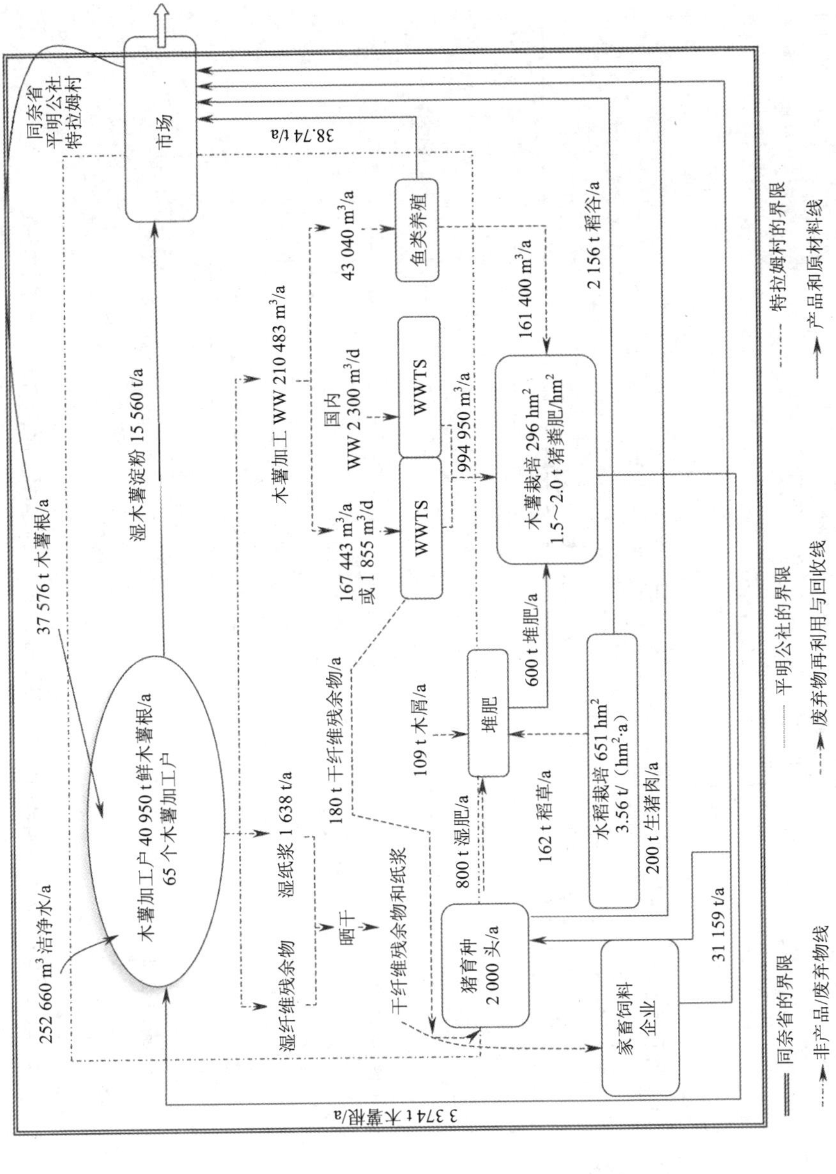

图 2.3　特拉姆村零废弃企业生态系统物理技术模型的物质流动网络（Dieu，2003）

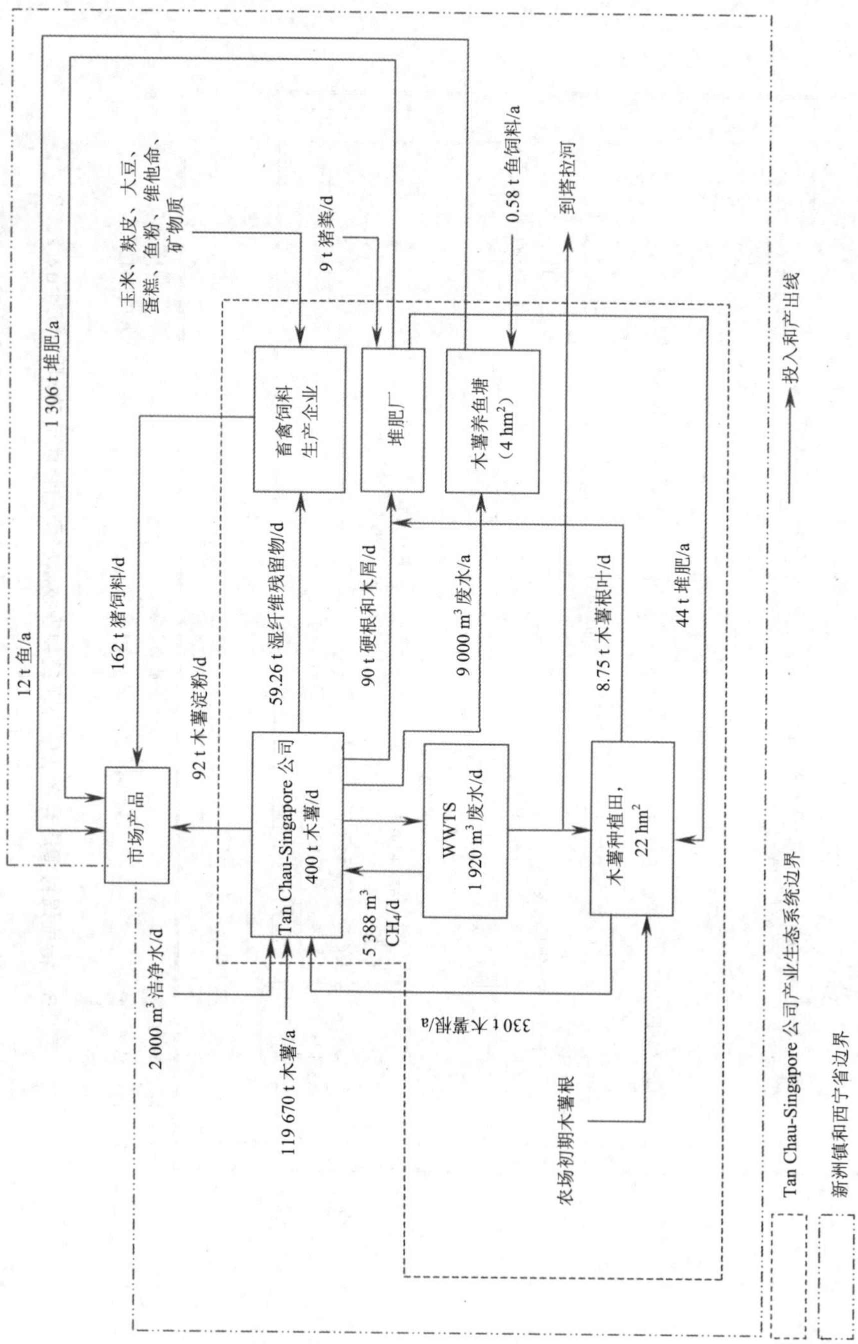

图 2.4 Tan Chau-Singapore 公司的零排放企业生态系统物理技术模型的物质平衡

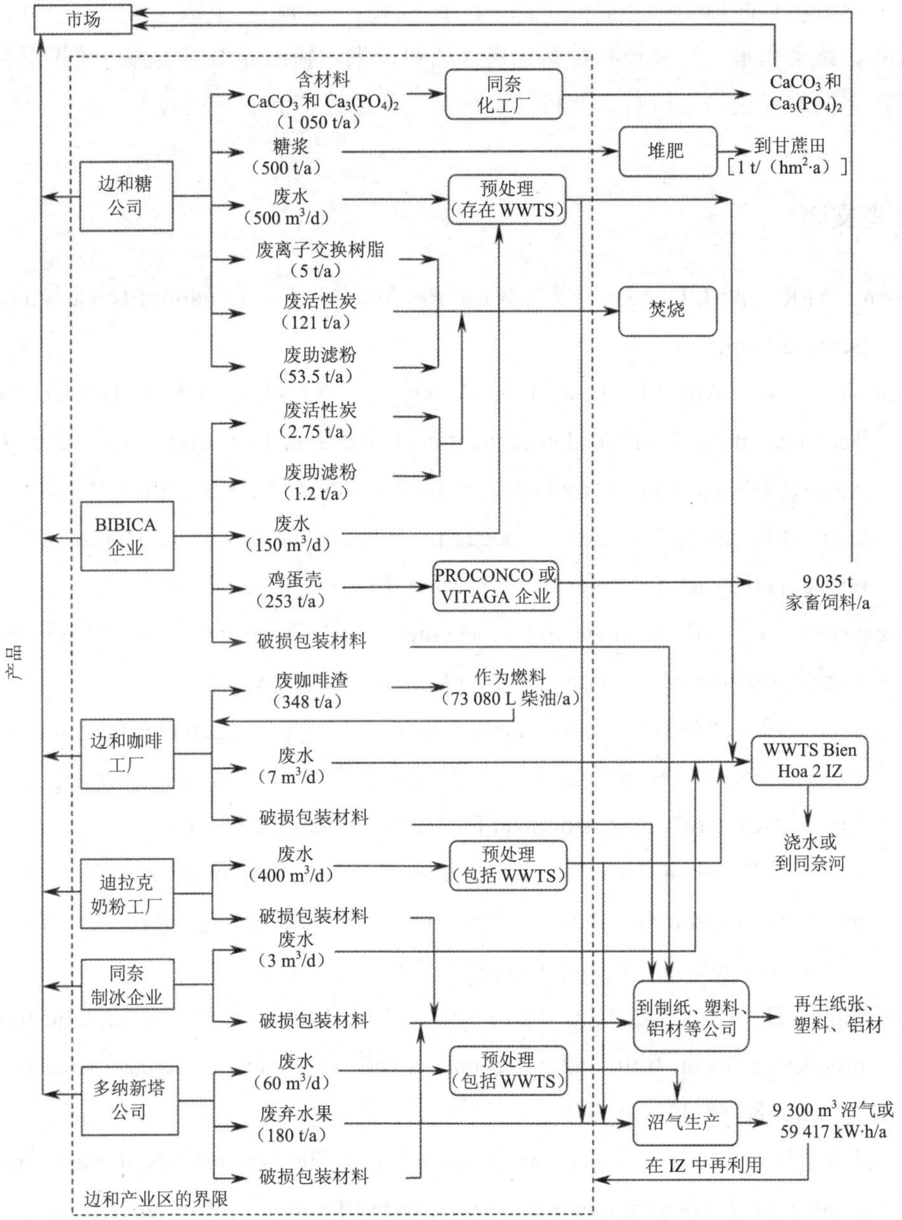

图 2.5　边和产业区的一家食品加工企业零排放工业生态系统物理技术模型的物质流动网络（Dieu，2003）

总之，食品加工产业的范围已经不只局限于农场，即作物（如甜菜、甘蔗、咖啡、蔬菜和水果）种植和牲畜家禽（如鸡、牛、猪）养殖的地方，还扩展到工厂，它们加工这些原材料，并将其运输到销售最终产品的市场。

参考文献

Adams, M.R., and J. Dougan. 1985. *Waste Products, Coffee*. London: Elsevier Applied Science Publisher.

Agu, R.C., A.E. Amadife, C.M. Ude, A. Onyia, E.O. Ogu, and M. Okafor. 1997. Technical note: Combined heat treatment and acid hydrolysis of cassava grate waste (CGW) biomass for ethanol production. *Waste Manage.*, 17(1):91-96.

Al-Masri, M.R. 2001. Changes in biogas production due to different ratios of some animal and agricultural wastes. *Bioresour. Technol.,* 77:97-100.

Augenstein, D., J. Benemann, and E. Hughes. 1994. *Electricity from Biogas, Sixth National Bioenergy Conference, 2-6 October*, Reno, NV, USA.

Banks, C.J. 1994. "Anaerobic digestion of solid and high nitrogen content fractions of slaughterhouse wastes." In: *Environmentally Friendly Food Processing*, ed. E. Gaden. New York, NY: American Institute of Chemical Engineers.

Bi, G., and Y. Guozhen. 1996. "Commercial-scale production of ethanol from cassava pulp, cassava, starch and starch derivatives." In: *Proceedings of the International Symposium held in Nanning, Guangxi, China*, Novemebr 11-15, 1996.

Bouallagui, H., R.B. Cheikh, L. Marouani, and M. Hamdi. 2003. Mesophilic biogas production from fruit and vegetable waste in a tabular digester. *Bioresour. Technol.* 86:85-89.

Caffal, C. 1995. *Energy Management in Industry*. The Netherlands: Centre for the Analysis and Dissemination of Demonstrated Energy Technologies (CADDET). Analysis Series, December 17.

Carawan, R.E., and D.H. Pilkington. 1986. *Reduction in Waste Load from a Meat*

Processing Plant-Beef, pp. 27624-27695. Raleigh, NC: North Carolina State University.

Chen, J.C.P., and C. Chou. 1993. *Cane Sugar Handbook*, 12th ed. New York, NY: John Wiley & Sons, Inc.

Clanton, C.J., P.R. Goodrich, B.D. Backus, E.J. Fox, and H.D. Morris. 1994. "Anaerobic digestion of cheese whey." In: *Environmentally Responsible Food Processing*, ed. E. Gaden. New York, NY: American Institute of Chemical Engineers.

Cock, J.H. 1985. *Cassava New Potential for a Neglected Crop*. Boulder and London: Westview Press.

Daniel, S.J., Q.Z. Hasan, K. Nath. 1984. Urea molasses liquid diet as a feed for calves. *Indian J. Anim. Sci.* 50:149-151.

Daniel, S.J., Q.Z. Hasan, and K. Nath.1986. Compensatory growth in crossbred calves fed on urea molasses liquid diet. *Indian J. Anim. Sci.* 56:979-981.

Dass, R.S., A.K. Verma, and U.R. Mehra. 1996a. Compensatory growth and nutrient utilization in crossbred heifers during revival period fed urea molasses liquid diet. *Asian-australas. J. Anim. Sci.* 9:563-566.

Dass, R.S., A.K. Verma, and U.R. Mehra. 1996b. Effect of feeding urea molasses liquid diet on nutrient utilization, rumen fermentation pattern and blood profile in adult male buffaloes. *Buffalo J.* 12:11-22.

Dieu, T.T.M. 2003. *Greening Food Processing Industry in Vietnam*, Ph.D. Dissertation, Wageningen University, The Netherlands.

DOE (U.S. Department of Energy). 2006. *Save Energy Now in Your Steam Systems*. Washington, D.C.: Office of Energy Efficiency and Renewable Energy, Industrial Technologies Program. Report DOE/GO-102006-2275.

Elias, A., T.R. Preston, M.B. Willis, and T.M. Sutherland. 1967. By-products of sugarcane and intensive beef production. 4. Fatting bulls with molasses and urea in place of grain in diets with little fibre. *Rev. Cubana Sci. Agric.* 5:59.

Elvira, C., L. Sampedro, J. Dominguez, and S. Mato. 1996. Vermi-composting of wastewater sludge from paper-pulp industry with nitrogen rich materials. *Soil Biol. Biochem.*, 29(3-4):759-792.

Envirowise. 2008. *Food and Drink Essentials: Environmental Information for the Industry*. UK: Envirowise.

Erkman, S. 1997. Industrial ecology: An historical view. *J. Clean. Prod.* 5(1-2):1-10. European Commission. 1997. *Final Report on Cleaner Technologies for Waste Minimization*. Luxembourg: European Commission.

European Commission. 2005. *Integrated Pollution Prevention and Control, Reference document on Best Available Techniques in the Slaughterhouses and Animal byproduct Industries*. BREF, European Commission, May, 2005. Available from http://www.ifc.org/ifcext/sustainability.nsf/AttachmentsByTitle/gui_EHS Guidelines2007_PoultryProcessing/$FILE/Final+-+Poultry+Processing.pdf.Accessed September 15, 2008.

Evans, M.J.B., E. Haliop, and J.A.F. MacDonald. 1999. The production of chemically activated carbon.*Carbon,* 37:269-274.

Faine, M.P. 1995. Dietay factors related to preservation of oral and skeletal bone mass in women. *J. Prosthet. Dent.,* 73:65-72.

Fan, L., A. Pandey, R. Mohan, and C.R. Soccol. 2000. Use of various coffee industry residues for the cultivation of pleutotus ostreatus in solid state fermentation. *Acta Biotechnol.,* 20(1):41-52.

Frijns, J., P.T. Phuong, and A.P.J. Mol. 2000. *Ecological Modernization Theory and Industrializing Economies: The Case of Vietnam, Ecological Modernization Around the World: Perspectives and Critical Debates*, pp. 257-292. London, Portland: Frank Cass.

Frito-Lay. 2006. *Frito-Lay Recognized by U.S. EPA and U.S. DOE*. Press Release. Plano, Texas. June 5, 2006.

Fryer, P. 1995. *Clean Technology in the Food Industry, Clean Technology and the*

Environment, pp. 254-276. London: Blackie Academic & Professional.

Gohl, B. 1981. *Tropical Feeds*. FAO (Food and Agriculture Organization) of the United Nations.

Greenwalt, C. 2000. *Dissertation: Utilization of Crop Residue and Production of Edible Single Cell Oil for an Advanced Life Support System*. Ithaca, NY: Cornell University. Gulbransen, B. 1985a. Survival feeding of cattle with molasses. 1. Feeding of nonpregnant heifers with molasses plus urea and roughage. *Aust. J. Expt. Agric.*25:1-3.

Gulbransen, B. 1985b. Survival feeding of cattle with molasses. 2. Feeding steers with molasses/urea plus either sorghum grain (*Sorghum vulgare*) or cotton seed meal (*Gossipum hirsutum*). *Aust. J. Expt. Agric.* 25:4-8.

Hackett, B., S. Chow, and A.R. Ganji. 2005. *Energy Efficiency Opportunities in Fresh Fruit and Vegetable Processing/Cold Storage Facilities*. Paper presented in the 2005 ACEEE Summer Study on Energy Efficiency in Industry, July, 19-22, 2005, West Point, NY.

Hackett, G.A.R., C.A. Easton, and S.J.B. Duff. 1999. Composting of pulp and paper mill fly ash with wastewater treatment sludge. *Bioresour. Technol.* 70:217-224.

Hansen, C.L., and S. Hwang. 2003. *Waste Treatment. Environmentally-Friendly Food Processing*. Cambridge, England: Woodhead Publishing Limited.

Harrison, J.R., L.A. Licht, and R.R. Peterson. 1984. "The treatment of waste from the fruit and vegetable processing industries." In: *Surveys in Industrial Wastewater Treatment: Food and Allied Industries*, eds D. Barnes, C.F. Forster, and S.E. Hrudey. Pitnam Boston, London, Melbourne: Advanced Publishing Program.

Henningsson, S., A. Smith, and K. Hyde. 2001. Minimizing material flows and utility use to increase probability in the food and drink industry. *Trends Food Sci. Technol*. 12:75-82.

Higgins, T.E. 1995. *Pollution Prevention Handbook.* Boca Raton, FL: Lewis Publishers. Hrudey, S.E. 1984. "The management of wastewater from the meat and poultry products industry." In: *Surveys in Industrial Wastewater Treatment: Food and Allied Industries*, eds D. Barnes, C.F. Forster, and S.E. Hrudey. USA: John Wiley & Sons Inc.

ICF. 2007. *Energy Trends in Selected Manufacturing Sectors: Opportunities and Challenges for Environmentally Preferable Energy Outcomes*. Available from http://www.epa.gov/sectors/pdf/energy/ch3-4.pdf. Accessed February 2008.

International Finance Corporation (IFC). 2007a. *Environmental, Health and Safety Guidelines: Vegetable Oil Processing*. World Bank Group.

International Finance Corporation (IFC). 2007b. *Environmental, Health and Safety Guidelines: Food and Beverage Processing*. World Bank Group.

International Finance Corporation (IFC). 2007c. *Environmental, Health and Safety Guidelines: Fish Processing*. World Bank Group.

International Finance Corporation (IFC). 2007d. *Environmental, Health and Safety Guidelines: Breweries*. World Bank Group.

International Finance Corporation (IFC). 2007e. *Environmental, Health and Safety Guidelines: Dairy Processing*. World Bank Group.

Ka¨rkka¨inen, M.U.M., J.W. Wiersma, and C.J.E. Lamberg-Allardt. 1997. Postprandial parathyroid hormone responses to four calcium-rich foodstuff. *Am. J. Chin. Nutr.* 65:1726-1730.

Khajarern, S., J.M. Khajarern, and Z.O. Muller. 1977. "Cassava in the nutrition of swine." In: *Proceedings of a Workshop on Cassava as Animal Feed, held as the University of Guelph, 18-20 April 1977*.

Kitou, M., and S. Okuno. 1999. Decomposition of coffee residue in soil. *Soil Sci. Plant Nutr.* 45(4):981-985.

Kostenberg, D., and U. Marchaim. 1993. Anaerobic digestion and horticultural value of solid waste from manufacture of instant coffee. *Environ. Technol.* 14:973-980.

Lastella, G., C. Test, G. Cornacchia, M. Notornicola, F. Voltasio, and V.K. Sharma. 2002. Anaerobic digestion of semi-solid organic waste: Biogas production and its purification. *Energy Convers. Manage.* 43:63-75.

Mæng, H., H. Lund, and F. Hvelplund. 1999. Biogas plants in Denmark: Technological and economic developments. *Appl. Energy* 64:195-206.

Mai, H.N.P., L.N. Thai, N.T. Viet, and G. Lettinga. 2001. *Effect of Organic Loading Rate on Treatment Efficiency for Tapioca Processing Wastewater Using UASB, International Conference: Industry and Environment in Vietnam, April 20-21, 2001*, Ho Chi Minh City, Vietnam.

Marshall, K.R., and W.J. Harper. 1984. "The treatment of wastes from the dairy industry." In: *Surveys in Industrial Wastewater Treatment: Food and Allied Industries*, eds D. Barnes, C.F. Forster, and S.E. Hrudey. Boston, London, Melbourne: Pitnam Advanced Publishing Program.

Masanet, E., E. Worrell, W. Graus, and C. Galitsky. 2007. *Energy Efficiency Improvement and Cost Saving Opportunities for the Fruit and Vegetable Processing Industry: An ENERGY STAR*OR *Guide for Energy and Plant Managers*. Available from http://www.energystar.gov/index.cfm?c=in_focus.bus_food_proc_focus. Accessed September 15, 2008.

Midwest Research Institute. 1994. *Final Report of Emission Factor Documentation for AP-42*. Section 9.13.1, Fish Processing, EPA Contract No. 68-D2-0159, Work Assignment No. I-08, MRI Project No. 4601-08, March 1994.

M'ncene, W.B., J.K. Tuitoek, and H.K. Muiruri 1999. Nitrogen utilisation and performance of pigs given diets containing a dried or undried fermented blood/molasses mixture. *Anim. Feed Sci. Technol.* 78:239-247.

Murphy, J.J. 1999. The effects of increasing the proportion of molasses in the diet of milk dairy cows on milk production and composition. *Anim. Feed Sci. Technol.* 78:189-198.

New York State Department of Environmental Conservation Pollution Prevention Unit. 2001. Environmental Self-Assessment for the Food Processing Industry: A Quick and Easy Checklist of Pollution Prevention Measures for the Food Processing

Industry. Available from http://www.dec.ny.gov/docs/permits_ej_operations_pdf/esafood.pdf. Accessed September 15, 2008.

Nimi, D., and P. Giminez-Mitsotakis. 1994. "Creative solutions for bakery waste effluent." In: *Environmentally Friendly Food Processing*, ed. E. Gaden. New York, NY: American Institute of Chemical Engineers.

Niranjan, K., and N.C. Shilton. 1994. "Food processing wastes—their characteristics and an assessment of processing options." In: *Environmentally Responsible Food Processing*, ed. E.L. Gaden. New York, NY: American Institute of Chemical Engineers.

Nogueira, W.A., F.N. Nogueira, and D.C. Devents. 1999. Temperature and pH control in composting of coffee and agricultural wastes. *Water Sci. Technol.* 40(1): 113-119.

Nordic Council of Ministers. 2001. *Best Available Techniques (BAT) for the Nordic Dairy Industry*. Copenhagen: Nordic Council of Ministers.

Oanh, L.T.K., K. de Jong, H.N.P. Mai, and N.T. Viet 2001. Removing suspended solids from tapioca processing wastewater in upflow anaerobic filter (UAF). *International Conference: Industry and Environment in Vietnam*, Ho Chi Minh City, Vietnam.

Oke, O.L. 1984. The use of cassava as pig feed. *Nutr. Abstr. Rev.—Series B* 54(7):301-314.

Paredes, C., M.P. Bernal, J. Cegarra, and A. Roig. 2002. Bio-degradation of olive mill wastewater sludge by its co-composting with agricultural wastes. *Bioresour. Technol.* 85:1-8.

Paturau, J.M. 1989. *By-Products of the Cane Sugar Industry: An Introduction to Their Industrial Utilization*, 3rd Completely Revised Edition. Amsterdam-Oxford-New York-Tokyo.

Pedroza-Islas, R., E. Aguilar-Esperanza, and E.J. Vernon-Carter. 1994. "Obtaining pectins from solids waste derived from mango (*Mangifera indica*) processing." In:

Environmentally Friendly Food Processing, ed. E. Gaden. New York, NY: American Institute of Chemical Engineers.

Pettersson, A. 1992. *The Use of Sugar Cane Molasses in Diets for Pigs*. Swedish University of Agricultural Sciences, International Rural Development Centre. Pfluger, R.A. 1975. *Solid Waste: Origin, Collection, Processing and Disposal*, pp.365-376. Toronto: Wiley Intersciene Publishers.

Ranjhan, S.K., P.C. Sawhwey, and M.M. Jayal. 1973. *Application of Live Saving Research in Animal Feeding*. New Delhi, India: Farm Information Unit, Directorate of Extension, Ministry of Agriculture.

Rantala, P.R., K. Vaajasaari, R. Juvonen, E. Schultz, A. Joutti, and R. Ma¨kela¨-Kurtto. 2000. Composting of forest industry wastewater sludge for agricultural use. *Water Sci. Technol*. 40(11-12):187-194.

Saha, S.L. 1994. Promoting use of biogas in India. *Electrical India* 34:13-16. Sanchez, S. 1990. *The Use of Cassava as Animal Feed in Developing Countries—Implications on Food Security and Balance of Payments*. Report for the Food and Agriculture Organization of the United Nations, Rome, Italy.

Schaafsma, A., I. Pakan, G.J.H. Hofstede, F.A.J. Muskiet, E. Van Der Veer, and P.J.F. DeVries. 2000. Processing and products: Mineral, amino acid and hormonal composition of chicken eggshell powder and the evaluation of its use in human nutrition. *Poult. Sci*. 79:1833-1838.

Sengar, S.S., A.K. Verma, V.P. Varhney, and U.R. Mehra. 1995. Effect of feeding urea molasses liquid diet feeding on the growth performance, blood profile and thyroid gland activity in buffalo heifers in early stage of growth. *Buffalo J.* 11:157-163.

Silva, M.A., S.A. Nebra, M.J. Machado Silva, and C.G. Sanchez. 1998. The use of biomass residues in the Brazilian soluble coffee industry. *Biomass Bioenergy* 14(5/6):457-467.

Sivetz, M. 1963. *Coffee Processing Technology*, Vol. 2. Wesport, CT: AVI Publishing Co.

Sivetz, M., and N.W. Desrosier. 1977. *Coffee Technology*. Wesport, CT: AVI Publishing Co.

Song, M., and S. Hwang. 2003. “Recycling food processing wastes.” In: *Environmentally-friendly Food Processing*, eds B. Mattsson and U. Sonesson. Cambridge, England: Woodhead Publishing Limited.

Sriroth, K., R. Chollakup, S. Chotineeranat, K. Piyachomkwan, and C.G. Oates. 2000. Processing of cassava waste for improved biomass utilization. *Bioresour. Technol.* 71:63-69.

SSB Tool. 2008. *Sample of Consumption Data— Breweries*. Available from http://www.brewingschool.dk/uploads. Accessed January 31, 2008.

Suh, Y.J., and P. Rousseaux. 2001. An LCA of alternative wastewater sludge treatment scenarios, resources, conservation and recycling. *Resour. Conserv. Recy.* 35:191-200.

Venkatesh, K.V., P.C. Wankat, and M.R. Okos. 1994. “Kinetic model for lactic acid production form cellulose by simultaneous fermentation and saccharification.” In: *Environmentally Friendly Food Processing*, ed. E. Gaden. New York, NY: American Institute of Chemical Engineers.

Verma, A.K., R.S. Dass, and U.R. Mehra. 1994. Response of urea molasses liquid diet feeding on growth performance, nutrient utilization and thyroid gland activity in crossbred heifers. *World Rev. Anim. Prod.* 29:101-107.

Verma, A.K., U.R. Mehra, R.S. Dass, V.P. Varhney, and H. Kumar. 1995. Performance of crossbred heifers suring revival period after long term scarcity feeding. *J. Appl. Anim. Res.* 8:63-70.

Vigneswaran, S., V. Jegatheesan, and C. Visvanathan. 1999. Industrial waste minimization initiatives in Thailand: Concepts, examples and pilot scale trials. *J. Clean. Prod.* 7:43-47.

Whithing, S.J. 1994. Safety of some calcium supplements questioned. *Nutr. Rev.* 52:95-105.

World Bank. 1998. *Breweries, Pollution Prevention Abatement Handbook.* Effective July, 1998. Available from http://www.gcgf.org/ifcext/enviro.nsf/AttachmentsByTitle/gui_breweries_WB/$FILE/breweries_PPAH.pdf. Accessed September 15, 2008.

World Health Organization (WHO). 1993. *Assessment of Sources of Air, Water, and Land Pollution: A Guide to Rapid Source Inventory Techniques and Their Use in Formulating Environmental Control Strategies, Part One: Rapid Inventory Techniques in Environmental Pollution.* Alexander P. Economopoulos, Democritos University of Thrace.

Wythes, J.R., and A.J. Ernst. 1983. Molasses as a drought feed. *Proc. Aust. Soc. Anim. Prod.* 15:213-276.

第3章
配 送

里奇·皮罗格，本·钱皮恩，提姆·克洛斯比，莎拉·卡普拉，
丽贝卡·拉斯穆森

3.1 引言

配送是现代食品系统的基础，它将食品系统的位置和空间连为一体。同时，食品配送技术和方式也塑造了食品系统的经济、社会、资源以及食品质量条件。本章重点探讨目前有关食品配送系统可持续性的热点问题。为此，我们必须同时考虑食品配送对社会、资源和循环的直接影响，以及食品配送对食物链其他环节的间接影响（例如，食品配送会影响有机农业的可行性）。此外，在考虑可持续性问题时，我们还必须平衡兼顾经济、社会和环境三个方面。

我们在这一章主要关注食品配送的直接影响。值得指出的是，我们可以用可持续性指标来构建和解释食品配送的直接影响。MacRae 等（1989）针对可持续性指标提出了一个三级分类系统，概括如下：

（1）第一级指标主要关注将现有方法、活动或流程的危害降至最小（即效率的提高）；

（2）第二级指标衡量那些危害性高的旧方法、旧技术或旧流程在多大程度上被新方法、新技术或新流程所取代（即更新换代）；

（3）第三级指标衡量行业规则、行业方式在多大程度上被基于可持续性设计的规则和方式所修改（即重新设计）。

以运输中的燃料消耗为例，第一级指标可以是配送过程中由于使用更短的路径或采用更省油的运输工具所带来的燃料用量的减少。第二级指标可以是在配送过程中以新型可再生燃料（如生物柴油）取代传统的车辆燃料。第三级指标可以将全球和全国范围的食品配送系统转变为地区性的食品配送系统，在自给自足的同时充分利用区域内的基础设施，以此作为食品供应的主要方法。这些可持续性指标与我们在配送系统中观察到的核心问题和挑战密切相关，其关联性将贯穿本章的讨论。

在此之前，有必要先给食品配送下一个定义并讨论定义中不同的构成元素。在本章中，我们将食品配送定义为将农产品与下游供应链（包括食品处理/制造、零售和消费）连接起来的一整套运输和（或）存储的方法。既涵盖未加工的食品原料，也包括最终的食品以及介于它们之间的全部过程。限于篇幅，我们不可能一一介绍各种食品的配送方法，相比之下，衡量这些食品配送方法在可持续性方面的意义较为可行。我们将在一个相对简单的情境中，介绍我们认为在食品配送中制约可持续性的核心因素。

在当前食品配送的各种运输与存储方式中，铁路运输和海运通常用于远途、大宗、非生鲜或不易腐食品的运输，相比之下，公路运输和空运会更快速、更灵活。合理的存储和运输对于食品类产品至关重要，因为食品的特性决定了一旦条件不适宜它们就容易腐败或变质。因此，我们在仓库、船舱和车厢中存储条件的管理方面，尤其是在冷藏方面，投入了大量的人力和物力。冷藏可以减缓食品腐败、降低细菌繁殖速度，同时改善或控制空气环境以延迟食品腐败和变质。然而，这些技术所能达到的控制作用是有限的。随着科技和供应链管理技术的不断进步，需要更复杂的技术和管理办法（如国际贸易中的 ISO 9000）来保障食品的质量和可靠性。

运输和存储方法也服务于食品系统内部的发展。运输与存储技术的应用在空间和时间上将食品的生产与消费连接在一起，保存和转化了食品的价值，使特定地点、特定时间的价值交换成为可能。因此，食品配送的经济作用在于使价值和资源得以分配。无论是当地菜农在菜市场卖菜，还是大型饲养场加入跨国混业经营的粮食—牲畜联合经营体系（Hendrickson and Heffernan，2002），它们背后的原理是相同的。可以说，在当前的食品体系中，食品配送为促进食品系统（如粮食、饲料、牲畜系统等）的主要发展提供了先决条件和物流基础。同样地，食品配送对于有机农业、本地食品等新兴生产与消费系统也具有至关重要的作用。

这样的发展进程在很大程度上取决于商品的生物特性，以及商品生产、处理和消费的地理环境。许多新鲜果蔬、谷物、乳制品、油脂类产品、冷冻食品、冷鲜冷冻肉食在生产和消费方面都具有独特的区域地理特征，以及质量相关的生物物理监管要求。这些地理上的、生物物理上的和经济上的多样性使食品系统的配送功能异常复杂，并带来了巨大的挑战。我们对环境可持续性的关注必须以这种复杂性为背景。

我们能否按照环境可持续的方法对食品配送系统当前的运营职能进行再造呢？进一步讲，我们能否开发一套配送系统使食品系统中的生产与消费部门能够比较容易地按照可持续的运营模式进行重组呢？在回答这些问题之前，我们必须考虑何为可持续。接下来我们会首先列出可持续性指标作为可持续的标准，然后在此基础上探讨现有配送系统与一个更具可持续性的食品系统的差距。

可持续性这一概念越来越多地被纳入企业的绩效衡量（Gerbens-Leene et al.，2003）。但是，可持续性的概念存在争议，尤其体现在对可持续性没有一个广泛认可的测度方法上。文献中提出了各种指标（表 3.1）来测量各行业或企业在食品配送活动中的可持续性。根据指标的主要关注点是经济影响、环境影响还是社会影响，我们对这些指标进行了分类。其中，环境可持续性指标是被引用得最多的测量工具，其原因可能是越来越多的学者采用生命周期分析法来评价不同过程对环境的影响。

在环境指标中，食品里程（food miles）、能耗和二氧化碳排放是涉及配送最常被提及的 3 个指标。食品里程是指食品从一处到另一处的所行路程。例如，生鲜食品从美国大陆到中西部平均所行路程为 1 500 英里（Pirog et al.，2001；Pirog et al.，2003）。这一指标不仅可以用来说明食品运送了多远，而且运输方式相同时我们还可以用食品里程来粗略计算和比较不同食品的运输成本和排放量。能耗既包括运输所需的燃料，也包括为满足食品存储条件所消耗的能源。此外，二氧化碳排放也被纳入环境指标的范畴。

表 3.1 可持续性指标

可持续性指标		Heller and Keoleian	Pretty et al.	Jones	Gerbens-Leenes	Hinrichs	Ilbery	Bellows	Jackson	Maxime	Halsherg	Clarke et al.	Mintchera	Yakorleva and Flynn	Monteiro	Cowell and Parkinson	Pirog et al.
环境指标	食物里程		X						X		X						
	能源消耗	X		X	X					X				X			
	二氧化碳排放			X	X					X							
	土地利用				X												
	生态效率									X							
	废弃物产生													X			
	环境监测系统												X				
	有害物质排放													X			
	健康和安全事件													X			
	环境报告													X			
	符合伦理要求的运输																
经济指标	每单位食品产生的废弃物	X															
	错误处理导致的食物浪费的比例	X												X			
	分销的类型（架构）										X						
	零售渠道											X					
	每平方英尺的收入											X					
	食物浪费												X				
	产出的增加																

	可持续性指标	Heller and Keoleian	Pretty et al.	Jones	Gerbens-Leenes	Hinrichs	Ilbery	Bellows	Jackson	Maxime	Halsherg	Clarke et al.	Mintchera	Yakorleva and Flynn	Monteiro	Cowell and Parkinson	Pirog et al.
经济指标	劳动生产率																
	市场的多元化和结构													X			
	进口还是国产产品													X			
	利润率													X	X		
	国家层面进口的分配													X			
	雇用数量													X	X		
	平均工资													X	X		
	运输效率												X				
	工作强度												X				
社会指标	种植者和分销者之间的距离	X					X										
	农民、加工方、零售业者之间的利润分配	X															
	生活质量和工人满意度	X															
	食物的营养价值	X					X								X		
	食品安全	X													X		
	农民市集的数量					X											
	本地就业						X	X							X		
	公平贸易的发起													X			

注：X 代表文献中提到了该指标。

在经济指标中，最常用的指标包括利润、平均工资、就业以及处理不当导致的食品损耗率。这些指标对于读者来说比较直观。一个不能盈利的运营系统不可能可持续；食品损耗比例高可以反映出系统中存在问题，也会降低利润。这些指标似乎早已成为食品行业的衡量标准。

社会指标中最常用的指标包含所配送食品的营养价值和当地人员在配送部门中的就业。食品的营养价值可以指保质期较长的加工食品与新鲜易腐食品的配送比例。地方就业可以近似反映配送如何影响地方经济。

关于可持续性的研究综合考虑了以下 3 个方面的指标。例如，因处理不当或腐败导致的食品损耗不仅是经济损失，而且包含填埋后排放的甲烷对环境的影响；此外，如果没有这种损耗，那么这些食品可以用于扶贫项目以造福社会，或者可以将变质的食品用于城市堆肥项目。

在文献中，相比经济指标和环境指标，人们对社会指标的使用相对欠缺，这是因为社会指标是定性的。而食品里程可以量化，利润也可以量化，但许多社会指标是无法量化的。但是，我们可以比较不同系统中各个指标的情况。通过比较系统在三方面指标上的表现，我们可以发现经济可持续性、环境可持续性及社会可持续性的情况。

本章接下来的部分按照活动的地域范围将食品配送分成 3 个层面，即国际配送、国内配送和区域/当地配送，从而介绍可持续性在这 3 个层面的现状与问题。每一层面会描述相应地域范围内典型的配送系统和组织，以及这些配送系统中关于可持续性的挑战。此外，我们还会基于访谈给出各个层面的案例研究，从而突出当前实践中的挑战和可持续指标情况。上面提到的学术研究中所强调的相同指标在这些案例研究中均有所体现，一半以上的案例中包含一系列可持续指标，如降低碳足迹和温室气体排放、减少固体垃圾、减少燃料与电力的使用、提升效率从而节约成本等，甚至还涉及一些社会指标。然而，食品配送中大多数提高可持续的办法似乎主要关注我们之前提到的第一级指标，而许多深刻的、改变配送方式或重构食品系统的方法则较少涉及。

3.2 国际配送

走进工业世界的任何一家零售店，我们都可以看到食品全球配送的成果。例如，冬季美国爱荷华州的超市里卖着来自危地马拉的香蕉和来自墨西哥的番茄，厄瓜多尔的超市里也会有来自华盛顿州的苹果和来自智利的葡萄。2002 年，全球食品销售额达到了 4.1 万亿美元，包括食品零售总额和食品相关服务的销售总额。在食品零售总额中，生鲜食品销售额达 5 310 亿美元，而加工食品（包括饮料和包装食品）的销售额共计 1.7 万亿美元。超市的销售额占比最高，约占零售市场的 30%（Regmi et al.，2005）。超市的兴起、运输和存储技术的革新，以及国际贸易的发展都在全球食品配送中起了十分重要的作用。

零售店在国际食品配送系统中的比重一直在增加，尤其在东欧、亚洲和拉丁美洲，零售店数量的增加最为迅猛（Reardon et al.，2003）。超市的增多在很大程度上促进了集中型配送系统的形成。随着超市连锁店的数目不断增加，原本单一门店采购系统就会逐渐转变为一个服务整个区域（如城市、州、国家或者多个国家）的集中型配送系统。这样的集中化导致必须采用中央仓库对各门店进行配送。集中化既可以提高采购效率、通过减少协调环节等其他交易成本达到降低总产品成本的目的，同时也可能增加运输成本、增加产品冗余里程所带来的能源消耗（Regmi，2001）。随着政府和行业对食品质量和安全标准的提升，集中配售系统也更受青睐。设计这些标准是为了防止大范围的经食物传播的疾病和食品污染。这些标准通过对产品要求的标准化来促进食品配送，也用于协调供应链的运作（Henson et al.，2005）。集中化帮助企业降低了达标所需的成本，也有助于协调供应链上的物流。

集中配送并不是超市影响配送部门的唯一途径。超市越来越多地寻求与供应商以及分销商联合以降低交易成本。Reardon 等（2005）指出，超市不断发展壮大，加上超市力求拥有对各种生鲜产品都能全年供应的供应商，促使了南北半球企业之间横向合资和其他战略联盟的出现。这些在不同半球之间形成伙伴关系的供应商联盟不再受制于零售端对数量和全年供应的要求，例如，这些供应商联盟实现了热带水果的全年供应。在美国可以买到来自中南美洲不同国家的杧果。厄瓜多尔的杧果收获季节通常是每年 10 月到次年 1 月，而墨西哥的杧果季则是从每年 3 月持续到 9 月。这两国供应商间的联盟可以为美国的零售商提供全年的杧果销售。

技术革新也刺激了全球食品配送量的增长。20 世纪 50 年代以来，集装箱一直是降低国际运输成本的主要方式。被称为“冷冻柜”（reefers）的可移动式冷藏集装箱在 20 世纪 60 年代被发明，这些冷冻柜使冷藏、冷冻货物（即肉类、农产品等易腐品）的海运成为可能。空中货运的兴起也加快了易腐品运输的发展。例如，美国易腐品的出口额从 1989 财年的 35 亿美元增加到 1999 财年的 103 亿美元，而 1999 财年美国易腐品的进口额共计 131 亿美元，其中园艺类产品（包括新鲜蔬菜、水果和果汁、鲜花和苗木）占比约为 60%（Regmi，2001）。此外，随着全球定位系统等卫星技术越来越普及、成本越来越低，承运商可以全球在线追踪他们的货物。这些技术和其他技术结合，使承运商和运输公司都可以监控产品质量、降低成本、缩短配送时间（Regmi，2001）。

全球配送也受到城镇化的影响。全球范围内城镇人口的增长、工作场所女性的增多、不断增长的收入，这些生活方式的改变影响了全球配送（Reardon et al.，2003）。这些趋势在很大程度上促进了超市的发展，且超市在全球配送中又起了主要作用。城镇人口在全球范围内都有所增长，而在发展中国家的增速最快。他们倾向于吃高附加值的食品，如肉类和蔬菜，而不像农村人口以谷物为主。工作场所女性的增多也导致了饮食和消费习惯上的变化（Regmi，2001）。不断增长的收入也影响了被配送产品本身。随着发展中国家越来越多的家庭拥有电冰箱和微波炉，包装和加工产品也越来越普遍（Regmi et al.，2005）。

3.2.1 基础设施

在全球各地，承载全球食品配送的基础设施相差较大。总体来看，发达国家拥有较完备的公共基础设施，如公路、铁路和机场。发达国家的民营基础设施（如包装工厂、连接供应商和分销商的配送设备）也比较完善。然而，在发展中国家，由于公共基础设施不足，基础设施已成为全球食品配送的一个很大的制约因素。

在发展中国家，民营基础设施［包括卡车、驳船和包装工厂，常常也是外资所有的（Reardon et al.，2003）］也不足，又缺乏实验室和鉴定机构这些达到质量标准的基础设施。

3.2.2 政策和贸易

当前促进国际自由贸易的政治氛围推动了全球配送（Henson et al.，2005）。但是，国与国之间不同的食品安全法规可能会阻碍全球配送，关税也可能对全球配送形成阻碍。加工产品的贸易常常比未加工产品的限制更多，关税也更高（Regmi et al.，2005）。

3.2.3 可持续性

超市、技术创新、基础设施、城镇化和贸易，都对全球食品配送系统产生了重大影响。这些影响因素既为可持续全球配送系统的创造提供了机遇，同时也提出了挑战。超市已经实施了一系列的标准来保障食品安全和质量。技术创新已经使产品能够走向世界各地。然而，全球运送可能产生大量的温室气体，消耗大量的能源。随着食品碳足迹越来越多的应用，系列的指标可能成为评判全球食品系统的最佳办法。Schlich 和 Fleissner（2005）发现，从新西兰进口羊肉的能量消耗值比德国当地产的羊肉还要低，即便是算上从新西兰到德国的运输能耗也是如此。尽管可持续配送系统对于创建可持续食品系统至关重要，但需要注意的是配送仅仅是可持续全球食品系统的一个组成部分。

除了能耗、温室气体、食品里程，可持续性还有很多其他方面。我们可以通过下面的案例研究来看看一家全球运营的企业是如何处理可持续性问题的。

3.2.4 案例研究：艾迪娜公司（Adina For Life）（http：//www.adinaworld.com）

3.2.4.1 背景

艾迪娜公司是塞内加尔人 Greg Steltenpohl 在创立 Odwalla 果汁公司和 Magatte

Wade-Marchand公司后于2005年创办的。如今，艾迪娜是一家生产和配送符合公平贸易原则的有机茶叶和果汁饮料的私营企业。公司的愿景是将公平贸易的做法品牌化。2006年，艾迪娜公司并购了一家旧金山湾区的饮料配送公司来支持本土化品牌的配送。

艾迪娜公司的座右铭是“不喝下罪恶”（Drink No Evil），因此公司与全球符合公平贸易的供应商和小生产者合作。艾迪娜公司帮助传统生产者坚持生产出传统产品的初衷，使它成为少数立足于社会（而非环境）去践行可持续发展之路的企业之一，尽管在许多人看来立足于社会比立足于环境去践行可持续发展之路更难取得重大进展。

3.2.4.2 艾迪娜公司与可持续性

艾迪娜公司有4个主要组织目标与可持续性密切相关：

①与基于社区的合作社和集体合作。把社区致富和保护社区的权利交给住在那里的人。

②与小规模种植的农民合作。避免与大型、工业化农场合作，保护地方农业的传统。

③使用认证过的有机原料。有机种植是可持续性的重要组成部分。

④（任何时候只要有可能）使用符合公平贸易原则的原料。给农民和工人一份公平的工资有助于发展社区农业、保护资源。

合作战略对于艾迪娜公司的社会、环境和经济平衡发展至关重要。通过与不同的国际组织合作，艾迪娜公司能够利用一些群体的经验和资源，如非洲可持续自然种植产品农商组织（ASNAPP，http：//www.asnapp.org）、欧盟国际生态认证中心（ECOCERT，http：//www/ecocert.com）、印度生态农业研究基金（http：//ecoagri.in），以及各种关注相关问题（如妇女权利）的团体。合作也使艾迪娜公司萌生了信息互通的强烈愿望。艾迪娜公司是可持续食品实验室和有机食品贸易协会（http：//www.ota.com）的成员。Steltenpohl相信：“创造供应链的透明度是一家企业走向可持续发展的第一步。”

图 3.1　艾迪娜公司的塞内加尔木槿合作社种植者（照片来源于艾迪娜公司）

艾迪娜公司的全球供应链从农场开始。在塞内加尔，艾迪娜公司白手起家建立供应链，通过训练和教育使木槿种植合作社的成员了解西方经营方法。同时，这种组织工作有助于更有效地采购和配送。艾迪娜公司做好最初的准备工作后，将后续的物流交给了 ASNAPP 公司。目前，ASNAPP 公司依然在供应链中负责物流，并且为合作社的一个营销代理。ECOCERT 公司为木槿种植符合的公平贸易原则提供认证。

艾迪娜公司不会指定用什么类型的车辆将农产品从农民合作社送到港口，因为这样的物流会非常复杂，也会给合作社带来约束和负担，并且需要一些对提高供应链其他方面可持续性更加有用的资源。ASNAPP 公司目前负责这一配送环节的物流，也使艾迪娜公司增加了价值和收益。

在港口，艾迪娜公司与 DHL 公司签订合同，为产品集装箱提供货运代理服务；DHL 公司与船运公司签订合同，经船舶运输将产品运往美国。然后艾迪娜公司雇用卡车将集装箱从港口运送到加工中心。但并非所有原料都需要相同的过程。相对来说，采购公平贸易咖啡更容易，因为它是一种比较普遍的商品。

艾迪娜公司正在努力寻找接近其全球原料农场的加工点，以便在这些经济体中创造更多的就业机会和提供更多的资金，从而在发展中国家提供公平贸易的工作。艾迪娜公司的一些饮料配料是从原产国运来的桶装浓缩物。Steltenpohl 的这种方法不仅可以确保公平贸易目标的实现，还可以减少产品的碳足迹。向加利福尼亚的工厂输送来往原产国的果汁浓缩物可以获得比采购一些当地的果汁更多的收益。在经济方面，运输成本较低；在环境方面，原料得以在最佳生长的地方生产，然后通过相对更高碳效率的海运运输；在社会方面，全球采购有助于艾迪娜公司实现种植传统作物的最初目标。

当地的配送问题涉及其成品的制造步骤，因此其建设在海湾地区设施的碳足迹大于农业和原料运输部门的碳足迹。Steltenpohl 认为，最大的碳足迹来自最后 5 英里。艾迪娜公司试图将制造和配送中心定位在靠近其核心湾区市场的位置，这是艾迪娜公司在 2006 年收购了自己本地分销公司的原因之一。

此外，容易被人们接受的成功方式有助于得到内部和外部的支持，并显示可持续性可以盈利。艾迪娜公司首先关注回收方面：可回收的托盘、包装和运输材料。改进效率，成本节约和减少碳足迹是这项早期工作的成果，并通过购买碳抵消来补充他们无法实现直接的碳减排工作。

然而，根据 Steltenpohl 的说法，艾迪娜公司面临的最大挑战是提出一种定价方式以使其能够以市场可接受的价格在供应链中做正确的事情。对于大多数可持续的企业来说，把好事做对可能会增加成本，因为消费者没有看到价值而不愿支付。为了突破这种共同的限制，Steltenpohl不断寻求所有原料供应中流程和成本的透明化。

3.3　国内配送

本部分侧重从国家角度探讨可持续食物的配送。主要以美国为例，此外我们还将使用来自英国的文献和示例。

交通运输是美国经济的一个主要部分。美国农业部经济研究局称，美国种植业营销费用中约有 4%用于卡车和铁路运输（USDA-ERS，2004）。2005 年，与运输相关的商品和服务为12.5万亿美元，为美国国内生产总值贡献了1.3万亿美元。美国居民在交通方面的人均支出（18%）高于购买食品（13%）5个百分点（USDOT，2007）。

美国是拥有世界上最发达的交通基础设施的国家之一。表3.2列出了2005年美国运输网络的范围。

表3.2 美国运输网络

类型	组成
公路（高速公路）	46 873 km的各州间高速公路 115 000 km的其他国内高速公路 3 849 259 km的其他公路
铁路	95 664 km的Ⅰ级运力 15 388 km的区域运力 29 197 km的当地运力
航空	5 270个机场，包括26个大型枢纽和37个中型枢纽
水路	26 000 km的航道 超过6 700个海运设施 超过750个五大湖设施 2 320个内陆设施

资料来源：美国交通部（2007）。

3.3.1 运输方式与系统整合的影响

在美国，铁路运输和水运传统上一直用于运输价值较低的农产品（如玉米、小麦和大豆）。在某些情况下，铁路还用于运输半易腐食品，如马铃薯、南瓜和洋葱。空运用于运输易腐烂和价值高的食品。卡车是运输食品最常见的方式，特别是易腐物品。图3.2列出了美国运载农产品的总载重里程百分比。

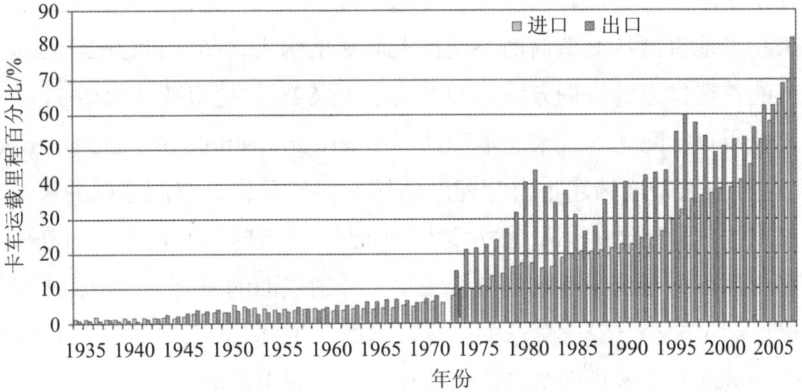

图 3.2 美国运载农产品的总载重里程百分比

在过去的 25 年中，美国食品由卡车运输的比例有所增加，而铁路运输的比例却有所下降。从美国产品终端市场收集的到货数据显示了这一增长。1981 年，芝加哥终端市场上来自各地的产品大约有 50%通过卡车运输，50%通过铁路运输；而在 1998 年卡车运输比例接近 87%，而铁路运输的比例仅占 13%（Pirog et al.，2001）。在美国，卡车运输通过食品供应链承担了约 95%的生鲜产品运输，其余的是通过铁路运输和个人捎带（与 Camia Lane 相联系，Camia Lane 是美国农业部 2008 年 1 月 24 日提出的一个农业营销服务水果和蔬菜计划）。在英国，大型卡车运输的食品数量在 1978—2005 年增加了23%，每次运输的平均距离增加了50%以上（Smith et al.，2005）。

美国的基础设施无法完全满足日益增长的运输数量和托运人对食品运输的需求。运载商业货运的铁路正在取消坡道和多式联运，这给卡车运输业满足美国的食品供应带来了更大的压力（Lemm，2007）。1965 年，有 78.7 万辆组合卡车在美国注册；2004 年，这一数量超过 200 万（USDOT，2007）。1985—2005 年，美国运输业的二氧化碳排放量增加了近 40%（USDOE，2006），此外，卡车司机也非常短缺。2007 年，美国卡车运输协会估计，在未来 7 年内卡车运输业需要更换 53.9 万位卡车司机。这意味着每年需要雇用大约 5.4 万名新卡车司机以满足需求。

近几十年来零售食品行业的整合导致了许多变化。美国和欧洲的大型食品零售商越来越多地直接从制造商而不是批发商那里购买食品。自行配送已成为美国大型超市的首选供应链协调方法。2001 年，近 82%的超市链（包括 11 个或更多的商店）使用自行配送方式来运输产品（American Institute of Food Distribution，2003）。这种向大型连锁超市自行配送的转变促使零售商对制造商的议价能力提高。对于不能自行配送的小型独立零售商而言，这意味着其议价能力降低。

国家食品零售系统采购端的整合推动了分销层面的整合。供应商调整他们的经营规模以满足较少、较大买家的需求。例如，在农产品行业，许多种植者/供应商的经营领域涉及多区域和多商品，以便全年供应市场的需求。

自行配送的增加导致美国食品批发商数量减少。到 2012 年，食品批发商的数量将减少 2/3 以上，最终只剩下十几个以服务全国市场（American Institute of Food Distribution，2003）。

3.3.2 美国食品配送系统的可持续性

在 2007 年食品营销协会对消费者的调查中，92%的受访者认为，美国食品行业（即食品制造商和超市）能够积极主动地应对环境问题，这一点非常重要。主要的环境问题包括燃料使用和温室气体排放、空气污染、废弃物的处理以及总能源消耗。

越来越多的欧洲国家与美国的零售和食品服务公司已将可持续战略纳入其业务范围，包括重新审查食品运输流程。据英国环境、食品和农村事务部（DEFRA）的报告，由英国咨询公司 Transport 2000 提出的“食品产业的可持续性”（2006）表明低碳排放的食品系统具有以下特征：

①使用更多当季产品和本地产品，以产生局部聚集（尽可能在本地采购）；

②所有流程的高效管理和操作；

③减少使用温控存储；

④提高物流效率（例如提高燃料效率和联合装载）。

特定食品行业旨在提高车辆利用率和效率的举措包括：①加强运营商之间的合作；②回收产品、包装和废弃物；③新的冷藏运输技术；④通过技术革新优化车辆路线；⑤提高车辆满载率。

新型冷藏运输技术的一个例子是在欧洲设计和制造的ecoFridge。与机械制冷系统不同，ecoFridge采用氮气驱动，可以避免温室气体的排放并大大减少能源的使用。

虽然温室气体排放是国家食品配送面临的一个关键的环境挑战，但还有其他一些重要问题也需要解决，只有这样才能提高食品运输的可持续性。运输最终的目标是为消费者提供有效和专业的食品和饮料配送，同时也要考虑这些相关的环境问题和社会问题：①空气质量；②气候变化；③交通堵塞；④噪声水平；⑤废弃物减少或逆向物流；⑥为参与食品运输的工人提供合理的工资。

2006年对英国食品工业的研究表明，运输距离较短但物流效率高的供应链可以大大减少食品运输的排放量（DEFRA，2006）。然而，值得注意的是，减少食品里程（通过采购更多的本地和区域食品）并不一定会减少对环境的影响，还必须考虑运输方式和运输车辆的燃料效率。食品里程指的是食物从它被种植或饲养的地方移动到消费者或最终用户的距离。加权平均来源距离（WASD）可用于计算食品里程，它结合了从生产者到消费者的距离和运输的食品数量的信息（Carlsson-Kanyama，1997）。

Pirog等（2001）分析了美国农业部农业营销服务部门1981年、1989年和1998年芝加哥、伊利诺伊州终端市场的到达数据，并计算了每年美国大陆卡车到达的WASD。1998年通过卡车运输抵达芝加哥的平均距离为1 518英里，比1981年的1 245英里增加了22%（Pirog et al.，2001）。

食品经销商面临的主要环境问题包括使用的化石燃料和食品运输排放的温室气体，以及在运输过程中保持食品质量和完整性所需的资源。运输约占美国食品系统能源消耗（英国热量单位）的14%（Heller et al.，2000）。消费者认为长途运输的食物会比短距离的当地食物消耗更多的燃料并释放更多的温室气体。在爱荷华州立大学利奥波德中心进行的2007年全国消费者调查中，有2/3的受访者认为在邻县的一个露天场所种植的当地农产品产生的温室气体排放量低于在其他地方种植、再被跨县运输的产品（Pirog et al.，2007）。相反地，由于铁路存在固有的燃料效率，通过铁路运输较长距离的食品实际上比使用卡车运输较短距离的类似产品使用的燃料更少。

以下案例研究聚焦于两家美国公司（SYSCO 和 Organic Valley）为可持续发展所做的努力。SYSCO 是餐馆和其他食品提供机构的产品分销商。Organic Valley 是一家生产和分销有机认证的乳制品、肉类和加工产品的企业。这两家公司都在美国市场占有一席之地。

3.3.3 案例研究：西斯科公司（SYSCO）（http：//www.sysco.com)

3.3.3.1 背景

SYSCO 向餐馆、酒店、医院和其他食品需求机构配送约 40 万种食品以及食品服务产品（85 万种库存单位）。SYSCO 总部位于得克萨斯州休斯敦，经营 177 家配送公司，在美国和加拿大南部拥有约 5.1 万名员工。SYSCO 的业务包括 4 种不同类型的配送公司：

①Broadline——提供更传统的食品服务；

②SYGMA——专门从事连锁餐厅配送；

③Produce——专注于农产品配送；

④Steak cutting——提供鲜切牛排。

图 3.3 西斯科公司半拖车（图片来源于西斯科公司，得克萨斯州休斯敦市）

SYSCO 拥有 40 万客户，其构成情况为 64%的独立餐厅、连锁餐厅，10%的医疗机构，5%的学校和学院，6%的酒店和汽车旅馆，以及 15%的其他公司，其中包括主题公园、游轮和营地。凭借 2007 年约 350 亿美元的销售额并提供了 12 亿件产品，SYSCO 占领了美国食品服务市场的 15%。

3.3.3.2 SYSCO 和可持续性

2003年，SYSCO的首席执行官任命当时担任Quality Assurance副总裁的Craig G.Watson 担任 SYSCO 第一任农业可持续发展（Agricultural Sustainability）的副总裁。近年来，他已经制定了若干旨在提高公司可持续性的计划和举措，其中包括：

①为满足消费者对有机和天然食品需求的增长，制订了“来自本地，销售新鲜”（Buy Local，Sell Fresh）计划；

②更可持续食品业务联盟（Business Coalition for More Sustainable Food），致力于研究和改善现有配送网络的社会、金融和环境实践，重点关注包括运输、配送和能源消耗在内的关键食品业务领域；

③综合虫害管理计划；

④企业和运营公司管理层的员工激励计划，以减少产品制造和配送中的能源使用。

SYSCO 目前正在研究如何提高其配送实践的效率和可持续性。试点项目包括生物柴油、替代燃料（如液化天然气）、燃料电池和混合技术。SYSCO 当前正与 Thermo King 合作，以将压缩二氧化碳用作制冷剂。压缩的二氧化碳可以减少运输过程中的排放并降低噪声。

SYSCO 关注温室气体排放和气候变化。该公司仔细检查并重新评估其所有交付路线，以优化燃料效率和驾驶员时间，并减少温室气体排放。早上交付货物可提高燃料效率，减少交通堵塞和降低噪声水平，并允许司机增加停靠次数。

不断上涨的能源成本会影响配送的盈利，并使 SYSCO 越来越难以在人口较少的地区为较小订单的客户提供服务。如果这些客户可以通过扩大每次递送的规模来降低交货频率和配送时间从而增加其利润率，那将是首选。

SYSCO 担心的是，美国特别是在加利福尼亚州大量农产品种植区的城市扩张和水资源供应的压力越来越大。这些环境和土地使用问题迫使 SYSCO 考虑增加从墨西哥和智利的采购量。SYSCO 探索拥有足够土地和水资源的州的现有种植者是否可以使用高隧道等技术来延长生长季，并为一家或多家运营公司提供更多产品。目前，由于与生产项目的零售店竞争激烈，SYSCO 已经开始从墨西哥采购冷冻西兰花和花椰菜，并改变从西北太平洋到智利的黑莓采购路线，这虽然增加了产品的可用性，但也增加了总的食品里程。

3.3.4 案例研究：有机山谷（Organic Valley）（http：//www.organicvalley.coop）

3.3.4.1 背景

Organic Valley 成立于 1988 年，位于威斯康星州的拉法基，起初只有 7 个农民。现在它已发展成为有 1 200 多个农户的合作社——约占美国有机奶农的 40%和全国有机农业总产量的 10%。Organic Valley 已成为美国最大的有机品牌之一，提供牛奶、奶酪、果汁、鸡蛋、涂抹酱、农产品和黄豆。Organic Valley 的农场主来自美国的各个地区。这种在国家广泛分布的农场有助于公司为其客户提供当地食品。

图 3.4 Organic Valley 配送中心（图片来源于 Organic Valley）

Organic Valley 的运营基于两种商业模式——合作社和家庭农场，这使公司能够专注于使用有机生产实践提供优质食品。合作社的农民成员有机会选举 Organic Valley 的董事会以及参与区域委员会并直接影响公司的决策。Organic Valley 已经建立了一种利益分享模式，将 45%的利润分享给农民，45%给员工，10%给社区。

3.3.4.2 Organic Valley 和可持续性

Organic Valley 的主要目标是用内部长期可持续性措施抵消其生态足迹。该公司于 2007 年聘请了一位可持续性协调员，并制订了一项为期 3～5 年的可持续发展计划。该计划不仅估算了温室气体排放量，还衡量了整个运营过程的可持续性。

Organic Valley 承诺实施其可持续发展计划，也具备相应的资源。该计划的第一阶段目前正在进行中，它将改变公司的配送系统，使其燃料效率更高（使用更少的总燃料和更多的生物柴油），允许更多的产品整合，并鼓励更多的本地生产、加工和配送。

Organic Valley 的配送模式旨在使其许多产品的生产、加工、销售本地化和区域化。例如，他们在中西部的奶牛场将牛奶运送到 30 家工厂，使交付区域尽可能本地化。

Organic Valley 还利用第三方物流公司与其他有机天然食品公司合作运输，以节省燃料和时间。这使公司可以使用合作运输模式，通过提高卡车装载效率来有效利用卡车空间。作为其可持续发展计划的一部分，该公司正在努力通过其运输系统实现效率最大化。它与供应商、客户合作，供应商可以使用在可持续条件下生产的生物柴油。此外，Organic Valley 正在与可持续生物柴油联盟（Sustainable Biodiesel Alliance）合作，制订生物柴油认证过程标准的相关原则。这些原则考虑了温室气体排放，能源保护，减少土壤、水和空气污染以及保护生物多样性；还将考虑粮食安全、当地消费和工人公平待遇等社会原则。

Organic Valley 正在与其农民成员合作，采用可持续农业实践来种植燃料油作物。未来，更多用于推动有机产品配送的燃料将来自其农民成员。

Organic Valley 最近建立了一个拥有自动化仓库检索系统的面积为 10 万平方英尺的配送中心。该配送中心管理十分有条理，可以垂直堆叠 12 个托盘，以提高能源利用效率。Organic Valley 还在该配送中心附近设置了生物柴油泵站，为其签约的承运商和农民/成员提供生物柴油。该公司拥有的 10 辆卡车使用 100%生物柴油燃料。

为了促进食品生产的可持续性以及在自己组织内的环境管理，Organic Valley 制定了一系列员工计划（如以公司成本为基础提供本公司产品、乘车份额和替代通勤计划），并进行员工培训倡议以说明有机、本地、可持续食品的重要性。

Organic Valley 继续寻找与其他有机公司合作的方式，以便能够提高卡车利用率。同时，该公司继续开发更有效的配送系统，促使合同搬运工在提货时使用生物柴油。它的最终目标是在配送点周围创建集中的燃料棚，以便运输产品的卡车都使用生物柴油。

3.4 地方/区域配送

3.4.1 介绍

地方和区域的粮食配送取决于当地的条件和基础设施。由于世界各地条件的巨大差异，很难完整地呈现地方/区域粮食配送中的可持续性问题。即使在发达国家，区域人口分布和基础设施分布也存在很大差异，这带来了更多挑战。本节主要关注整个北美在食品配送可持续性方面面临的挑战，此外也有相关文献是有关欧洲市场的。

在北美和欧洲，很多拥护者都表达了对更加本地化的食品系统的需求，他们的声音也被越来越多地传播开来。这种倡导让许多消费者和生产者之间的关系恢复了活力，同时也促使北美农民市场的强势复苏及其在英国和欧洲的广泛采用，以及社区支持农业（CSA）企业的兴起。1994—2006 年，美国农民市场的数量从 1 755 个增加到 4 385 个（USDA-AMS，2007）。目前在美国有 1 306 家 CSA 企业（Robyn Van En Center，2008）。整体来看，在美国直接销售（生产者和消费者之间的直接销售，如农民市场或 CSA）额从 1997 年的 5.92 亿美元增加到 2002 年的 8.12 亿美元，农场从 11 万个增加到 11.7 万个（USDA-NASS，2002）。鉴于农民市场和 CSA 项目的持续增长，当 2007 年农业普查报告可以在 2009 年年初获得时，2002—2007 年的收益甚至更大。在过去 20 年中，为响应主要农产品全球化的诉求，特色产品的直接营销也是欧洲农村发展的重要新机遇（Marsden et al.，1995；

Ilbery et al.，1999；Marsden et al.，2000）。区域保护的标准也作为支持这种专业生产和配送的一种方式在全欧洲兴起，AOC、PDO 和 PGI 标签计划受到了更多的学术关注（Parrot et al.，2002；Barham，2002，2003；Ilbery et al.，2005）。这些标准根据特定区域、独特的生产工艺、地方风土人情（terroir）的独特性以及产品本身的独特性来规范特色产品的标签。

除了通过农民市场、CSA 和农场进行直销，本地营销也越来越多地绕过传统的食品加工商和经销商，而依赖于农场直销给餐馆和零售商。本章的一位作者在 2005 年夏季在其博士论文中绘制了堪萨斯州东部的当地食品销售网络（图 3.5）。

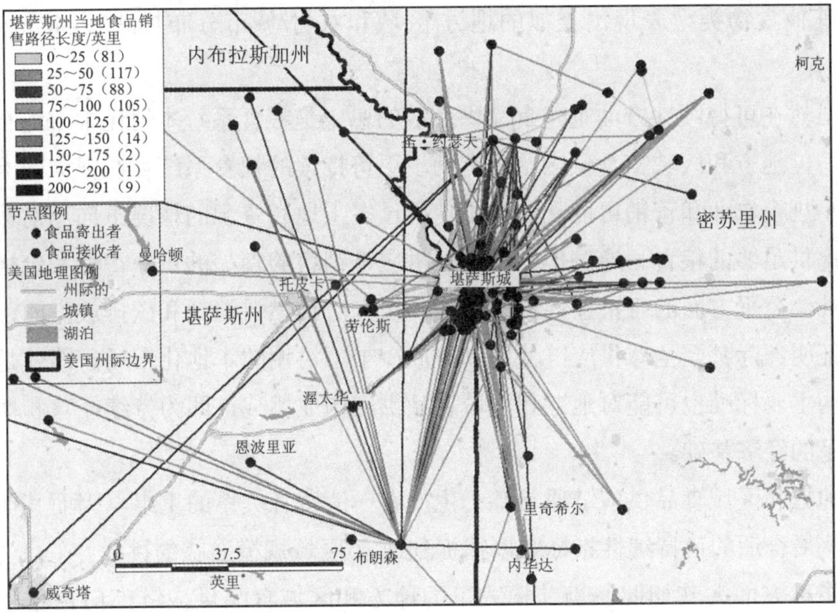

图 3.5 堪萨斯州东部区域/地方食品贸易网络地图

注：基于 2005 年夏季收集的数据。*

食品本地化与可持续农业的替代形式以及以传统食品为中心的新一波烹饪文化之间隐含着联系。然而，这些农业和烹饪替代品以新的供应链地理位置为基础，替代生产者—消费者关系。请注意图 3.5 中城市营销在这些地方食品供应链中的

* 1 英里=1.6 km。

地理分布。这种地理模式是数百种产品和生产者及其客户之间重叠营销关系的产物。产品种类繁多，从新鲜农产品到瓶装牛奶，从加工的野牛肉小吃到本地山核桃，从新鲜蜂蜜到采用当地食材制作的新鲜面包。参与者包括业余农场、多元化商业农场、再洗礼派社区、小型食品制造商、小型屠宰场、高端餐厅、超市、特色杂货店等。本章的作者对美国这方面的发展情况较为了解，但文献表明它在欧洲也表现出增长趋势（Marsden et al.，1995；Ilbery et al.，1999；Marsden et al.，2000；Renting et al.，2003）。

图3.5显示了由生产者直接向零售商和餐馆销售各种新鲜食品的流向。该地区的其他食物类型表现出类似的地方/区域和农村/城市分布模式（Champion，2007）。

虽然在可持续性方面重建食品供应链的愿望是粮食系统本地化中普遍存在的主题，但地方和区域粮食供应是否有助于更可持续的粮食系统存在很大的不确定性。小规模农业和营销可能无法在不使用过多土地和资源的情况下向当前数量的人口提供足够的粮食。通过地方和区域供应链销售的食品的可获得性和价格也可能对社会公平方面的可持续性构成挑战。仅在液体燃料消耗和碳排放方面，规模效率证明洲际甚至全球供应链使用和排放少于不协调的本地化市场。即使是可持续性的主要标准也可能对地方和区域食品供应构成挑战，即为持续经营和增长维持充足的经济基础。

地方和区域食品供应链通常基于生产者—消费者关系的重组，因而其他规模的一些最合适的可持续性指标难以捕捉到地方/区域规模面临的挑战。在社会可持续性指标方面尤其如此。当前模式下的地方和区域食品供应链部门也相当“年轻”，充满了多样性，是创新的源泉。对这一新兴食品体系格局的看法可以帮助我们制定新的可持续性指标，从而更好地捕捉社会和生态关系及其与可持续性概念的相关性。我们选择了地方/区域范围的案例研究，突出了一些更传统的可持续性指标，但独特的当地基础设施和市场需求也挑战了我们的指标选择。

对不同的CSA分布模型进行比较，可以得出一些结论，即从碳排放的角度来看，食品里程是衡量可持续性的重要指标。然而，从生产者和消费者成员的角度来看，并没有同时比较这两种分布模型的经济和社会影响。另一个案例研究探讨了针对生产者合作社产品的零售驱动分销模型，有其自身的局限性。这种定性的政治经济分析确定了增长和分配的战略限制，以维持替代性生产和销售。但是，这些限制以及突破这些限制的努力，隐藏了维持这些地方和区域业务交易所付出的人力和环境成本。由于缺乏标准、建设基础设施和融资，新兴的地方/区域食品供应链仍面临可持续性的挑战。

3.4.2　案例研究：社区支持农业的食品里程（CSA Food Miles）

爱荷华州立大学的 Pirog 等研究比较了两种不同 CSA 分布模型的汽油消耗量和碳排放量。该研究基于一个农民 CSA 客户的案例研究，这一比较基于两个模型，一个是客户从中心位置获取每周分配，另一个是农户将份额交付给成员家庭。研究人员根据美国平均燃油经济性计算了中央拾取模型的燃油消耗量，根据丰田普锐斯（Toyota Prius，农民实际使用的车辆）的平均燃油经济性计算了交付模型中的燃油消耗量。研究结果如图 3.6 所示。

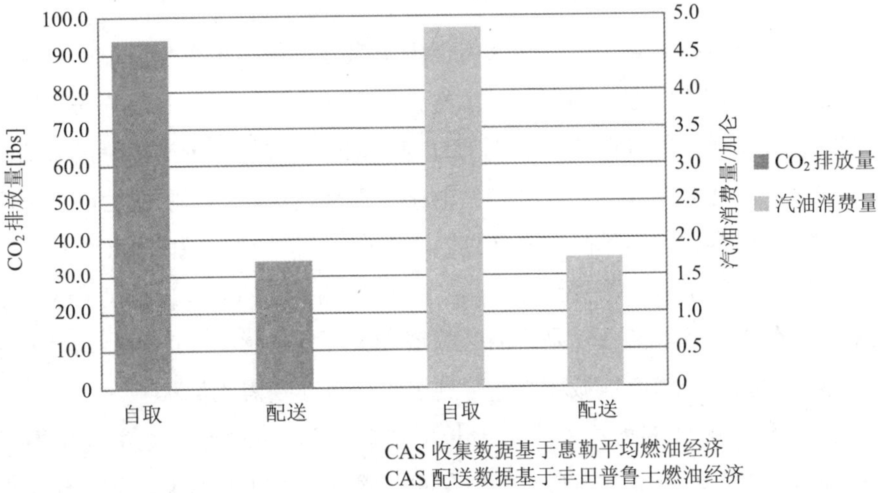

图 3.6　爱荷华州社区支持农业关于配送与消费者自取两种方式汽油消耗和 CO_2 排放的比较

报告中指出，两种模式的燃油消耗量之间的差异主要是车辆燃油经济性不同导致的。两种模式的行驶里程非常相似，因此燃油经济性决定了燃油消耗差异。该研究表明，食品经销商和消费者仅仅通过使用燃料效率更高的运输工具就可以获得非常显著的燃料效率。该研究的直接启示是，减少车辆总里程和最大化车辆效率作为减少当地食品配送碳足迹的近期战略非常重要。然而，结果还表明，消费者的个人交通是食品供应链中碳排放中经常不被考虑的。消费者可以走路、骑自行车或拼车到达取件地点、购物中心，或者无论他们在哪里获得当地食品，都可能成为当地和区域食品配送的一个极其重要的长期可持续战略。农民市场和食品零售店之间的合作允许在食品商店的停车场进行交易，这可以减少总燃料使用量并增加农贸市场和食品商店的总体销售。

3.4.3 案例研究：Good Natured Family Farms（GNFF）（http：//www.goodnatured.net/）

3.4.3.1 背景

GNFF 是众多独立农场以及两家肉类生产商合作社和少数几家小型手工食品制造商之间的生产者联盟（图 3.7）。虽然该联盟的大约 100 个农场分布在堪萨斯州东部和密苏里州西部（图 3.8），但通过与该地区主要城市中心堪萨斯城的主要杂货零售连锁店建立合作关系，其销售额持续大幅增长。销售的成功取决于广泛的产品种类以及强大的营销品牌和计划。具体而言，该计划是由 Food Routes 这一非营利组织负责的全国“购买新鲜产品，购买本地产品”（Buy Fresh，Buy Local）计划的一个分支，参与的条件是产品必须遵守对环境敏感的生产标准。根据这些生产标准，由独立的堪萨斯城环境非营利组织检查其联盟成员。

配送一直是这种零售营销模式增长的“瓶颈”，目前的配送主要集中在将 GNFF 产品纳入堪萨斯城中心仓库，该仓库仅服务于 GNFF 战略零售合作伙伴下辖的杂货店。但是，从数十家产品供应商处管理此仓库的产品供应对于后勤人员来说是非常大的挑战，并且还有许多产品例外——它们必须直接交付给商店。

图 3.7　良好的家庭农场产品及其特点

注：右上角是零售包装。该场景是 GNFF 产品的典型零售环境，郊区超市连锁店及其季节性当地食品营销活动，配套有户外农贸市场和稳定的内部食品标识。

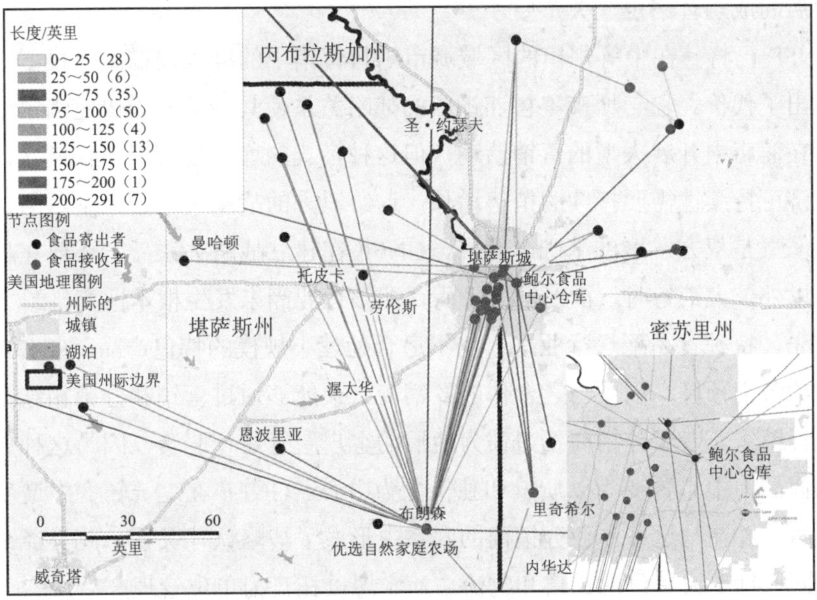

图 3.8　堪萨斯州当地食品的销售路径

注：好的家庭农场把产品销售给堪萨斯城郊区的超市，但实际上已经为几十家大型超市部门的几十种产品建立了区域性供应网络。有些供应链直接连接农场和超市，而另外一些需要中间商处理和（或）分布整合。

3.4.3.2 GNFF 和可持续性

GNFF 主要致力于粮食生产，以实现其环境可持续性。“Buy Fresh，Buy Local”计划的环境监督由堪萨斯城环境非营利组织通过生产标准来进行，这些标准通过农场检查进行验证。这些标准是与 Food Routes 管理的全国“Buy Fresh，Buy Local”计划合作建立的。

GNFF 在其配送模式中并没有过多关注环境的可持续性问题，但他们在协商该地区食品配送基础设施的结构性限制方面拥有丰富的经验。零售驱动的战略合作伙伴关系使 GNFF 能够依靠零售连锁店在仓储和配送方面的投资来获得这些投资的规模经济效益。这也为小规模的手工产品生产商提供了专业配送服务，而无须前期投资或繁重的分销附加费。这种伙伴关系降低了 GNFF 联盟进入堪萨斯城零售市场的门槛，其中的关键是 GNFF 联盟实现了广泛的会员和多样性的产品，这对商店的成功营销也至关重要。

GNFF 已将其在中等规模的区域城市零售营销中的准入门槛降至最低，但它已经付出了代价。它与城市零售连锁店的战略关系使其能够作为快速销售增长的基础，在商店中开展大型的营销活动，但这种模式的增长是有限的。最终，该联盟的经济可持续性需要持续的销售增长，这给双方的战略关系带来了压力，而这种关系一直是双方发展的基础。此外，GNFF 在建立战略关系后，还要在战略零售关系以外扩大销售时，面对同一障碍，即该行业尚未发生根本性变化。

首先，特种食品配送行业迄今仍不适合处理小规模的特色产品。GNFF 缺乏实质性的营销预算，因此与之合作的经销商必须能够通过营销和分销相结合的方式来进行销售。专业分销商不习惯为他们的客户履行这一职责，因为这种方法需要从以商品为中心转变为以质量和独特性为中心。GNFF 在这一转变中遭受了很大的阻力，并在与这些专业分销商的联系中形成了战略伙伴关系。此类经销商也倾向于回避订单为单位的销售和物流，而宁愿以托盘为单位管理产品。

其次，尽管有机会建立新的专业分销商模式，但这对投资它自己的配送和营销系统提出了挑战。此类投资需要联盟成员的投资，但这些联盟成员是难以协调的。联盟已经探索建立自己的仓库运营和运输服务以服务其产品和成员，这是所有联盟成员在仓库管理和产品运输系统方面对环境敏感的能源系统进行社会公平投资的机会。但是，目前的销售规模与此类基础设施投资所需的利润率以及营销费用不匹配，表明 GNFF 尚未达到“恰到好处”的规模。

3.4.4 案例研究：有机种植公司（Organically Grown Company）（http：//www.organicgrown.com）

3.4.4.1 背景

有机种植公司（Organically Grown Company，OGC）由一群园丁、小规模农民和环保践行者于 1978 年创立，现今已发展成为太平洋西北地区最大的有机农产品批发商。OGC 总部位于俄勒冈州尤金市，拥有 135 名员工，经营 3 家工厂，拥有 21 辆卡车和 13 辆拖车，销售“Ladybug”品牌的有机蔬菜、水果和草药。

1983 年，OGC 正式成为种植者所有的合作社，最近转变为种植者拥有和指导的 S 类公司*。如今，OGC 向太平洋西北地区的 400 多家客户配送，包括杂货连锁店、天然食品店、合作社、家庭、餐馆和团购俱乐部。2007 年，OGC 获得了 6 000 万美元的收入，完成了 2 706 477 个订单，向种植者支付了 1 500 万美元。1983 年以来收入每年增长 20%以上，且配送的产品来自 300 多个地区的农场。

3.4.4.2 OGC 和可持续性

2005年，OGC 赞助了由俄勒冈大学资源创新组织的新制定的食品贸易可持续领导力计划（Food Trade Sustainability Leadership Initiative）。该计划的目标是塑造有机农产品贸易能力，以转变为可持续的商业模式，并使供应链的每个环节参与其中。第一次可持续峰会确定，工作重点应放在 3 个方面：①研究和分享有关食品贸易中成功的可持续商业战略和实践的信息；②培训从业人员实施、衡量和报告可持续的商业实践；③在有机和天然食品贸易供应链中提供协作和互联机会。

2005 年 6 月，可持续发展协调员（Natalie Reitman-White）与俄勒冈自然流程

* S 类公司：美国的一种公司类型，小型股份制公司。

网络（Oregon Natural Step Network）合作，与在 OGC 俄勒冈州和华盛顿州的 3 家工厂工作的 109 名员工进行了 7 次、每次 3 h 的可持续方向的研讨。其主要任务是建立可持续性框架，并为可持续框架的发展设定可衡量的目标。下面将讨论从这项工作中产生的 3 个目标，以及相关的绩效指标：①实现碳中和并减少化石燃料的使用；②减少固体废物；③支持农场可持续性。从这些目标中出现了 9 项持续衡量指标：①废弃物产出；②堆肥和回收；③用电量及其效率；④可再生能源占能源总量百分比；⑤纸张；⑥消费后用户占总用户的百分比；⑦燃料使用及其效率；⑧可再生燃料占总量的百分比；⑨包装。

这些举措的一些早期工作涉及解决运输问题的最佳做法，例如，减少公司车队的闲置时间以减少排放；安装燃料加热器以降低生物柴油重新固化的可能性（它们的大部分生物柴油来自使用过的废油）；持续参与供应链以减少碳足迹。减排目标的实施涉及对驾驶员提升驾驶有效性的培训，最终结果是今天的驾驶员在他们的路线上努力达到最低的空闲时间和最佳的 mpg（每加仑燃料所行英里数）评级。OGC 最近购买了第一辆使用 B20 生物柴油（80%石油基柴油和 20%再利用废油的混合物）的混合动力重型卡车（图 3.9）。

图 3.9 OGC 的混合动力卡车（图片来源于 OGC）

3.5　总结

对具有最大已知影响的第一级问题采取行动通常会实现前期的成功，这意味着更多的购买和收入节省。然后节省的收入可以解决第二级问题。如引言中所强调的，第一级指标更加明确、可接受和可衡量，出现在所有规模［国际、国内和区域（当地）］的配送中，包括以下内容：

（1）能源减少，燃料效率提高。

（2）气候变化，温室气体减排。

（3）可用性。

（4）高效/可重复使用的容器。

（5）运输效率（满载、回程）。

（6）与其他供应链细分市场的合作：①上游（农民）的效率；②生产标准（农场能源使用，认证计划）；③教育。

（7）领导力，内部买入。

二级指标包括以下内容：

（1）材料/输入替代：①燃料转化为生物柴油；②冷藏和冷冻中使用的冷却剂；③非农药产品稳定剂。

（2）员工激励计划。

（3）消费者教育。

国际和国内食品配送系统的第三级重新设计可能包括彻底调查在这些规模下运输食品的经济影响、社会影响和环境影响。对经济、环境和社会具有负面影响的产品应在当地和区域范围内重新进行评估，以便实现可持续性。同样，当地和区域产品必须符合相同的可持续性标准，并在国内和国际范围内重新进行评估。重新设计也可以采取一种形式，即不再吃某些非季节性食品，对食品造成的总环境负担征收赋税或关税，或者所有国家增强食品自给自足能力确保食品安全。

运营的规模（国际、国内或地区）似乎并不妨碍一个组织在第一级指标上取得进展。然而，规模似乎会影响可持续性举措的实施顺序、举措起点的一致性以及开始实施举措的原始动机。对于某些人来说可能是纯粹的财政动机，而对于其他人来说则可能是一个环境问题或社会问题，是本组织的使命所在。可持续配送举措与食品行业的其他组成部分一起带来了收益。将供应链整合到可持续计划中可以最大限度地发挥作用，特别是在减少材料使用或减少排放的效率措施上，有助于实施新的配送方法。可能涉及最终消费者的供应链教育工作，有助于建立对创新业务方法的接受，了解第二层问题的复杂性以及为什么实现这些指标可能需要更长时间、更昂贵或不容易估量。

已实施可持续举措的组织已获得内部和外部的好处。在内部，通过第一级指标的工作已经实现了可估计的成本节约，并且成功激发了追求其他目标的兴趣；在外部，与其他供应链合作伙伴的合作可以通过整合供应链中的可持续计划来实现收益，并有助于实施涉及多个指标的最佳实践。

正在进行的食品配送领域的可持续工作包括为许多一级指标改进最佳实践，以及围绕特定问题的贸易协会的持续发展，这些问题最好通过与供应链合作伙伴整合解决。

参考文献

American Institute of Food Distribution. 2003. Food Institute Report. Selected Issues. Elmwood Park, New Jersey.

Barham, E. 2002. Towards a theory of values-based labelling. *Agric. Hum. Values* 19:349-360.

Barham, E. 2003. Translating terroir: The global challenge of French AOC labelling. *J. Rural Stud.* 19:127-138.

Carlsson-Kanyama, A. 1997. Weighted average source points and distances for consumption origin-tools for environmental impact analysis. *Ecol. Econ.* 23:15-23.

Champion, B.L. 2007. *The Political Economy of Local Foods in Eastern Kansas: Opportunities and Justice in Emerging Agro-Food Networks and Markets.*

Unpublished D.Phil. Dissertation, Oxford University, Oxford.

DEFRA. 2006. *Food Industry Sustainability Strategy 2006*. Report PB 11649. Available from http://www.defra.gov.uk/farm/policy/sustain/fiss/pdf/fiss2006.pdf. Accessed March 24, 2008.

Gerbens-Leenes, P.W., H.C. Moll, and A.J.M. Schoot Uiterkamp. 2003. Design and development of a measuring method for environmental sustainability in food production systems. *Ecol. Econ.* 46:231-248.

Heller, M.C., and G.A. Keoleian 2000. *Life Cycle-Based Sustainability Indicators for Assessment of the U.S. Food System (CSS00-04)*. Center for Sustainable Systems. University of Michigan.

Hendrickson, M.K., and W.D. Heffernan. 2002. Opening spaces through relocalization: Locating potential resistance in the weaknesses of the global food system. *Sociol. Ruralis* 42(4):347-369.

Henson, S., and T. Reardon. 2005. Private agri-food standards: Implications for food policy and the agri-food system. *Food Policy* 30:241-253.

Ilbery, B., and D. Maye. 2005. Food supply chains and sustainability: Evidence from specialist food processors in the Scottish/English borders. *Land Use Policy* 22:331-344.

Ilbery, B., and M. Kneafsey. 1999. Niche markets and regional specialty food products in Europe: Towards a research agenda. *Environ. Plann. A* 31:2207-2222.

Ilbery, B., C. Morris, H. Buller, M. Kneafsey, and D. Maye. 2005. Product, process and place: An examination of food marketing and labelling schemes in Europe and North America. *Eur. Urban Reg. Stud.* 13(2):116-132.

Lemm, D. 2007. "Innovative truck/rail transport and future of trucking and agricultural shipping." In: *National Summit on Agricultural and Food Truck Transport for the Future, Washington, D.C. April 25-26, 2007*. Available from http://www.agandfoodtrucking.org/2007/downloads/Wed DonnaLemm.pdf. Accessed March 15, 2008.

MacRae, R.J., S.B. Hill, J. Henning, and G.R. Mehuys. 1989. Agricultural science and sustainable agriculture: A review of existing scientific barriers to sustainable food production and potential solutions. *Biol. Agric. Hortic.* 6(3):173- 219.

Marsden, T., and A. Arce. 1995. Constructing quality: Emerging food networks in the rural transition. *Environ. Plann. A* 27:1261-1279.

Marsden, T., J. Banks, and G. Bristow. 2000. Food supply chain approaches: Exploring their role in rural development. *Sociol. Ruralis* 40(4):424-438.

Parrot, N., N. Wilson, J. Murdoch. 2002. Spatializing quality: Regional protection and the alternative geography of food. *Eur. Urban Reg. Stud.* 9(3):241-261.

Pirog, R., and A. Benjamin. 2003. *Checking the Food Odometer: Comparing Food Miles for Local versus Conventional Produce Sales to Iowa Institutions*. Ames, Iowa: Leopold Center for Sustainable Agriculture.

Pirog, R., and A. Larson. 2007. *Consumer Perceptions of the Safety, Health, and Environmental Impact of Various Scales and Geographic Origin of Food Supply Chains*. Ames, IA: Leopold Center for Sustainable Agriculture. Available from http://www.leopold.iastate.edu/pubs/staff/consumer/consumer_0907.pdf. Accessed March 15, 2008.

Pirog, R., T. Van Pelt, K. Enshayan, and E. Cook. 2001. *Food, Fuel, and Freeways: An Iowa Perspective on How far Food Travels, Fuel Usage, and Greenhouse Gas Emissions*. Ames, IA: Leopold Center for Sustainable Agriculture.

Reardon, T., C.P. Timmer, C.B. Barrett, and J. Berdegue. 2003. The rise of supermarkets in Africa, Asia, and Latin America. *Am. J. Agric. Econ.* 85(5)1140-1146.

Reardon, T., C.P. Timmer, and J. Berdegue. 2005. *New Directions in Global Food Markets/AIB 794*. US Department of Agriculture-Economic Research Service. Available from http://www.ers.usda.gov/publications/aib794/aib794.pdf. Accessed March 15, 2008.

Regmi, A. 2001. *Changing Structure of Global Food Consumption and Trade*. Market and Trade Economics Division, Economic Research Service, U.S. Department of Agriculture, Agriculture and Trade Report. WRS-01-1. May 2001.

Regmi, A., and M. Gehlhar. 2005. *New Directions in Global Food Markets/AIB 794*. US Department of Agriculture-Economic Research Service. Available from http://www.ers.usda.gov/publications/aib794/aib794.pdf. Accessed March 15, 2008.

Renting, H., T. Marsden, and J. Banks. 2003. Understanding alternative food networks: Exploring the role of short food supply chains in rural development. *Environ. Plann. A* 35:393-411.

Robyn Van En Center. 2008. *CSA Database*. Wilson College, Chambersburg, PA. Available from http://www.wilson.edu/wilson/asp/content.asp?id=1567. Accessed March 15, 2008.

Schlich, E.H., and U. Fleissner. 2005. The ecology of scale: Assessment of regional energy turnover and comparison with global food. *Int. J. Life-Cycle Anal.* 10(3):219-223.

Smith, A., P. Watkiss, G. Tweddle, A. McKinnon, M. Browne, A. Hunt, C. Trevelen, C. Nash, and S. Cross. 2005. *The Validity of Food Miles as an Indicator of Sustainable Development*. DEFRA Report ED 50254. Available from http:// statistics.defra.gov.uk/esg/reports/foodmiles/execsumm.pdf. Accessed March 14, 2008.

USDA-AMS (United States Department of Agriculture, Agricultural Marketing Service). 2007. *Farmers Market Growth*. Available from http://www.ams.usda.gov/farmersmarkets/FarmersMarketGrowth.htm. Accessed March 15, 2008.

USDA-ERS (United States Department of Agriculture, Economic Research Service). 2004. Amber Waves.

USDA-NASS (United States Department of Agriculture, National Agricultural Statistical Service). 2002. *Census of Agriculture*. Volume 1, Chapter 1, Table 2. Available from http://www.nass.usda.gov/census/census02/volume1/us/st99 1 002

002.pdf. Accessed March 16, 2008.

USDOE (United States Department of Energy), Energy Information Administration. 2006. *U.S. Carbon Dioxide from Energy Sources 2005 Flash Estimate*. Available from http://www.eia.doe.gov/. Accessed March 15, 2008.

USDOT (United States Department of Transportation), Bureau of Transportation Statistics. 2007. *Pocket Guide to Transportation 2007*.

第 4 章
包　装

亚伦·L. 布洛迪

4.1　引言

包装起着保证食品安全和保护食品免受损失和损害的作用。美国的食品损耗占初始农业产量的 15%～20%，该占比由于更有效的配送基础设施及其底层包装而不断下降（Milgrom et al.，1975；Selke，1990）。在一些食品损耗高的国家，饥饿甚至是饥荒现象普遍存在。食品包装的有效应用显著减少了食品损耗。因此，包装具有明显的经济效益和社会效益。为满足环保要求，需要提供更具可持续性的包装，包装面临着越来越多的挑战。

4.2　食品包装的环境考虑

评估与包装相关的生命周期和影响。虽然与供应链的其他组成部分相比，包装的总体影响往往非常有限，对大多数食品的影响不到 2%。但在某些情况下，由于在生产包装或包装高含水产品（如饮料）能源需求上，包装使用不可再生资源，消耗自然资源并产生废物（Envirowise，2008），使包装对食品产品生命周期的总体影响很大，可高达 20%（Katajajuuri et al.，2007）。

仅考虑包装时，已发现超过95%的环境影响来自包装的生产，其余5%来自废物处置。Tellus 研究所的一项研究表明，除具有明显较高环境影响的聚氯乙烯（PVC）塑料外，“……每件交付的最终产品中包装最轻的，通常是对环境影响最小的产品”（Ackerman，1992）。此外，容器尺寸有时可能比材料或制造工艺带来的环境影响更大。密歇根大学可持续系统中心的一项研究发现，32 盎司*的酸奶容器生产和分配所消耗的能源比 8 盎司的容器生产和分配所消耗的能源少 27%（Brachfeld et al.，2001）。

减少包装的资源和能源使用及浪费一直是我们努力的目标，虽然最初的目的是降低包装和最终食品的成本（Envirowise，2008），但现在已成为包装的主要可持续性战略。

4.2.1 源头削减以减少资源损耗

资源利用，特别是不可再生材料的利用，是包装可持续性的最重要问题之一，并且会影响固体废物的产生和流通。综上所述，到目前为止，源头削减的主要动力是降低成本。过去，源头削减的另一个原因是改善使用性能，如将包装做成立式袋、柔性袋和杀菌袋。

源头削减通常是通过包装轻量化来完成的。这包括从较高的质量结构到较低的质量结构的转换。在实践中，需要对包装设计、尺寸和形状进行仔细分析，以确保材料的使用效率最高。生物包装也正在成为尽量减少资源消耗的一种选择。

4.2.1.1 轻量化包装

过去 30 年，包装轻量化将奶瓶由玻璃材质转化为高密度聚乙烯塑料，质量降低了 90%，碳酸饮料和啤酒罐中铝的质量降低了 35%。然而，只有在包装能保护食品或饮料时，这种材料的削减才是成功的。在某些情况下，分销系统已经改变，以适应包装结构和性能的变化。20 世纪 70 年代，聚酯包装引入，如聚对苯二甲酸乙二醇酯（polyethylene terephthalate，PET）碳酸饮料瓶取代玻璃瓶以提高性能。当一些条件得到更好的控制时，立式柔性袋开始取代内衬纸板箱或塑料罐。

---

* 1 盎司= 0.03 L。

对于一些包装的选择来说，质量较大的包装的运输成本是一个越来越大的限制。玻璃被广泛回收利用，并且由回收材料制作而成，由于运输成本较高，玻璃正在逐渐被替代。斯托尼菲尔德农场发现，玻璃包装的整个使用寿命所用的能源（矿物燃料）超过了制造和运输塑料容器所需的能源，因此他们（斯托尼菲尔德农场）最终使用塑料包装来包装酸奶产品。

可以通过新的非常轻的封装结构（如多层封装）实现轻量化包装。这是通过层压、混合挤压或两者组合来实现的。然而，由于分离混合材料的成本很高，这种混合材料不能回收利用。多层包装的一些例子包括：

①用于含盐零食的金属化聚丙烯复合材料；

②用于果味饮料的无菌和延长保质期的纸板或塑料复合盒；

③用于番茄酱、调味品、沙拉酱等的阻隔性塑料瓶；

④用于海产品、宠物食品的铝箔或塑料复合杀菌袋；

⑤用于烤咖啡和咖啡粉的铝箔或塑料层压软板；

⑥用于蛋糕粉、曲奇和饼干的多层塑料软袋。

这些多层材料表明在销售渠道中为保护食品而使用的材料在大量减少。然而，由于其依赖不可再生材料而不能被回收，因此当进行生命周期分析时，它们的效果是有限的。

这就是为什么人们一直致力于精心设计包装以确保材料的有效使用。最近的关于源头削减的设计已经被证明有所作用。例如，联合利华取消了其 Knorr 蔬菜汤的外包装，并创建了一个新的运输和展示箱，从而减少了50%的包装，减少了 280 个托盘，每年运输同样数量的产品的卡车减少了 6 辆（McTaggart，2008）。

4.2.1.2 生物基包装

轻量化和源头削减包装都依赖不可再生材料。一个更好的设计是用可再生资源（可持续管理）生产这种轻量化的源头削减包装。因此，寻找生物基包装解决方案的重要工作正在进行中。

根据定义，生物基材料可以替代不可再生材料，它们是从生物物质中提取的材料，是由生物物质合成的聚合物，或是从微生物产生的聚合物中提取的材料（Haugaard et al，2003）。

生物质衍生包装材料通常是以纤维素或淀粉为基础。这些最终将与疏水性聚合物混合以减少水分的迁移。聚乳酸（polylactic acid，PLA）是以生物质为原料合成聚合物的一个例子。PLA 是一种乳酸多聚体，其乳酸是从玉米一类的有机产品中提取的。聚羟基烷酸酯（PHA）是用微生物产生聚合物的一个例子。用 PHA 制造的包装并不普遍，因为它们的生产成本很高（提取和转换的成本很高）（Haugaard et al.，2003）。

大多数生物基包装的氧渗透率低，水蒸气渗透率高以及机械性能可定制，并且它们可以生物降解或堆肥（Haugaard et al.，2003）。

由于自然环境中微生物的存在，生物降解导致包装的分子量较低。它们还会进一步被风和雨等其他方式降解。由于受到可见光或紫外线辐射，光降解使聚合物分解成小碎片。堆肥会使生物降解为二氧化碳（一种温室气体）和水，并不会留下任何可见的残留物。包装的唯一相关特性是可堆肥性，并且只有当材料可以被适当转移以用于堆肥时才具备这一特性。生物基材料不能自动堆肥，但有些合成材料可以堆肥。

PLA 是目前最受关注的生物基包装材料，它是以玉米糖或其他糖类发酵产生的乳酸为单体合成的。聚合物酯键对堆肥中可能发生的酶促和化学水解很敏感。现今，PLA 生产已商业化，其被挤压成薄膜和薄片，用于食品工业容器以及吹塑成瓶等。据报道，聚乳酸的加工方法类似于聚苯乙烯或聚酯。

聚乳酸具有与聚苯乙烯相似的性能，近似于 PET。聚乳酸具有热敏性，在低于 105 华氏度（约 40.6℃）时软化，因此其应用限制在冷藏冷灌装产品上，如鲜切蔬菜。此外，它具有低水分和气体阻隔性能。

PLA 目前不能用于传统的城市堆肥，而是需要特殊条件。PLA 的主要供应商——Nature Works LLC 对大量废弃的聚乳酸进行了回购，然后将其用于堆肥。

现今，聚乳酸经济效应是玉米补贴价格（由于玉米在乙醇生产中的应用而导致其价格正在上涨）和石油基热塑性塑料的价格上涨。

目前，PLA 包装食品和食品服务应用包括 100%PLA 杯或 PLA 涂层纸板杯、有机食品托盘和用于相对较短的货架期冷藏食品（如沙拉、蛋盒、酸奶、新鲜水果和蔬菜）的托盘。瓶装水也已经用 PLA 包装，但这种材料的高水蒸气渗透性会导致瓶子在配送过程中受损。

《科学美国人》一项研究报告（Slater et al.，2000）指出，PLA 降解会产生温室气体 CO_2 和 CH_4，生产 PLA 所需的能量与它所替代的聚苯乙烯生产所需的能量相同。

4.2.1.3 减少包装废弃物

食品包装在食品消费后需要妥善处理。包装处理虽然并不会对食品生命周期产生重大影响，但会产生明显的废弃物，包装对固体废物的影响很大。在美国，每年产生近 2 亿 t 的城市生活垃圾，仅占产生的固体废物总量的 5%，包括沙子、砾石、建筑碎片、轮胎、煤渣、污泥和树木等。美国的人均固体废物产生量近年来略有下降，约为 4 磅*。图 4.1 和图 4.2 显示了美国城市固体废物的组成情况。

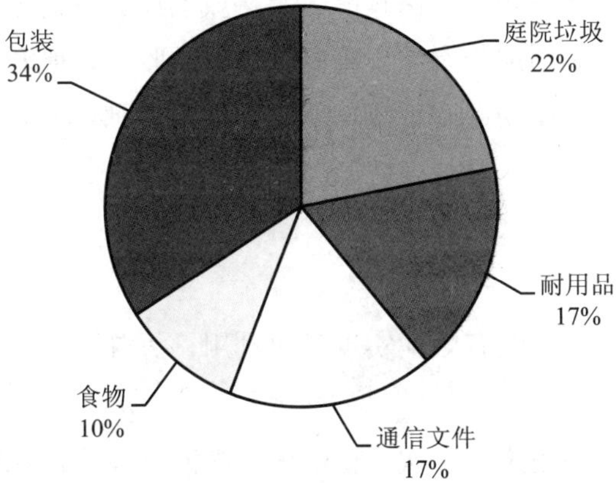

图 4.1 城市固体废物的成分分析（2004 年）

资料来源：包装/Brody，Inc。

* 1 磅=0.45 kg。

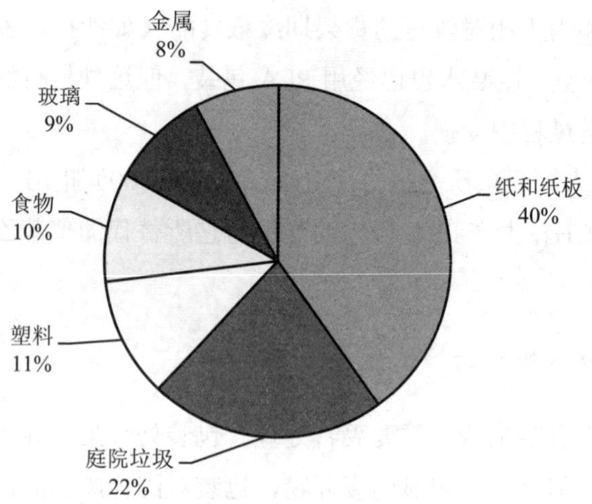

图 4.2　城市材料固体废物（2004 年）

绝大多数食品包装固体废物是在家庭和食品工业运作之前就产生的。包装废弃物中最重要的部分是纸板，包括可被回收利用的瓦楞纤维板。

虽然与其他废物来源相比，由食品包装构成的废弃物总量较小，但它仍然可以减少对食品整个生命周期的影响。重复使用、回收、堆肥和使用可食用包装一直是减少包装废弃物总量的主要手段。所有这些手段都有多种好处，它们不仅减少了固体废物，还提供了尽量减少资源消耗的方法。

4.2.2　重复使用

包装的类型有限，已经有效地实现了再利用，大部分饮料和速食包装材料都进行了再利用。

再利用时，包装使用不止一次。在欧洲，啤酒行业广泛应用可重复使用的包装。在过去，玻璃瓶是主要包装时，在美国被用于配送饮料（如牛奶、碳酸饮料和啤酒）包装。为了鼓励返还和重复使用，通常使用保证金。消费者为购买的每瓶饮料支付额外费用，当瓶子返还时退回该金额。现在在美国的一些州（如密歇根州和俄勒冈州等）依然常见。

现在，在美国不再有用于诸如玻璃瓶之类初级包装的收集和递送基础设施。可重复利用包装仍用于食品保存工具（桶）和一种在打蜡的瓦楞纸板箱中进行多件包装的、小型专用瓶装啤酒（在使用寿命结束时不易回收）。用于碳酸饮料和流体牛奶的注塑塑料箱以及用于新鲜农产品的塑料箱也属于瓦楞纸板箱，这是用于零售商店的配送包装，可以回收以供再利用。

可重复使用的塑料和瓦楞纸板散装包装越来越多地用于工业生产设施内部的食品（如糖浆、粉状和颗粒状物品、调味汁、番茄浓缩物、水果浓缩物、肉类、家禽等）转移。

可重复使用的包装必然存在包装卫生问题。每个容器，即使作为二级包装，也可能是微生物和可能的病原微生物污染源，因此必须在使用之前进行清洁和消毒。

4.2.3 回收

回收是指在固体废物流转过程中重复利用食品包装材料等材料，用作制造包装结构等新产品的原材料。

今天的回收利用取决于材料回收的可得性和市场价格。1994年，欧盟关于包装和包装废弃物的指令协调了国家间包装管理的措施，重点关注回收利用包装。

在闭环回收中，材料被退回以用于类似或相同的包装产品。在开环回收中，包装材料被退回以用于任何最终产品。两种回收方式都从废物流转中去除质量。但是，需要能量来移除、返回和回收包装。此外，回收需要收集和分类，这代表要付出成本。分离是必要的，因为一些材料可以与其他材料组合，能够生产有用的物品。

回收材料有不同的来源，如工业、机构、配送渠道、零售店和消费者。消费者在使用产品后回收初级包装。这种回收的材料被称为消费后材料。与任何其他来源相比，消费后材料具有更大的多样性和环境影响。因此，消费后包装最终成为回收材料中所需处理费用最多的部分。

回收/再循环食品包装的主要好处是节约资源，减少排放，可以为产品或包装提供价格低廉的原材料，并减少固体废物。主要的缺点是回收的材料可能比原始材料更昂贵。虽然技术上可以回收几乎所有的包装材料，但最大的挑战是回收材料的可用性低，这也导致了非经济性。此外，每次回收材料时，材料的功能性能都会降低。例如，由于每次加工材料时纤维（以及因此带来强度）的缩短，再生纸板都不如原始纸板，因此必须使用更厚的纸板来提供所需的功能。另外的考虑因素是回收材料所需的能量（它可能超过原始材料的能量值），水的使用以及掺入有毒污染物的可能性。

4.2.3.1 纸和纸板

纸和纸板的回收技术发展很成熟。因此，它也是在美国被回收最多的材料。与原始材料相比，使用回收纸和纸板可节省 20%～40%的能量（EPA，2008）。然而，如前所述，再生纸比原始材料具有更短的纤维，这降低了其功能，并且如前所述，可能需要更厚的包装来实现所需的功能。此外，再生纸板通常不能用作初级包装，因为其潜在的污染和毒性，即与食品内容物接触可能会污染内容物。为了说明再生成分的使用，Kellogg 在其谷物纸盒中使用了超过 90%的回收成分（Envirowise，2008）。

4.2.3.2 铝

自 20 世纪 60 年代开始饮料包装不再退回，铝的回收成为降低铝罐成本的主要手段。大约 2/3 的铝罐被回收成铝板，然后主要用于制造饮料罐。铝回收的成功可归因于铝罐回收的经济效应，因为从矿石中提炼铝的电能成本很高。与原始材料相比，使用回收铝可节省 90%以上的能源（EPA，2008）。在铝回收中，回收的铝材料被切碎，其油墨和涂料在熔化过程中被烧掉。铝箔是回收物总量的一小部分，通常以层压形式存在。虽然可以分离出箔，但收集铝箔叠片通常成本较高。

4.2.3.3 玻璃

回收消费后玻璃（消费者使用后）非常复杂，因为有色玻璃通常必须通过手工方式进行分离。收集的玻璃由 65%的透明（燧石）、20%的琥珀和 15%的环保材料组成。除了美国的葡萄酒瓶，其他玻璃对环保材料的需求很少。由于熔化玻璃的能量成本非常高，从消费场所返回废玻璃的成本也很高，因此使用消费后玻璃是非经济的。

4.2.3.4 塑料

食品包装中应用的塑料差别很大，因此，不同种类的塑料必须分离以满足最终用途。主要的塑料是 PET，用于碳酸饮料、沙拉酱、水等半刚性瓶和罐等。常用的塑料材料是高密度聚乙烯，主要用于制造牛奶瓶与家用化学品和个人护理用品的瓶子；聚丙烯，主要是薄膜形式；聚苯乙烯发泡后用于固体托盘，用于许多食品外卖服务。其他塑料（如尼龙和 PVC）只占非常小的部分，且聚碳酸酯不用于食品或饮料包装。

在美国，只有 10%～15%的 PET 被回收，甚至在生产饮料瓶的州也是如此。此外，较少的消费后塑料（所有类型）最终被回收。

在这一点上，还没有足够的回收塑料能够降低成本。但是在使用回收材料（接近 80%）时有显著的节能效果（EPA，2008）。加利福尼亚州有严格的塑料包装法规，以鼓励回收和使用这些回收材料。

食品包装中使用回收物带来的食品安全问题一直备受关注（以及一项美国法案和一套确保安全的规章规度）。事实已经证明了收集回收物的可行性，如今这也得以实施。通常有两种方法可将回收物加入食品包装中，对原始材料进行分层，或在高温中加工，以超净化回收物（Dainelli，2003）。

4.2.3.5 堆肥

欧盟将分类堆肥作为一种有效的回收方式。纸和纸板等有机包装材料可通过好氧微生物分解作用进行分解。其他可生物降解包装也是可以堆肥的，但数量有限可以忽略不计。例如 PLA，在城市里就不能很好地堆肥。塑料食品包装材料也会污染堆肥。需要注意的是，堆肥主要适用于真正的有机物，纸和纸板包装材料，它们约占所有食品包装的 40%。但是，在可持续发展方面，对纸和纸板进行堆肥的效用很低，这是因为有机物质的降解会产生温室气体，如二氧化碳、甲烷和水蒸气。另外，纸张可以回收用于其他纸制品。

4.2.3.6 可食用包装

可食用包装的目标是用包装材料替代不可再生来源，即碳氢化合物塑料。用于可食用包装的原料是从可再生资源中提取的植物，如生物聚合物、淀粉、纤维素、蛋白质、脂质和来自微生物发酵的物质。可食用包装的废弃物不一定是可堆肥的。

可食用包装可以作为塑料包装材料的辅助材料，以提高质量和保质期。它不能取代所有传统的功能性包装。可食用包装的优点包括：

①可以与食品一起食用，不留下任何可见的残留物（不考虑最终在土地中降解的污水、污泥）；

②相比烃类聚合物，纸张、玻璃和金属可以更快地降解；

③由可再生资源生产；

④通过组合味道等可能提高产品质量；

⑤通过组合营养物等可以补充食物的营养价值；

⑥可以作为不同食品成分之间的屏障，以延缓变质；

⑦可以作为一些包装的载体，如抗菌剂和抗氧化剂；

⑧可以包含微胶囊化食品增强剂；

⑨多层结构中的直接接触层。

请注意，可食用食品包装的许多益处来自添加剂，这些添加剂也可以掺入烃类聚合物中。

可食用包装的主要缺点是成本较高和功能有限。当可食用包装必须用增塑剂和合成聚合物等其他材料增强功能时，成本更高。除了可食用包装的有限功能外，大多数可食用包装是吸水的。

4.3 能源消耗

生产和配送包装都需要能源。通过源头缩减策略，可以最小化这种能源使用。例如，降低包装质量可以减少基础材料制造和配送过程中的能量消耗。使用再生成分也可以节省能源（使用回收铝可节省90%的能源）。进一步的考虑因素包括减少下游配送（来自制冷）的能耗，如使用无菌和蒸煮袋，并显著降低配送的制冷要求（Robertson，2006）。

此外，应考虑包装的形状和对运输效率的影响，因为这会影响总能量的使用。例如，Envirowise 建议选择能够最大化箱子和托盘利用率以及运输效率的包装形状，如矩形截面和平顶。在某些情况下，需要考虑堆叠和嵌套的可能性，并相应地改造包装，以最大化托盘利用率/运输效率。

最后，将可再生能源用于包装生产可以进一步降低所用能源的总体影响。

4.4 可持续包装设计

可持续包装的目标是在整个生命周期中为个人和社区提供有益、安全和健康的服务。为实现这一目标，包装必须符合性能和成本的市场标准；采用可再生能源采购、制造、运输和回收利用；最大限度地利用可再生或可回收资源；采用清洁生产技术和最佳操作方法；在所有可能的终端方案中，都使用有益健康的材料；采用优化材料和能源的设计；并且在生物和（或）工业可持续的循环中得到有效回收和利用（Sustainable Packaging Coalition，2005）。

可持续包装的设计可以通过轻量化、重复使用/再循环/堆肥设计和可再生资源的使用来减少包装的生命周期影响，同时减少浪费和能量输入。此外，食品包装的改善已经取得进展，逐步淘汰使用有毒物质，如PVC中的物质（含邻苯二甲酸酯增塑剂）和重金属。此外，可以在消除漂白剂、溶剂型黏合剂以及更少的油墨方面取得进一步的发展。

这些可持续包装的术语最近已被纳入美国主要零售商沃尔玛的一项倡议中。沃尔玛设定了一个目标，即将整体包装减少5%。为实现这一目标，沃尔玛于2008年推出了一种包装记分卡系统，旨在根据所述可持续性因素评估包装。包装记分卡根据以下标准分类（http：//walmartstores.com/）：

15%　温室气体/二氧化碳吨产量

15%　材料价值

15%　产品/包装比率
15%　立方利用率
10%　运输
10%　再生成分
10%　回收价值
5%　可再生能源
5%　创新

4.5 总结

包装的作用是在配送过程中保护食品，同时可以增强供应链的可持续性（如减少浪费）。通过减少对不可再生资源的依赖，减少总浪费和最大限度地减少能源使用，可以最大限度地减少包装对生命周期的影响。

参考文献

Ackerman, F. 1992. *Tellus Institute Packaging Study*. Boston, MA: Tellus Institute.

Brachfeld, D., T. Dritz, S. Kodama, A. Phipps, E. Steiner, and G.A. Keoleian. 2001. *Life Cycle Assessment of the Stonyfield Farm Product Delivery System*. Center for Sustainable Systems University of Michigan. Report No. CSS01-03. April 2001. Available form http://css.snre.umich.edu/css doc/CSS01-03.pdf. Accessed September 15, 2008.

Dainelli, D. 2003. *Recycling of Packaging Maerials in Environmentally-Friendly Food Processing*. Cambridge, England: Woodhead Publishing Limited.

Envirowise. 2008. *Packaging Design for the Environment: Reducing Costs and Quantities*. UK: Envirowise.

EPA. 2008. *Puzzled About Recycling's Value: Look Beyond the Bin*. Available from http://www.epa.gov/epaoswer/non-hw/recycle/benefits.pdf. Accessed September

15, 2008.

Haugaard, V.K., and G. Mortensen. 2003. *Biobased Food Packaging in Environmentally—Friendly Food Processing*. Cambridge, England: Woodhead Publishing Limited.

Katajajuuri, J.-M., and Y. Virtanen. 2007. "Environmental impacts of product packaging in Finnish food production chains." In: *Proceedings from the 5th International Conference on LCA in Foods, 25–26 April 2007*, Gothenburg, Sweden.

McTaggart, J. 2008. Seeing green. *Progressive Grocer* January 2008:44-67.

Milgrom, J., and A.L. Brody. 1975. *Packaging in Perspective*. Cambridge, MA: Arthur D. Little, Inc.

Robertson, G. 2006. *Food Packaging, Principles and Practices*. Boca Raton, FL: Taylor & Francis.

Selke, S. 1990. *Packaging and the Environment*. Lancaster, PA: Technomic.

Slater, S., and T. Gerngross. 2000. *How Green Are Green Plastics?* Scientific American, Vol. 152, August.

Stoneyfield Farm. *Stoneyfield Farm and Environmental Packaging*. Available from http://www.stonyfield.com/AboutUs/WereDesigningForTheFuture.cfm. Accessed February 2008.

Sustainable Packaging Coalition. 2005. *Definition of Sustainable Packaging Version 1.0*. Available from http://www.sustainablepackaging.org/pdf/Definition% 20of% 20Sustainable%20Packaging%2010-15-05%20final.pdf.Accessed September 15, 2008.

第 5 章

食品供应链的生命周期评估

莉丝贝丝·莫根森，约翰·E. 赫尔曼森，尼尔斯·哈尔伯格，
兰迪·达加德，J. C. 维斯，B. 盖尔·史密斯

5.1 引言

当提及食品生产可持续性和可持续食品消费时，环境影响往往是主要关注点之一。

为了评估食品生产在多大程度上影响环境，需要选择适当的环境评估工具。不同类型的评估工具开发和建立了各种环境指标，可用于确定畜牧生产系统或农业生产对环境的影响。环境评估工具可以分为基于面积的指标或基于产品的指标（Halberg et al.，2005）。基于面积的指标，如养猪场每公顷滤出的硝酸盐，而基于产品的指标如每千克猪肉的全球变暖潜能值（Dalgaard，2007）。基于面积的指标有助于评估农场营养物质，如硝酸盐等排放对当地环境的影响。另外，考虑到农业生产中的温室气体排放，基于产品的指标对评估食品生产对全球环境（如气候变化）的影响是有效的，并且除农场排放量外，还包括与生产投入有关的排放量（如大豆和化肥）和产出有关的排放量（如输出到其他农场的浆体）。这样就更容易避免污染交换（pollution swapping），也就意味着更好地避免解决一个污染问题又产生新的污染问题（Dalgaard，2007）。

基于产品的评估被称为生命周期评估（life cycle assessment，LCA）。LCA 是评估产品生命的所有阶段环境影响的一种方法。在评价过程中，从原材料、加工、

分配、使用和处理环节考虑每个阶段对环境的影响。这种方法不仅考虑了物质的流动，而且考虑了这些物质的排放物对环境的影响。LCA 已被标准化（如 ISO 14044），并且主要步骤目的与范围确定，从而更好地定义其过程和边界；LCA 标准以清单分析确定物质和能量流动以及环境释放；影响评估评价清单分析中环境影响；最后解释从评估中得出的结论（SAIC，2006），包括对不同物质或技术工艺的决策。LCA 的好处是，在考虑上述决策时，它可以避免将环境问题从一个地方转移到另一个地方（SAIC，2006）。

因此，生命周期方法被用于产品的生产过程中以减少其累积的环境影响（European Commission，2003）。LCA 是根据功能单元（functional unit，FU）来完成的，对于食品来说，LCA 通常针对的是一个成品，如 1 磅奶酪或 1 kg 肉。LCA 已被用于牛奶（Cederberg et al.，2000；Haas et al.，2000；Thomassen et al.，2005；Weidema et al.，2007；Thomassen，2008）、猪肉（Cederberg et al.，2004；Eriksson et al.，2005；Basset-Mens et al.，2006；Dalgaard et al.，2007；Weidema et al.，2007）、牛肉（Ogino et al.，2007；Weidema et al.，2007）、谷物（Weidema et al.，1996）和其他农业或园艺产品的环境评估（Halberg et al.，2006）。诸多信息被收录在开放式数据库 LCAFood 中（www.LCAFood.dk），该数据库是一个全面的 LCA 数据库，涵盖丹麦和北欧一些国家生产的大部分食物。

在 LCA 中，一种产品的生命周期中所有相关的排放量和资源使用都是按每一个单元汇总的。在食品 LCA 中常用的环境影响类别为全球气候变暖、富营养化、酸化、光化学烟雾和土地使用等（Dalgaard，2007）。对于每一个环境影响类别来说，整个产品链中排放的物质都是对环境影响的量化（表 5.1）。

表 5.1 选定的影响类别及相关单位、成分和特征因素

影响种类	单位	成分	特征因素
酸化	kg SO_2 eq	SO_2	1
		NH_3	1.88
		NO_x①	0.70

影响种类	单位	成分	特征因素
全球变暖（GWP）②	kg CO_2 eq	CO_2	1
		CH_4	21
		N_2O	310
富营养化	kg NO_3 eq	NO_x	1.35
		P_2O_5	14.09
		NH_3	3.64
		NO_3^-	1
		PO_4^{3-}	10.45
		NH_4^+	3.6
		COD③	0.22
土地利用	m^2	土地占用	1

注：①此处主要指 NO 和 NO_2。

②假设 100 年的时间跨度。

③化学需氧量：将水样中的有机化合物氧化成二氧化碳和水所需要的氧气量。

5.1.1 全球变暖潜能

全球变暖潜能（global warming potential，GWP）描述了气候变化的原因，包括通过化石燃料燃烧，农业以及某些导致地球气候系统发生重大变化的工业运作，向大气中排放温室气体。氧化亚氮、甲烷和二氧化碳是造成全球变暖的最重要因素，例如，农业对丹麦温室气体排放量的贡献约为 18%（Olesea，2005）；排放的氧化亚氮来源于田间和厩肥处理。例如，典型的丹麦养猪场（Dalguard et al.，2006）每年从每公顷氧化亚氮中排放 4～5 kg 氮，这些排放虽然与氨和硝酸盐排放相比较少，但因为氧化亚氮是一种强温室气体，比二氧化碳强 310 倍，所以其对全球变暖的影响是显著的。甲烷来源于肠道发酵，特别是在反刍动物的粪便处理和储存中释放。化石二氧化碳是由化石燃料（摩擦、运输和加热）燃烧排放的。最后，如果更多的有机物质被降解而不是积聚在土壤中，那么土壤就有可能释放出二氧化碳。

5.1.2 富营养化

富营养化是过量的营养物质排放到水中而造成的。这会降低溶解氧浓度，因而导致鱼类和其他生物死亡。富营养化来源于许多含氮、磷元素的排放物，包括农场及其废物处理过程。氮化合物包括氨，当存储粪肥或厩肥，以及施肥后，氨会被蒸发出来。氨可以沉积在一些由于富营养化而导致物种丰富性降低的脆弱地区。硝酸盐是另一种重要的氮化合物。硝酸盐可以渗入地表水或地下水中，这样既会造成水生环境养分富集，也会造成饮用水污染。

5.1.3 酸化

酸化主要是由化石燃料等燃烧释放酸性气体所引起的。酸性气体，如氨，具有酸化作用并可能影响自然栖息地，这些栖息地有一些可能是跨国界的（如瑞典的湖泊）。畜牧生产导致酸化的主要因素是粪肥处理排放的氨气。

5.1.4 土地利用

食物和动物饲料的生产占用了一些可能用于维护生物多样性等其他目的的土地。生态系统的健康性与农业景观中的生物多样性有关。例如，用于猪饲料的大豆生产大约占猪肉总用地量的 50%。大豆生产增加导致农业扩张，进而导致当地生物多样性减少。但是，土地利用也有积极效应，因为部分牛肉和牛奶的生产有助于以草地形式维持宝贵的半自然区域（Weidema et al.，2005）。

有趣的是，食物生产和消费在与人类活动有关的总体环境影响中占很大的比例。表 5.2 中给出了影响类别（酸化、富营养化、全球变暖和侵占自然）的比例，这些与欧盟的肉类和乳品消费有关（Weidema et al.，2007）。尽管欧洲肉类和乳制品消费总量仅占欧洲总消费量的 6.1%，但肉类和乳制品对酸化、富营养化、全球变暖和侵占自然等影响的贡献率为 14%～36%（表 5.2）。

这些结果强调了解决与食物生产有关的环境影响的重要性。

表 5.2　每年消耗肉类和奶制品的环境影响

影响种类	单位	相对于总额消耗的肉类和奶制品的影响
酸化	m^2 UES	24.9%
富营养化	kg NO_3 eq	29.4%
全球变暖	kg CO_2 eq	14.2%
侵占自然	m^2 耕地	35.8%

资料来源：Weidema et al.，2007。

5.2　食品农业生产的环境影响比较

食物是生活环境中的重要组成部分，早期的评估结果显示，不同食物产品每千克的环境影响存在巨大差异（Halberg et al.，2006）。这是因为不同产品（如牛奶和马铃薯）需要不同的生产工艺，并且特定的产品可以几种不同的方式生产和加工。

表 5.3 和表 5.4 列出了与农场生产的各种食物有关的潜在环境影响。生产 1 kg 肉类和鸡蛋等动物性产品比生产 1 kg 马铃薯等植物性产品产生更多的温室气体。这是因为生产每千克肉的平均能源使用量是植物产品的 10 倍以上（Pimentel et al.，2003）。例如，生产 1 kg 牛肉需要 38 kg 饲料（表 5.5），生产 1 kg 绵羊肉所需的能量为动物饲料中的 23 MJ，1 kg 鸡肉为 12 MJ，生产 1 kg 马铃薯仅为 1.3 MJ（Foster et al.，2006）。在所有的肉类中，羊肉和牛肉生产对气候影响最大，其全球变暖潜能值分别为 17 kg CO_2 eq 和 20.4 kg CO_2 eq，而猪肉和鸡肉的全球变暖潜能值不到其 1/5（表 5.3）。

表 5.3　来自丹麦[a]或英格兰/威尔士[b]的动物产品中消耗的主要资源

每千克肉、每 20 个鸡蛋、每千克牛奶	羊肉[b]	牛肉[a]	猪肉[a]	鸡肉[a]	牛奶[a]	鸡蛋[b]
GWP_{100}/kg CO_2 eq	17	20.4	2.9	2.6	1.0	5.5
酸化/g SO_2	380	205	52	47	10.4	306
富营养化/g NO_3 eq	2 090	1 729	280	204	51	805
光化学烟雾/g 乙烷 eq	—	4.2	0.89	0.5	0.3	—
土地利用/（m^2/年）	14	31.5	8.9	4.9	1.5	6.7

资料来源：[a]LCA Food，2008；
[b]Williams et al.，2006。

表 5.4　丹麦种植的植物产品主要消耗的资源[a]

每千克肉、每 20 个鸡蛋、每千克牛奶	面包粉	油料菜籽	马铃薯	西红柿（温室）
GWP_{100}/kg CO_2 eq	0.7	1.5	0.16	3.5
酸化/g SO_2	5.3	11.8	1.2	7.2
富营养化/g NO_3 eq	65	149	14	24.7
光化学烟雾/g 乙烷 eq	0.17	0.37	0.004	0.84
土地利用/（m^2/年）	1.5	3.5	0.31	0.02

资料来源：[a]LCA Food，2008。

表 5.5　生产 1 kg 动物产品平均消耗的谷类/豆类和饲料　　单位：kg

	牛肉	猪肉	鸡肉	奶制品（牛奶）
谷类/豆类	3.5	2.6	2.0	0.4
饲料	38	0	0	1.8

资料来源：LCA Food，2008。

此外，来自牲畜肠道发酵的甲烷（CH_4）占农业温室气体排放总量的 32%（Bellarby et al.，2008）。因此，对于反刍动物（如羊、牛和乳牛），产生的甲烷又进一步增加了单位食物所产生的温室气体排放量。基于多种因素，鸡肉的生产似乎是最具环保效益的，其中包括非常低的家禽饲养费用（参见每年每只母鸡有 250

只后代和每头母牛有 1 头后代的比较）、非常高的饲料转化率和家禽日增重（通过基因选择和改善饮食）（Williams et al.，2006）。

对于消费者和食品工业来说，了解食品生产对环境的影响是十分重要的。表 5.6～表 5.10 列出了与各类食品（不包括零售的）有关的潜在环境影响（所有食物都是在丹麦的农场生产的，并且在丹麦进行加工）。

表 5.6 猪肉和牛肉的潜在环境影响（单位是零售前的 1 kg 食物）

每千克的影响	猪里脊	猪腿肉	猪肉泥	牛里脊	牛排	牛肉泥
GWP_{100}/kg CO_2 eq	4.6	3.0	2.3	68.0	42.4	4.4
酸化/g SO_2	75	49	38	680	427	103
富营养化/g NO_3 eq	414	266	207	6 410	4 000	790
光化学烟雾/g 乙烷 eq	1.4	0.9	0.73	14	8.9	1.4
土地利用/（m^2/年）	12	8	6.0	90	56	11
丹麦超市 2003 年的价格/（欧元/kg）	18.8	12.1	9.4	40.2	25.5	9.4

资料来源：http：//www.LCAfood.dk。

表 5.7 鸡肉和鱼肉潜在的环境影响（单位是零售前的 1 kg 食物）

每千克的影响	新鲜的鸡肉	冷冻的鸡肉	新鲜的鳕鱼	新鲜的鳕鱼片	冷冻的鳕鱼片	新鲜的虾	冷冻的虾	新鲜的贻贝
GWP_{100}/kg CO_2 eq	3.2	3.7	1.2	2.8	3.2	3.0	10.5	0.09
酸化/g SO_2	47.9	48.3	15	32	32	38	120	0.82
富营养化/g NO_3 eq	207	208	25	55	56	65	198	1.4
光化学烟雾/g 乙烷 eq	0.62	0.67	1.8	3.9	4.0	4.6	14	0.15
土地利用/（m^2/年）	12	8	6.0	90		56	11	

资料来源：http：//www.LCAfood.dk。

表 5.8　奶制品的潜在环境影响（单位是零售前的 1 kg 食物）

每千克的影响	脱脂牛奶	低脂牛奶	全脂牛奶	迷你牛奶	黄芝士
GWP_{100}/kg CO_2 eq	1.2	1.2	1.1	1.2	11.3
酸化/g SO_2	12	12	11	12	101
富营养化/g NO_3 eq	58	56	53	58	467
光化学烟雾/g 乙烷 eq	0.42	0.42	0.40	0.43	3.3
土地利用/（m^2/年）	1.7	1.6	1.5	1.6	1.3
脂肪含量	0.1	1.5	3.5	0.5	
原始的牛奶消耗	1.12	1.08	1.02	1.11	
奶油生产	0.12	0.08	0.02	0.11	

资料来源：http：//www.LCAfood.dk。

表 5.9　面粉和面包的潜在环境影响（单位是零售前的 1 kg 食物）

每千克的影响	小麦粉	黑麦粉	麦片	新鲜的面包卷	冷冻的面包卷	新鲜的小麦面包	冷冻的小麦面包	新鲜的黑麦面包
GWP_{100}/kg CO_2 eq	1.1	1.0	0.8	0.9	1.3	0.8	1.2	0.8
酸化/g SO_2	6.9	6.8	7.0	5.1	5.4	5.0	5.3	4.9
富营养化/g NO_3 eq	84	73	17	59	60	59	60	54
光化学烟雾/g 乙烷 eq	0.34	0.39	0.40	0.29	0.32	0.27	0.30	0.29
土地利用/（m^2/年）	1.4	2.0	2.5	1.0	1.0	1.0	1.0	1.3

资料来源：http：//www.LCAfood.dk。

表 5.10　蔬菜、糖和油的潜在环境影响（单位是零售前的 1 kg 食物）

每千克的影响	糖	菜油	马铃薯	胡萝卜	洋葱	西红柿
GWP_{100}/kg CO_2 eq	0.96	3.6	0.22	0.12	0.38	3.5
酸化/g SO_2	6.0	31	1.5	1.0	1.5	7.2
富营养化/g NO_3 eq	−12.1	439	14.4	3.6	15.0	24.7
光化学烟雾/g 乙烷 eq	0.83	2.1	0.14	0.15	0.15	0.84
土地利用/（m^2/年）	0.45	4.5	0.3	0.2	0.3	0.02

资料来源：http：//www.LCAfood.dk。

5.2.1 肉类食物

肉类食物对环境的影响，例如猪肉类，既包括生猪对农场生产的影响（表 5.3），又包括猪离开农场之后，到达超市冷藏柜台之前的所有过程，这些过程包括运往屠宰场、屠宰、切割、包装和运输到超市。其中，饲料生产、牲畜饲养和粪肥处理造成的影响是肉类对环境影响的最大因素。

每类猪肉或牛肉的环境影响都是通过价格分配来确定的（Weidema，2003），因为推动其生产的最昂贵的切割物是主要决定因素。这意味着，生产 1 头牛犊的总体影响在产出产品中分配，根据不同的价格进行不同的切割。由此产生的 1 kg 牛肉的全球变暖潜能值，从肉末的 4.4 kg CO_2 eq（最便宜的肉）到里脊肉的 68 kg CO_2 eq（最昂贵的肉）之间波动。对于猪肉来说，全球变暖潜能值从肉末的 2.3 kg CO_2 eq 到里脊肉的 4.6 kg CO_2 eq 之间波动。

肉类食物是全球变暖潜能值最高的食物（表 5.6）。1 kg 猪肉或家禽的肉具有相似的环境影响水平（表 5.7）。对于鸡肉来说，所显示的数据是未切割的鸡肉，包括屠宰在内的加工，使 GWP 增加了 20%。然而，如果购买冷冻鸡肉而非新鲜鸡肉，则 GWP 将增加 16%。

5.2.2 鱼类

在鱼类环境影响方面，捕捞是最重要的生命周期阶段，捕捞活动的特点是消耗大量的燃料，并从船上的防污涂料中释放有问题的杀菌剂（Thrane，2003）。1 kg 野生鳕鱼的全球变暖潜能值和酸化潜能与1 kg 鸡肉相比是较低的，但却是 1 kg 去皮虾和冷冻虾的 3 倍。新鲜贻贝对所有环境影响类别的影响都非常低，这是因为贻贝可以从水中过滤浮游生物，不需要额外的饲料，而且可以养殖在沿海水域的建筑物上悬挂的绳索上。

对于水产养殖来说，相比渔业，它更类似于动物生产。因此，其最主要的影响在饲料生产中（Ziegler，2003）。与水产养殖、渔业以及畜牧生产相关的环境和资源利用的可持续性还需进一步研究。

5.2.3　牛奶和奶制品

不同奶制品的环境影响见表 5.8。生产牛奶到饮用牛奶将使 GWP 增加 19%。由于较高的加热要求和生产包装能源需求，进一步加工成耐储存牛奶（超高温处理）会增加加工对环境的影响（Hospido et al.，2007）。制作奶酪由于需要大量的牛奶（接近 9 倍），所以 1 kg 奶酪的全球变暖潜能值比 1 kg 饮用牛奶的全球变暖潜能值高 9 倍。据推测，牛奶是在没有价格配额的系统中生产的，多余的乳脂被转换成了黄油。由于牛奶的脂肪含量不同，来自农场的牛奶以及生产黄油的牛奶都是特定种类的牛奶（表 5.8）。

尽管大多数奶制品需要冷藏运输，但包括饲料生产在内的农业生产仍然是生命周期环境影响的主要因素（Erzinger，2003；Larsson，2003；Hospido et al.，2007）。特别是饲料生产，仍具有显著影响。由于零放牧和完全自由放牧的不同，奶制品生产与土地利用和饲料生产的整合程度也不同。因此，估算作物和畜牧强度水平变化的影响或饲料成分变化的影响皆应考虑相关的子系统，包括粪肥的使用、排放及影响。

与德国、瑞典和丹麦的传统乳业相比，有机乳业系统的每公顷和每千克牛奶的温室气体排放量更低，但在荷兰并未有此发现（Halberg et al.，2005；Thongassen，et al.，2008）。在丹麦、德国和荷兰，每公顷和每千克牛奶的营养损失较低。

5.2.4　谷物

面包和面粉对环境的影响见表 5.9。从小麦到面包的加工成本增加了 18%的 GWP。然而，与购买新鲜面包相比，购买冷冻面包会使面包的 GWP 增加 43%。面包由面粉、水和一些其他配料烘焙而成。面包在工业面包房中烘焙，这些面包房常使用电力机械操作以及光和天然气来加热烤箱等。与动物制品相比，面包和面粉的环境影响相当低。例如，1 kg 面包的全球变暖潜能值只有 1 kg 脱脂奶的 68%。有证据表明，在全球变暖潜能值方面，有机小麦生产可能会比传统小麦生产更有利（Braschkat et al.，2003；Nielsen et al.，2003）。

5.2.5 蔬菜

表 5.10 显示，与肉类和面包等其他食物相比，每千克田间种植的蔬菜和马铃薯的产品全球变暖潜能值非常低。胡萝卜、洋葱、马铃薯的酸化和富营养化水平均低于猪肉类食物的 5%。而在温室中种植的西红柿的环境特征与田间种植的蔬菜的环境特征大不相同，这是因为温室中所需的加热功能导致温室气体排放量相对较大，而且由于营养物使用效率低下，导致了氮和磷的显著流失（Halberg et al.，2006）。在温室气体排放方面蔬菜的温室生产类似于猪肉生产，但导致酸化和养分损失略少。与温室蔬菜相比，每千克田间种植的蔬菜产品的能源消耗较低，温室气体排放量较低，但覆盖秸秆的胡萝卜在这两方面相对略高。例如，温室中种植的西红柿（供热）和胡萝卜（整地并覆盖稻草）的能源使用相对较高，并且产量差异较大，这意味着与传统生产相比，每千克有机产品的温室气体排放量更高。然而，在使用土培而非水培的有机生产中每千克西红柿的营养损失较低。

5.2.6 糖和油类

表 5.10 列出了糖和油类对环境的影响。糖来源于农业中的甜菜，由卡车将甜菜运到糖厂加工成糖。1 kg 糖的全球变暖潜能值和酸化潜力与 1 kg 面粉的全球变暖潜能值和酸化潜力相似，但光化学烟雾更高。由于甜菜的产量较高，土地利用较少，并且当养分富集为负时，在制糖过程中生成糖蜜和饲料丸，并作为动物饲料返回农业，从而代替了谷物饲料。

油菜籽油是通过粉碎油菜籽制成的。油菜籽饼在油菜籽粉碎过程中与菜籽油共同生产，这些油菜籽饼可用于动物饲料。

5.3 不同膳食的环境影响

当按质量比较食物时，应该谨慎，因为食物是不可替代的（它们不能完全替代彼此，每一种我们都需要一点），是相辅相成的（Halberg et al.，2006）。例如，肉类和乳制品中的蛋白质含量比蔬菜和不同维生素片的组合中的蛋白质含量更高。单个产品的环境影响必须根据其对家庭食品消费总量的贡献来看待。表 5.11 展现了一个假定的丹麦家庭晚餐，表 5.12 估计了这顿晚餐的环境影响。肉类是对环境影响最大的。如果将肉类消费量降低到每人约 100 g（推荐水平），则可以显著降低温室气体排放量和营养物质损失（分别为 25%和 31%）。然而，由此产生的环境影响将取决于我们是否摄入更多的田间种植蔬菜或用温室蔬菜取代肉类。如表 5.12 所示，500 g 西红柿将抵消大部分因较低肉类消耗而减少的温室气体排放量（Halberg et al.，2006）。值得注意的是，食物的环境影响远大于驾驶汽车行驶 3 km 的环境影响。

表 5.11 一个四口之家的假设餐食需要的不同数量的肉类

	典型	少肉，多田地栽培蔬菜	少肉，多温室蔬菜
猪肉/kg	0.75	0.4	0.4
马铃薯/kg	0.5	0.75	0.75
面包/kg	0.5	0.5	0.5
牛奶/L	1.0	1.0	1.0
胡萝卜/kg	0.5	0.5	0.4
洋葱/kg	0.4	0.2	0.2
西红柿/kg	0	0	0.5

资料来源：Halberg et al.，2006。

表 5.12 使用生命周期评估方法计算的不同肉类对运输的环境影响

影响种类	典型	少肉，多田地栽培蔬菜	少肉，多温室蔬菜	汽车（3 km）
温室影响/kg CO_2 eq	4.4	3.2	4.0	1.1
酸化/g SO_2 eq	57	38	39	6
富营养化/g NO_3 eq	315	218	223	8
光化学烟雾/g 乙烷 eq	1	1	1	5
土地利用/（m^2/年）	9.0	6.0	6.0	

资料来源：Halberg et al.，2006。

如果根据食物的环境特征，用传统食物金字塔相同的方式对食物进行排位，那么有些食物在传统金字塔的位置将会发生改变。例如，温室种植的西红柿的位置将立刻上升到金字塔的顶端，并位于动物产品的下方。然而，从营养和环境的角度来看，田间种植的蔬菜将成为主食的一部分，位于食物金字塔底部（Halberg et al.，2006）。

从以前的数据可以清楚地看出，肉类产生了巨大的环境影响，而生产链上的农场在这方面发挥着重要作用。因此，有必要通过考虑生产方式来探究环境影响能否减轻以及在哪些环节能够减轻。

5.3.1 猪肉生产链

当猪排被送达超市的冷藏柜台时，已经完成了 Dalgaard 等（2007）所描述的漫长旅程。首先饲养母猪以产出仔猪；猪饲料种植、收获和运输。接下来喂养猪，并将其产生的排泄物施用于田地。猪被运送到屠宰场屠宰、分割，之后猪排被运送到超市。在超市，猪肉经过消费者的购物篮，最终在餐盘上结束其旅程（图 5.1）。在每一个步骤中都会使用能源并且排放污染物。例如，使用能源生产化肥，并将这些化肥用于种植猪饲料。此外，当猪饲料生长或猪排放排泄物时，会产生诸如硝酸盐和氧化亚氮等不同的污染物。化肥、猪和饲料的运输会导致二氧化碳和其他物质的排放。总体来说，在猪排被食用之前，会有各种各样的不同量的污染物排放出去。这些污染物造成了气候变化、富营养化（营养富集）、水生环境中酸度的增加、生物多样性的变化或其他对环境的不利影响。

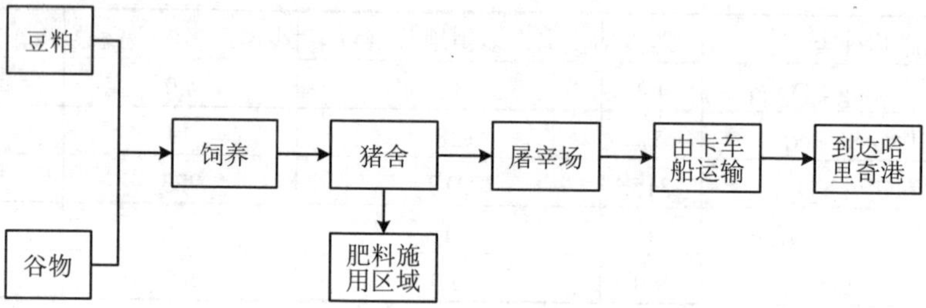

图 5.1 丹麦猪肉运送至英国哈里奇港的产品链

注：此为简单视图，其中仅显示出了产品链的最重要的阶段（Dalgaard et al.，2007）。

5.3.2　猪肉不同生命周期的结果

猪肉的 LCA 资料中相关数据主要集中在农场。在表 5.13 中，这些结果从 GWP 方面看起来具有一致性，然而来源于不同研究的结果并不一致。这反映了分析情境的差异，但毫无疑问，方法上的差异也是存在的。

表 5.13　不同来源的对猪肉的 LCA 研究结果——1 kg 胴体重

环境影响	全球变暖/kg CO_2 eq	富营养化/g NO_3 eq	酸化/g SO_2 eq
农场			
丹麦生产的猪肉（Dalgaard et al.，2007）	3.3	231	45.0
英国生产的猪肉（Dalgaard et al.，2007）	3.4	301	61
丹麦有机生产的猪肉（Halberg et al.，2008）	3.8	353	75
瑞典生产的猪肉（Cederberg et al.，2004）	2.6	170	37
法国生产的猪肉（Basset-Mens et al.，2005）	3.0	274	57
英国生产的猪肉（Williams et al.，2006）	5.6	760	290
屠宰场			
运送到哈里奇港口的丹麦猪肉（Dalgaard et al.，2007）	3.6	232	45.3

注：Dalgaard et al.（2007）。

在有机猪饲养中，需要在夏季放养母猪，并且将成年猪放到户外跑动。在有机系统中，母猪较长的泌乳期会减少每年断奶仔猪的数量，而调整有机系统中饲料成分的可能性较小，从而会导致每千克增重的饲料消耗量增加。比较丹麦传统猪肉生产（Dalgaard et al.，2007）和有机猪肉生产（Halberg et al.，2008），有机生产系统的猪肉的 GWP 比传统系统的高 12%。富营养化的差异更大，有机生产较传统生产高 52%，这主要是由于草地的过滤作用。此外，由于户外放养，氨损失较大，有机系统每千克猪肉的酸化率比传统系统高 67%。

5.3.3 全球变暖潜能

每千克猪肉温室气体排放量为 3.6 kg CO_2 eq，这相当于汽车行驶 10 km 的温室气体排放量（LCA Food，2008）。全球变暖潜能值最主要的影响因素为氧化亚氮、甲烷和二氧化碳，它们分别占温室气体排放量的 44%、32%和 20%（Dalgaard et al.，2007）。

图 5.2 显示了丹麦猪肉生产链的不同阶段对 GWP 的影响。猪消耗的饲料（豆粕和谷物）产生超过 2.4 kg CO_2 eq，因此比生产链中的其他部分更重要（Dalgaard et al.，2007）。每千克大麦的温室气体排放量为 0.694 kg CO_2 eq（LCA Food，2008），所以每千克猪肉需要 2.3 kg 小麦，79.2 kg 的胴体重量需要 105 kg 活重，谷物的温室气体排放量总计约为每一单位 2 kg CO_2 eq。

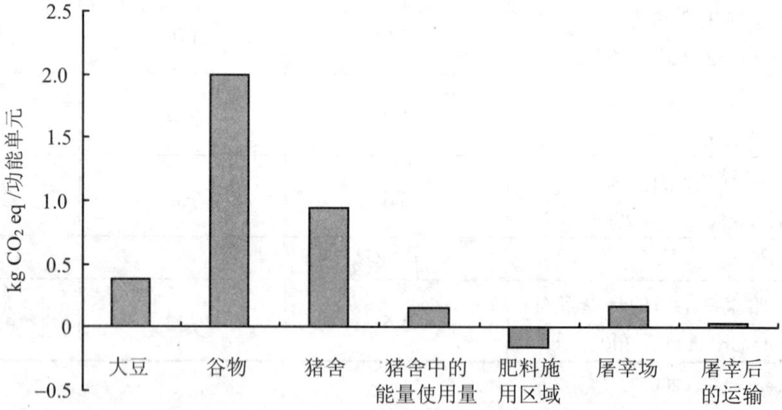

图 5.2 产品链中不同阶段对 GWP 的贡献（Dalgaard et al.，2007）

从猪舍的影响中可以看出，GWP 的 81%是甲烷，19%是氧化亚氮。排放的甲烷中有 78%来自粪便，22%来自猪的肠道发酵。氧化亚氮则完全来自粪便。

猪舍中的能量使用量的影响既包括电力的产生和分配所造成的二氧化碳排

放，也包括农场中石油燃烧导致的二氧化碳排放。排放的温室气体中二氧化碳占的比例超过 98%。该影响为每功能单元 0.15 kg，其中 85%来自电力的使用，15%来自燃油产热。

肥料施用区域会减少二氧化碳的排放量，因为当粪肥施用到田间作为作物肥料时，可施用较少的化肥。一方面，化肥在生产和运输时会排放温室气体，所以用粪肥替代化肥时，会减少温室气体排放；另一方面，当用粪肥代替化肥作为肥料时会排放更多的氧化亚氮，并且在施用粪肥时会使用更多的柴油来驱动拖拉机。然而，由于施用粪肥而节省下来的排放量远超其所增加的排放量。

屠宰场的影响是每功能单元 0.17 kg CO_2 eq，是全球变暖潜能值中较小的贡献者（Dalgaard et al.，2007）。屠宰场对 GWP 的影响主要是屠宰场电力的使用以及将猪从农场送到屠宰场的运输（距离 80 km）。屠宰场的一些副产品也会减少温室气体的排放。猪的粪便被运送到厌氧消化的沼气厂，产生的沼气被用于热量和电力生产。粪便产生的能源替代了化石能源，从而减少了温室气体的排放量。另外，动物副产品（如骨头、血液等）被用作动物或能量生产的骨粉和血粉。然而，因粪便和动物副产品而减少的温室气体排放量仍较低，每功能单元仅有−0.013 kg CO_2 eq。

从丹麦的屠宰场到哈里奇港的运输是产生温室气体排放量最少的产品链阶段（Dalgaard et al.，2007）。货车运输排放每功能单位 0.021 kg CO_2 eq，船舶运输排放 0.007 kg CO_2 eq。所以，尽管货车运输只有 126 km，而船舶运输有 619 km，货车的二氧化碳排放却高出船舶运输排放 3 倍。丹麦猪肉生产过程中排放的温室气体，只有不到 1%来自从屠宰场到英国的哈里奇港的运输。

5.3.4　富营养化潜力

富营养化潜力最重要的影响因素是硝酸盐（62%），其次是氨（32%）、氮氧化物（4%）和磷酸盐（2%）（Dalgaard et al.，2008）。如图 5.3 所示，豆粕的影响非常低，因为在阿根廷大豆种植过程中，硝酸盐一般不会被过滤掉（Dalgaard et al.，2007）。对富营养化潜力影响最大的是谷物（122 g 硝酸盐当量/功能单元），谷物种植过程中排放的硝酸盐和氨气是主要影响源。猪圈的富营养化潜力影响物质主要是氨气，等于 47 g 硝酸盐当量/功能单元。氨气来自在马厩和仓库中排泄的粪便和泥浆。猪圈使用的能源对富营养化潜力影响非常低。对富营养化潜力影响第二大的是粪肥应用领域，其贡献了 62 g 硝酸盐当量/功能单元。其中的主要部分是粪肥中浸出的氮，而它并不包含在农作物中。屠宰场的影响为−0.4 g 硝酸盐当量/功能单元，由于动物副产品在某种程度上被用作动物的饲料，从而代替谷物饲料，因此影响是负的。屠宰后的运输由于化石燃料的燃烧而排放出少量的氮氧化物，但每功能单元对富营养化潜力贡献很低。富营养化潜力的关键因素是以硝酸盐形式从田地排出的氮以及从粪肥排放的氨。每功能单元磷对富营养化潜力的影响小于 2%。

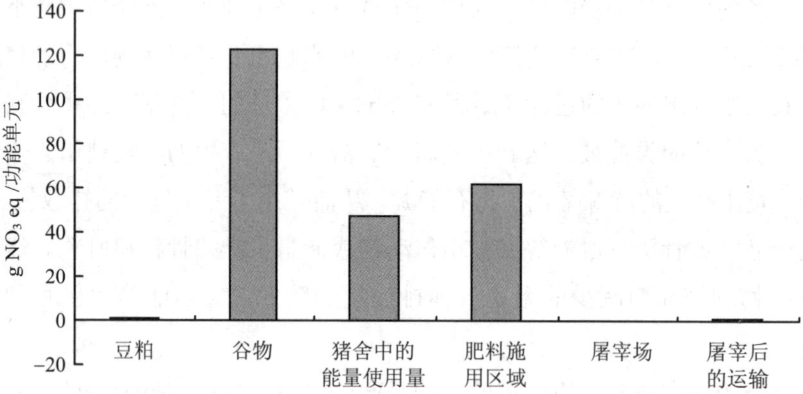

图 5.3　产品链中不同阶段对富营养化潜力的贡献（Dalgaard et al.，2007）

5.3.5　酸化潜力

氨导致了 84%的酸化潜力（Dalgaard et al.，2007）。来自能源使用的氮氧化物、硫氧化物和二氧化硫占 16%的酸化潜力。豆粕对酸化潜力的贡献很小（图 5.4），唯一与氮氧化物、硫氧化物和二氧化硫排放有关的是豆粕从阿根廷到丹麦的运输过程。猪圈对酸化潜力影响最大，其中氨是唯一的酸化物质，猪圈和屠宰场使用的能源对酸化的贡献非常小。粪肥施用区域对酸化的贡献是因为施用粪肥时会排放氨气。然而，氨对酸化的影响很大一部分被抵消了，因为施用到田间的粪肥替代了人造肥料，导致化石燃料使用量减少，从而减排。

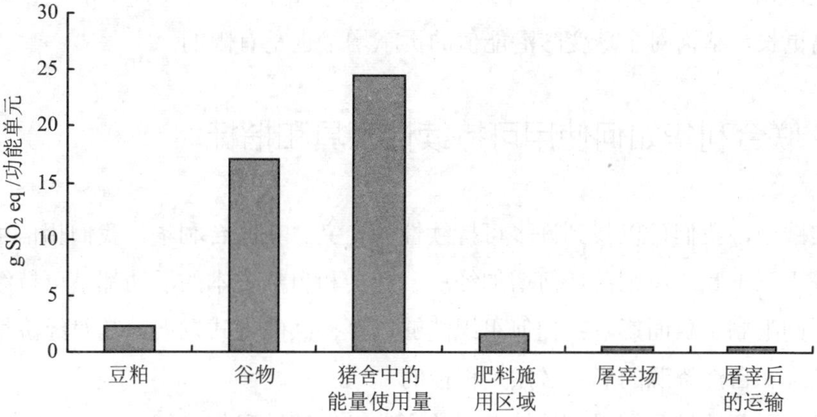

图 5.4　产业链中不同阶段对酸化潜力的贡献（Dalgaard et al.，2007）

5.3.6　猪肉生产改善环境的可能性

从全球变暖的角度来看，猪到达屠宰场之前的阶段是丹麦猪肉产品链中的环境热点（Dalgaard et al.，2007）。降低 GWP 的一个关键点是农场管理。如果每头猪的蛋白质消耗量降低，粪便中的氮排放将会减少，猪圈内的氧化亚氮排放也会随之减少。另外，较少的蛋白质消耗会导致豆粕用量的减少和谷物用量的小幅增加。但是由于每千克谷物的温室气体排放低于豆粕的温室排放，因此会出现饲料生产中温室气体排放净减少的现象。

在关于气候变化的讨论中，重点主要集中在各行业和运输部门的二氧化碳排放和能源的使用上。然而，在考虑食品（尤其是畜产品）时，甲烷和氧化亚氮比二氧化碳对全球变暖总的影响更为重要。这与上述结果一致，当运输和屠宰场的影响不那么显著时，饲料生产、饲养地等方面的排放更为显著。但如果丹麦猪肉运到德国南部的慕尼黑或者日本的东京呢？为了回答这些问题，我们建立了另外两种运输情境，一种是猪肉通过卡车（承载 32 t）运输 1 075 km，这相当于从霍尔森斯屠宰场到慕尼黑的距离；另一种是猪肉运输 21 153 km，相当于从埃斯比约港到日本东京港的距离。在慕尼黑和东京的情景中这些较长的运输距离的排放从每功能单元 3.6 kg CO_2 eq 分别增加到 3.7 kg CO_2 eq 和 3.8 kg CO_2 eq。所以即使运输距离更长，猪肉对全球变暖潜能值的贡献增量也是有限的。

5.4 联合利华如何使用可持续性工具和指标

实践中，我们可以找到许多可持续性的定义。在联合利华，我们相信可持续发展等于三重底线原则：任何增加经济、社会和自然资本的活动都是可持续的。这一原则限制了负面影响：任何组织能够以可持续的方式发展，其对经济增长、社会进步和自然资源的影响必然是积极的。

我们需要监控和衡量可持续发展的影响，以帮助我们了解自己的业务，以及干预措施是否合适，并帮助我们交流进展。因此，我们参与了生命周期评估以及开发了其他可持续性指标。

5.5 生命周期分析

食品供应链的环境可持续性的许多方面，特别是与加工、制造、运输、使用和处理有关的方面，可以通过 LCA 进行评估。LCA 是一种工具，用于评估整个生命周期中与产品、进程或与行动相关的环境负担（图 5.5）。

为了做到这一点，需要定义一个功能单元，描述系统边界，这被称为范围界定阶段。对于整个生产系统，例如 1 t 罐装番茄汤，描述所有单独的工序。例如，在考虑一定量产品的生产时，包括生产过程中所有的投入和产出。此外，要评估能源和水的使用。包装材料也将被纳入考虑范围，而这一切囊括从“摇篮到坟墓”，也就是从原材料的种植或开采直到（消费者）使用后产生废弃物的阶段。对于每道工序，所有的输入和输出都是以定量方式收集的（图 5.6、图 5.7 和表 5.14）。

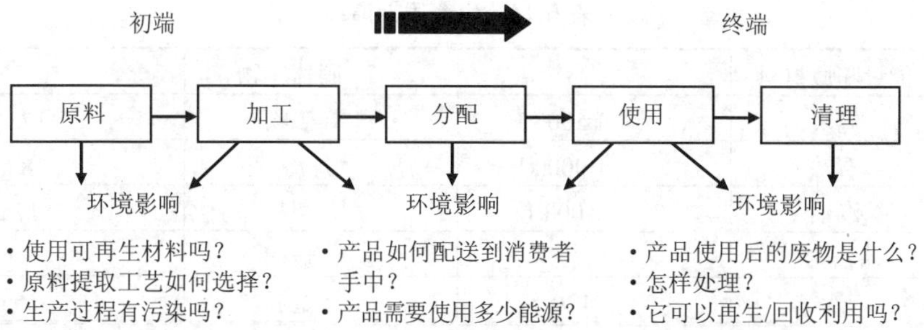

图 5.5　LCA 的范畴

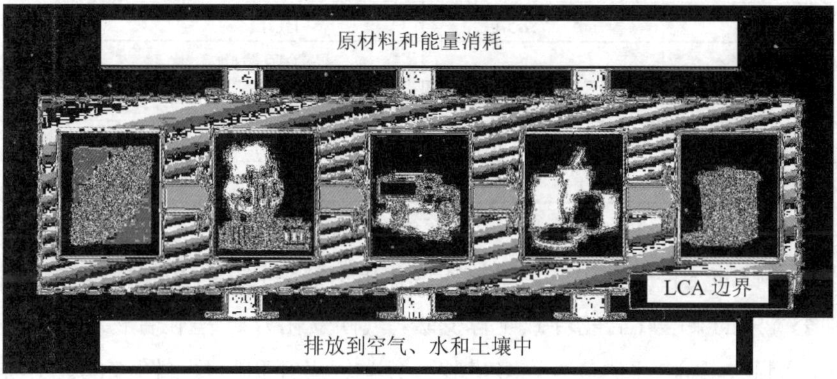

图 5.6　LCA 边界

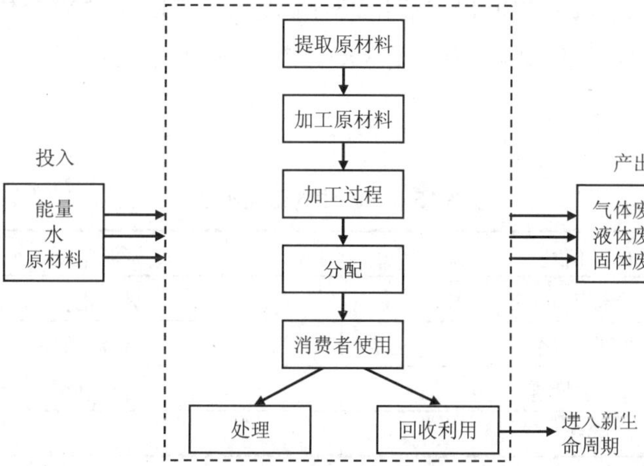

图 5.7　LCA 流程

表 5.14 生命周期清单

能量和原材料		固体废物	
煤炭	1 500 kJ	矿物	175 g
石油	1 000 kJ	炉渣/灰	8 g
汽油	400 kJ	塑料	17 g
铝土矿	20 g	玻璃	2 g
沙	120 g	金属	25 g
废气		废水	
CO	0.5 g	COD	4 g
CO_2	585 g	BOD	1 g
NO_x	3 g	悬浮颗粒物	12 g
SO_x	6 g	Cl^-	0.2 g
Cl_2	0.1 g	有机物	1 g
VOC	97 g	金属	0.1 g

评估的目的是将库存中的定量输入或输出信息转化为环境影响的量化信息。排放到空气中的某些化合物导致全球变暖（气候变化），一些化合物导致臭氧消耗或酸化。因此，影响评估包含许多步骤：分类、表征和归总（图 5.8）。分类步骤确定每种化合物对应的环境影响类别（如气候变化和臭氧消耗）。表征步骤用预定单位量化这种影响（如 GWP 以二氧化碳当量表示）。归总步骤将个体排放物的贡献加在一起，形成总的影响潜力（图 5.8）。表 5.15 列出了通常包含在 LCA 中的影响类别。

表 5.15 LCA 中的影响类别

能源消耗	资源消耗
全球变暖	臭氧消耗
富营养化	水资源消耗
光化学烟雾	土地利用
酸化	

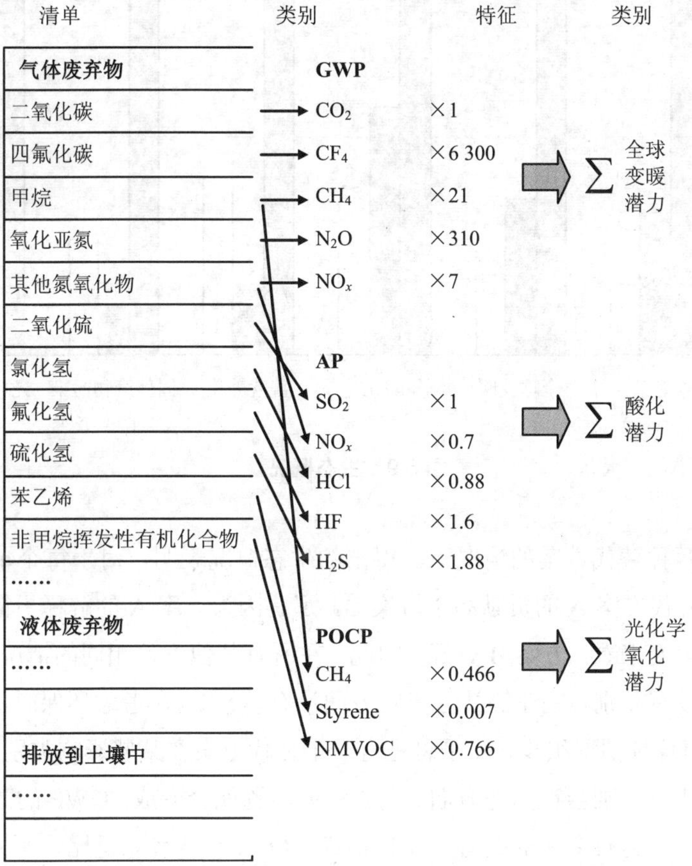

图 5.8　影响评价

评估的结果是生态概况（图 5.9）。生态概况给出了潜在影响的定量分析观点；并且研究了具有范围界定阶段所有环境影响类别的生产系统。在比较不同的生产系统时，有时候生态概况会给出绝对数字，有时候替代方案将相互标准化。

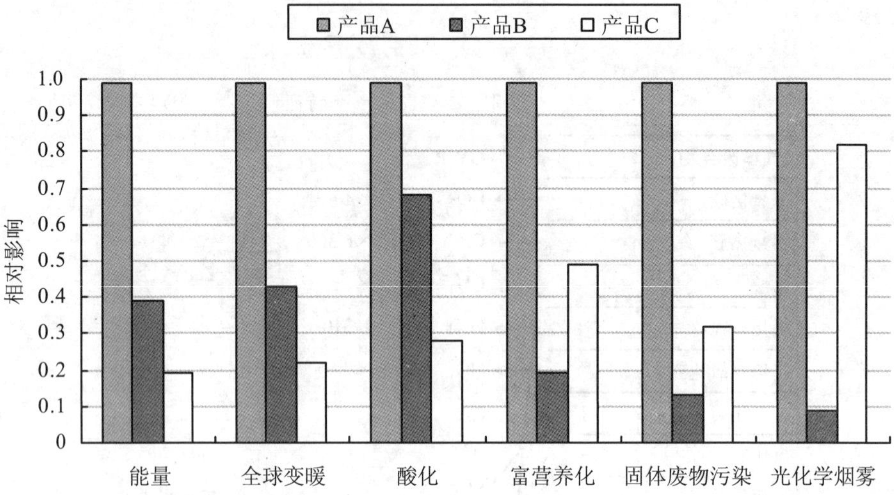

图 5.9 生态概况

在比较两种替代方案的情况下，得出的生态概况表明，对于每个单独的环境影响类别，替代方案 A 的贡献高于方案 B，那是因为方案 A 的解释更简单。而从环境影响的角度来看，方案 B 更好。因此，在所有其他条件相同的情况下（例如，成本和投资没有差别，就业等社会影响方面没有差别），在考虑环保时，选择必须是方案 B。但这种情况很少，几乎总是有一个替代方案在某些影响类别上会更好，而另一个替代方案则会在其他方面更好。然后问题就会变成：GWP 的改善程度如何？臭氧消耗潜力有多大的改善？换句话说，LCA 从业者总是比较不同的事物。

可以用生态概况来确定改进的方案。通过关注对环境影响最大的类别，并检查这些影响的来源，可以明确哪些改进方案可行（改进过程，改变投入品或原材料，变化过程类型等）。由于研究方法是数据密集型的，并且有这种类型的过程数据的数据库很少，生命周期评估过程通常需要研究人员与生产系统中的其他参与者取得联系，询问一些原本不会被问到的问题。与参与者合作有助于这种类型项目的推进，让生产系统中的所有参与者都能更好地了解上游所采取某些决策或存在的某些条件会对下游造成什么影响。

很多时候，执行 LCA 都可以获得很好的学习经验。这种方法迫使从业者思考什么是生产系统，生产系统中的元素是如何联系在一起的，不同的产出是什么（主要产品和副产品），所涉及的生产系统有怎样的环境影响，还有哪些可以改进的选项。如果只是因为需要做出诸多假设（关于系统边界在哪里，关于如何将影响分配到各种产品上）以及数据总是不完整；如果标准数据库没有提供答案，那么我们必须寻找替代源。如果标准数据库提供答案，问题在于你的供应商（生产系统中的合作伙伴）是否比标准数据库中的（平均）数字更好或更差。

典型的食品 LCA 结果往往会显示在农业上游的环境影响最大。农业投入物（肥料、作物保护剂）的使用往往会对环境产生较大的影响，这些投入物通常具有相当高的能量含量，部分最终进入环境中（土壤或地表水）。通常，运输在产品生命周期中不是能源消耗的重要组成部分。尽管运输方式有一定的影响（通过船舶和铁路运输比通过公路运输更环保），但是用汽车购物可能会比远距离货物运输（无论是通过公路还是海运）产生更大的影响。

家庭护理产品（如洗涤剂或硬表面清洁剂）或个人护理产品（如洗发水、沐浴露、牙膏）的典型 LCA 结果显示消费者使用阶段下游的影响最大。这是因为消费者通常必须用热水来使用这些产品（用于洗涤衣物、洗澡），并且在使用时立即变成水溶性废物。

这就是为什么联合利华在涉足食品、家庭以及个人护理产品领域的同时，拥有可持续农业和可持续水资源计划。

5.6　结论

从全球范围内的食品生命周期研究来看，与其他诸如运输和加工环节相比，农业生产通常是影响生命周期的最主要因素。此外，由于动物饲料的转化率和饲料本身以及牲畜的营养物质和温室气体的排放，动物产品比植物产品具有更大的影响——生产 1 kg 动物产品（如肉类）产生的温室气体排放远超过生产 1 kg 谷物或马铃薯等植物性产品。

然而，某些生产方式会增加植物产品对环境的影响，正如温室番茄产生的影响就与动物产品产生的影响相似。与传统产品相比，有机生产通常更节能，温室气体排放更低，并且每公顷的养分损失较低，但并非每一个功能单元（functional unit）都是如此。由于研究方法上有难度，LCA 中通常不包含有机系统中不使用农药的环境效益。因此，使用 LCA 比较这两个系统并不完全令人满意。除此之外，农民种植作物和饲养牲畜两种的农业系统之间的环境影响差异很大。生命周期评估方法可以用作衡量表现较好的系统和产品链的基准，并证明畜牧场以外的饲料生产的相对重要性。

虽然，下游环节的影响相对较低，但可以根据产品的不同而改变。更重要的是，家庭食物浪费比例相对较高，显著增加了实际消费的每千克食物的环境影响。消费者去购买食品所使用的交通工具可能也会产生重要影响。最后，消费者消费食物，包括烹饪在内，可能是影响生命周期的主要因素。一般来说，遵循目前健康饮食结构的建议，特别是食用高比例的蔬菜，也会使每餐的环境影响最小化。因此，改变饮食习惯是减少人均环境影响的最有效方法。

参考文献

Basset-Mens, C., and H.M.G. van der Werf. 2005. Scenario-based environmental assessment of farming systems: the case of pig production in France. *Agric. Ecosyst. Environ*. 105(1-2):127-144.

Basset-Mens, C., H.M.G. van der Werf, P. Durand, and P. Leterme. 2006. Implications of uncertainty and variability in the life cycle assessment of pig production systems. *Int. J. Life Cycle Assess*. 11(5):298-304.

Bellarby, J., B. Foereid, A. Hastings, and P. Smith. 2008. *Campaigning for Sustainable Agriculture*. Amsterdam, the Netherlands: Green Peace International.

Braschkat, J., A. Patyk, A. Quirin, and G.A. Reinhardt. 2003. "Life cycle assessment of bread production—a comparison of eight different scenarios." In: *Life Cycle Assessment in the Agri-Food Sector: Proceedings from the 4th International Conference, October 6-8*, Bygholm, Denmark.

Cederberg, C. 2003. "Life cycle assessment of animal products." In: *Environmentally-*

Friendly Food Processing, eds B. Mattsson and U. Sonesson. Cambridge, England: Woodhead Publishing Limited.

Cederberg, C., and A. Flysjö. 2004. Environmental assessment of future pig farming systems—quantifications of three scenarios from the FOOD 21 synthesis work. *SIK-rapport* 723:1-54.

Cederberg, C., and B. Mattsson. 2000. Life cycle assessment of milk production—a comparison of conventional and organic farming. *J. Clean. Prod.* 8:49-60.

Dalgaard, R. 2007. *The Environmental Impact of Pork Production from a Life Cycle Perspective*, p. 135. Ph.D. thesis, Aalborg University, Denmark.

Dalgaard, R., H. Halberg, I.S. Kristensen, and I. Larsen. 2006. Modelling representative and coherent Danish farm types based on farm accountancy data for use in environmental assessments. *Agric. Ecosyst. Environ.* 117(4):223-237.

Dalgaard, R., N. Halberg, and J.E. Hermansen. 2007. Danish pork production. An environmental assessment. *DJF Anim. Sci.* 82:1-34.

Dalgaard, R., J. Schmidt, H. Halberg, P. Christensen, M. Thrane, and W.A. Pengue. 2008. LCA of soybean meal. *Int. J. LCA*. 13(3):240-254.

Ellingsen, H., S.A. Aanondsen. 2006. Environmental impacts of wild caught cod and farmed salmon - a comparison with chicken. *Int. J. LCA*. 1: 60-65.

Eriksson, I.S., H. Elmquist, S. Stern, and T. Nybrant. 2005. Environmental systems analysis of pig production—the impact of feed choice. *Int. J. LCA* 10(2):143-154.

Erzinger, S., D. Dux, A. Zimmermann, R.B. Fawaz. 2003. "LCA of animal products from different housing system in Switzerland: Relevant of feed stuffs, infrastructure, and energy use." In: *Life Cycle Assessment in the Agri-Food Sector: Proceedings from the 4th International Conference, October 6-8, 2003*, Bygholm, Denmark.

European Commision. 2003. *Communication from the commission to the council and the European parliament. Integrated product policy*. Building on Environmental Life-Cycle Thinking. COM(2000) 302 final. Available from http://www.aeanet.org/ forums/IPPfinalcommunication18June2003.pdf. Accessed

June 2, 2008.

Foster, C., K. Green, M. Bleda, P. Dewick, B. Evans, A. Flynn, and J. Mylan. 2006. *Environmental Impacts of Food Production and Consumption: A Report to the Department for Environment Food and Rural Affairs*, pp. 1-199. Defra, London: Manchester Business School.

Haas, G., F. Wetterich, and U. Geier. 2000. Life cycle assessment framework in agriculture on the farm level. *International Journal of LCA* 5:345-348. Available from http://www2.dmu.dk/1 viden/2 Publikationer/3 fagrapporter/rapporter/ FR380 samlet.pdf (in Danish).

Halberg, N., R. Dalgaard, and M.D. Rasmussen. 2006. Miljøvurdering af konventionel og økologisk avl af grøntsager: Livscyklusvurdering af produktion i væksthuse og pa° friland: Tomater, agurker, løg, gulerødder. Arbejdsrapport fra Miljøstyrelsen 5.

Halberg, N., J.E. Hermansen, I.S. Kristensen, J. Eriksen, and N. Tvedegaard. 2008. "Comparative environmental assessment of three systems for organic pig production in Denmark." In: *Proceedings of ISOFAR Conference: Organic Agriculture in Asia*, Korea, March 13-14, pp. 249-261.

Halberg, N., H.M.G. van der Werf, C. Basset-Mens, R. Dalgaard, and I.J.M. de Boer. 2005. Environmental assessment tools for the evaluation and improvement of European livestock production systems. *Livest. Prod. Sci.* 96:33-50.

Hospido, A., M.T. Moreira, G. Feijoo. 2007. "Comparative LCA of liquid milk: Pasteurized versus sterilized milk." In: *Proceedings of the 5th International Conference on LCA in Foods, April 25-26, 2007*, Gothenburg, Sweden.

Larsson, I. 2003. "Possible benefits from using LCA in the agrofood chain, example from Arla foods." In: *Life Cycle Assessment in the Agri-Food Sector: Proceedings from the 4th International Conference, October 6-8, 2003*, Bygholm, Denmark.

LCA Food. 2008. Available from http://www.lcafood.dk. Accessed August 28, 2008.

Madsen, J., and S. Effting. 2003. Using I/O data to find hot spots in LCA: Example of a hamburger meal. In: *Life Cycle Assessment in the Agri-food Sector: Proceedings from the 4th International Conference, October 608, 2003*, Bygholm, Denmark.

Nielsen P.H., Nielsen AM, Weidema BP, Dalgaard R and Halberg N. 2003. LCA food data base. www.lcafood.dk. Accessed August 28, 2008.

Ogino, A., H. Orito, K. Shimada, and H. Hirooka. 2007. Evaluating environmental impacts of the Japanese beef cow-calf system by the life cycle assessment method. *Anim. Sci. J.* 78(4):424-432.

Olesen, J.E. 2005. Drivhusgasser fra jordbruget—reduktionsmuligheder. *DJF rapport Markbrug* 113:161 (in Danish).

Pimentel, D., and M. Pimentel. 2003. Sustainability of meat-based and plant-based diets and the environment. *Am. J. Clin. Nutr.* 78:6608-6663.

SAIC. 2006. *Life Cycle Assessment: Principles and Practice*. Available from http://www.epa.gov/ORD/NRMRL/lcaccess/pdfs/600r06060.pdf. Accessed August 16, 2008.

Thomassen, M.A. 2008. *Environmental Impact of Dairy Cattle Production Systems—An Integral Assessment*, pp.1-113. Ph.D. thesis, Wageningen University, the Netherlands.

Thomassen, M.A., and I.J.M. de Boer. 2005. Evaluation of indicators to assess the environmental impact of dairy production systems. *Agric. Ecosyst. Environ.* 111 (1-4):185-199./

Thomassen, M.A., K.J. van Calker, M.C.J. Smits, G.L. Iepema, and I.J.M. de Boer. 2008. Life cycle assessment of milk production systems in the Netherlands. *Agric. Syst.* 96(1):95-107.

Thrane, M. 2003. *Environmental Impacts from Danish Fish Products*. Ph.D. dissertation, Ålborg University, Denmark, Department of Development and Planning.

Weidema, B. 2003. *Market Information in Life Cycle Assessments*. Technical report, Danish Environmental Protection Agency. Environmental Project No 863.

Weidema, B.P., B. Mortensen, P. Nielsen, and M. Hauschild. 1996. *Elements of an*

Impact Assessment of Wheat Production, pp. 1-12. Institute for Product Development, Technical University of Denmark.

Weidema, B.P., A.M. Nielsen, H. Halberg, I.S. Kristensen, C.M. Jespersen, and L. Thodberg. 2005. Sammenligning af miljøpa°virkningen af konkurrerende jordbrugsprodukter. Miljørapport nr. 1028. Miljøstyrrelsen, Miljøministreriet.

Weidema, B.P., M. Wesnæs, J. Hermansen, T. Kristensen, and N. Halberg, 2007. *Environmental Improvement Potentials of Meat and Dairy Products*, p. 190. Final Report. Sevilla: Institute for Prospective Technology Studies.

Williams, A., E. Audsley, and D. Sandars. 2006. *Environmental Burdens of Agricultural and Horticultural Commodity Production—Defra-funded Projects IS0205 and IS0222*. Available from http://www.silsoe.cranfield.ac.uk/iwe/expertise/lca.htm. Accessed August 14, 2008.

Yakovleva, N. 2005. "Sustainability indicators for the UK food supply chain." In: *Measuring Sustainability of the Food Supply Chain Seminar, October 27, 2005*, Cardiff University.

Ziegler, F. 2003. "Environmental impact assessment of seafood products." In: *Environmentally-Friendly Food Processing*, eds B. Mattsson, and U. Sonesson. Cambridge, England: Woodhead Publishing Limited.

第6章
食品供应链的社会层面问题

凯莎·谢尔克，贾斯汀·万·瓦特，查尔斯·弗朗西斯

6.1 食品安全、健康和营养

尽管世界上有一部分人，特别是北半球国家的人们，享受着舒适的生活甚至被营养过剩和肥胖所困扰。然而全球仍有近1/4的人口只能靠日均低于1美元的收入过活，即使他们生活在这样一个物质丰富的世界，但仍处于营养不良的困境中。每天大约有1.8万名儿童死于饥饿（Lederer，2007）。根据预测，到2025年将有12亿人不能实现温饱（Runge et al.，2007）。然而，营养失调病症（包括营养过剩和营养不良）的快速蔓延只是当前食品系统中健康和安全问题的一种表现。

6.1.1 食品安全

美国疾病控制和预防中心预计，美国大约有7 600万人身患疾病，32万人处于住院治疗状态，并且每年有5 000人死于食品中毒（Mays，1999）。21世纪初，一项全球研究表明，在21世纪，全球应高度关注经食物传染的疾病。最流行的食物传染性病毒是和畜产品紧密相关的，其中大部分来自工业化农场以及高效处理设备。因此，越来越多的人开始担心以下操作：为了增产给牲畜喂养抗菌药物；用已污染的原料喂养动物；通过冷藏、高效操作和技术进步以延长食品保质期（Cohen，2000）。

首先，在畜牧业中使用抗生素是导致人体内抗生素耐药性增强的主要因素之

一（Horrigan，2002；Sapkota，2007）。抗生素引起的耐药性是公共健康的重大危机之一，阻碍了抗生素的研究发展以及它们在临床医学的应用。尽管在牲畜喂养过程中使用抗生素的益处十分明显，但与此同时，抗生素的使用将会导致人体内耐药细菌增多（Mathew et al.，2007）。在农业中使用抗生素是导致抗生素耐药性在全世界范围内扩散的主要推动力，有以下 4 个原因：①农业是全世界范围内使用抗生素最多的领域；②在农业中大量使用抗生素会导致亚治疗细菌的暴露；③农业中使用了各种重要的临床药物；④通过食用动物制品和接触环境中的细菌，人类将暴露在耐药性病菌之下。

第一个原因和微生物抗药性的演变与扩散有关，并且是基于基本的生物学和演化规律：耐药菌的增多是使用抗菌剂的结果。数千年以来，微生物进化出高度有效的机制来应对威胁其生命的外在药剂（Wright，2007）。将细菌暴露在尚不致命的抗菌剂中将会大大增加耐药菌株的存活率，并且随着抗生素压力的增加，耐药菌株会逐渐趋近繁殖和传播的临界点。细菌的快速繁殖和复制使这些变化更明显、更快速。

第二个原因是细菌对抗生素的耐药性涉及基因和调控变化。调节系统的改变尽管很少，但是由于包括膜输送在内的生理过程的强化活动经常会释放包括抗菌剂在内的有害物质，也会对公共健康产生重要影响。基因的变化也是十分重要的因素，主要是因为基因的改变是持久性变化，会对特定或者多种药剂产生高水平的抗药性，并且能够把这种抗药性传递给其他细菌。在自然选择的压力下，细菌通过变异迅速进化出抗药性表型（Tenover，2006）。

第三个原因是细菌可以分享抗体基因。有分享功能的抗体基因是微生物的重要生存机制。通过这种机制，这种抗体可以在包括共生体（非病原体）或病原体的细菌内外进行传播（Rowe-Magnus，2002），通常来说，这些传播会跨越种群分类的边界，在公共健康领域中，后一种在抗体传播方面是最危险的（Summers，2002），并且这种传播方式占耐药性传播的 95%以上（Nwosu，2001），尤其适用于从肉制品中分离出来的大肠杆菌的耐药性传播（Sunde，Norstrom，2006）。一些研究发现令人担忧，因为整合子可以同时传递多种抗体基因，其中一些机制还可以通过包括抗菌剂在内的外在压力因素而增强（Blazquez et al.，2002）。还有一些研究将家禽和猪对农业抗菌剂的耐药性归因于环境贮存器（Nandiet et al.，2004；Jensen et al.，2006）。此外，从共生体到特定的病原体，这种抗体基因的可交换性使原本广泛运用的“一菌一药”（one bug，one drug）定义不再完全准确（Summers，2006）。

第四个原因是即使抗菌剂不再使用，抗体仍然会继续存在。Sorum 等（2006）报道称，实证研究发现当抗菌剂从动物饲料中移除后，抗体会大量减少，但是仍然能够在家畜棚、动物排泄物以及动物产品中检测到抗体。降解动物排泄物是抗菌剂污染环境的主要途径。农夫和农场工人感染耐抗菌剂细菌的风险很高，可能会成为细菌在更大社群内扩散的突破点。

不断涌现的新病原体同样也引起了人们的关注。当新病原体和耐药性结合在一起时，可能引发值得警惕的后果。耐甲氧西林金黄色葡萄球菌（methicillin-resistant Staphylococcus aureus，MRSA）的发病率越来越高，这一点已得到证实。另一种对食物供应的担忧在于一种牲畜的神经疾病，即疯牛病。疯牛病是一种导致人类神经退化的疾病。这种担忧同样来自上述农场活动。

目前盛行的一些生产方式容易引起环境和公共健康方面的担忧。例如，单一栽培农业生产方式减少了动植物多样性，并且需要大量的化学运作。Horrigan 等（2002）指出化学合成的杀虫剂、除草剂和肥料的使用造成了土壤、水资源和空气污染等问题，危害了环境和人类健康。用来供给饲养场（牲畜）和工厂化农场（鸡、猪、牛）的谷物采取需要更多的化学物质以及密集、单一的栽培方式种植，动物制品在日常饮食中的增加进一步加剧了上述问题（Horrigan et al.，2002）。

美国国家环境保护局发现，美国河流70%的污染是由农场活动造成的（Cook，1998）。这种污染将会增加特定癌症、生殖系统和内分泌系统紊乱的患病风险（Horrigan et al.，2002）。在各种农药（有机磷酸酯农药、氨基甲酸酯农药、菊酯类农药）中，尤其是有机氯农药的除草剂、杀菌剂和熏蒸消毒剂，至少有一种制剂能够影响实验动物或人类的生殖或者发育终点。尽管许多剧毒农药已经在发达国家被禁止或者严格限制使用，但是在全球一些贫困国家，接触到这些剧毒制剂的案例还时有发生。农药是导致发育不正常、畸形的因素之一，如青蛙在腹部和背部长了多余的腿（Ouellet et al.，1997）。Frazier 发现，如果人类男性或者女性接触足量的农药，精子畸形、男孩出生率降低、自然流产、天生缺陷、胎儿生长迟缓等生殖发育风险将增加。除此之外，来自工作场所或公共场所的农药将进入母乳（Jing et al.，2008；Mahjoubi-Samet et al.，2008；Polder et al.，2008；Raab et al.，2008；Wang et al.，2008）。此外，两种在美国应用最多的除草剂被怀疑会导致内分泌系统紊乱（Horrigan et al.，2002）。

另外值得担忧的方面是，大多数农药、除草剂和化肥对健康的影响还不明确，尤其是当它们被一起使用时。进一步来说，这些化学物质不仅会污染水资源，还会在食物里沉淀和积累。由于这些化学物质常在更高营养水平上聚集，而人类在食用动物制品时处在食物链的顶部，从植物到动物再到人类，这增加了人类接触这些化学物质的风险（Horrigan et al.，2002）。

转基因杂交食物，通常被称作基因工程食物，直到最近才被引入人类的食谱中。有关基因工程的一个担忧在于新的过敏原会被引入至食物中（USNRC，2000）。对食物过敏的人们可能会在规避食物中的过敏原方面遭遇更大的困难。此外，将具有抗生素抗性的基因用来当作基因工程食品的标志。这种实践引发了以下两种担忧：一是在服用抗生素药物后不久食用这类食物，由于抗体基因产生的酶会分解抗生素，从而降低或者消除药效；二是抗体会通过消化道被传输到患处，使需要运用抗生素的治疗更加困难（Horrigan et al.，2002）。

6.1.2 健康和营养

Heller 和 Keoleian（2000）指出，一个可持续的食品系统必须建立在可持续的饮食之上。这种饮食使能量摄入和能量支出相匹配的同时还能为健康生活提供必需的营养。2000 年，美国的食物为每个人每天提供了 3 800 Cal。普通人每天消耗 2 700 Cal，比 1970 年增加 24.5%（University of Michigan，2006）。相较于推荐的合理卡路里剂量来说，这导致了男性和女性分别过多地摄入了 154%和 127%卡路里（Wilkinson，1997）。2004 年，根据身体质量指数大于等于 25 这一标准，66%的美国成年人要么超重，要么肥胖（University of Michigan，2006）。饮食导致的心脏病、癌症和窒息是美国居民死亡的三大原因。美国人的饮食依赖动物制品、摄入饱和脂肪过高、膳食胆固醇来源单一以及缺少纤维摄入是染上慢性疾病的主要原因（Horrigan et al.，2002）。美国人从动物制品中获得67%的日常蛋白，而全球平均只有34%（Pimentel et al.，1996）。当其他国家的饮食向美国方式转变时，例如中国的肉类消费在20世纪90年代已经翻倍，慢性病已经成为死亡的常规诱因（FAO）。

2005年，美国人均食用200磅（1磅=0.454 kg）肉类，比1970年增加了22磅（University of Michigan，2006）。公共卫生专家近期的估计表明，发达国家每日肉类摄入量减少60%不仅有助于减少体重超重与过度肥胖，还能为个体及社会带来其他的健康收益（Compassion in World Farming，2008）。考虑到动物转化和利用能量的效率低下，这种效应也会加剧与农业生产相关的环境问题。例如，相较于猪肉的4∶1和鸡肉的2∶1而言，牛肉在能量的转化中是最无效率的，这是因为7 kg的谷物才能生产出1 kg的牛肉（Brown et al.，1998）。进一步来讲，出产谷物的一半都被用于饲养动物。而减少肉类摄入量也将有助于改善与这类农业生产有关的环境。

除动物制品外，如今美国人还比以前消费更多高热量的甜味剂（Heller et al.，2000）。在如今的美国，糖类已经成为排名第一的食品添加剂，占总卡路里摄入量的16%。然而，玉米甜味剂（尤其是高果糖的玉米甜味剂）正快速取代从甘蔗和甜菜中提取的蔗糖，这在很大程度上是由于消费了碳酸非脱脂软饮料（Heller et al.，2000）。

食物防腐、保鲜技术和食品加工使我们可以在一年中的任何时间或在新鲜食物不易获得的地方进食。这使人们对加工过的、便利食品的依赖越来越强。然而，食物加工会导致食物产品中的营养物质流失。例如，在面粉生产过程中，铁元素、烟酸、硫胺素、核黄素和叶酸都减少了。而为了增加食物的稳定性并节约成本，加工食品一般含有较高的脂肪、盐和糖分。此外，人们的真实消费更倾向于高盐、高糖、高脂肪食物，他们认为这类食物的味觉和口感能带来更大程度的享受。

食品添加剂并非一个新现象，一些食品添加剂甚至已经存在了几个世纪。诸如，发酵粉（苏打中的碳酸氢盐）从19世纪就开始被使用；醋（醋酸）在公元前就开始用于保存食物和防止微生物引起的食物损坏。食品添加剂虽然在被批准使用前已经接受了严格的安全检查，但越来越多的研究仍在质疑其在食品中的安全性和实用性。

过度活跃或多动症（attention-deficit hyperactivity disorder，ADHD）是在儿童身上发现的最为普遍的神经问题之一。将多动症与食品添加剂联系起来的研究已经进行了 30 年（Feingold，1975）。Schab 和 Trinh（2004）关于双盲安慰剂对照试验的整合分析证明：人造食品添加剂和色素对儿童多动症影响较大。英国食品标准局（Food Standards Agency，FSA）授权的一项研究表明，儿童过度活跃行为的增长与被用于食物和饮品的某种人造色素添加剂密切相关（FSA，2007）。McCann 等（2007）近期的一项研究发现，包括人造色素和防腐剂苯甲酸在内的食品添加剂的混合可能导致儿童注意力不集中、冲动、过度活泼等行为。

在工业化国家，心脏病是造成成年人死亡的一个主要原因。脂肪或油脂氢化作用下产生的反式脂肪酸近来被证明与心脏病相关。化学家 Paul Sabatier 发现氢化作用的过程使用了镍基催化剂。不久后，德国化学家 Wilhelm Normann 用氢气开发了一项商业化的氢化作用过程。20 世纪中叶，这一过程也经历了几次修正。一方面，基于食品工业对公众健康的回应，将菜单中的动物脂肪和热带油类食物减少，促使氢化脂在 20 世纪 60—80 年代日益流行。另一方面，由于氢化脂在稳定性、成本、可获得性、功能性上的优势，部分氢化脂似乎是合理的替代品。因此，20 世纪 90 年代以前，关于反式脂肪对健康方面影响的研究数据有限且矛盾。其中的原因在于饮食背景、起始油的脂肪酸组成，氢化作用的程度和类型以及次优的对照脂肪的差异。

1990 年，Mensink 和 Katan 研究了富含油酸、饱和脂肪酸和反式脂肪酸饮食的影响，结果显示，在摄入富含油酸的饮食后，被试者的胆固醇和低密度脂蛋白（low density lipoprotein，LDL）胆固醇水平高于摄入富含饱和脂肪酸或反式脂肪酸饮食的被试者。与富含反式脂肪的饮食对照，在被试者摄入富含饱和脂肪酸或油酸的饮食过后，高密度脂蛋白（high density lipoprotein，HDL）胆固醇水平会更高。当被试者摄入富含反式脂肪的饮食时，对于低密度脂蛋白和高密度脂蛋白胆固醇水平的差异化影响导致了最不利的总胆固醇与高密度脂蛋白胆固醇比率。20 世纪 90 年代，许多研究者一致认同部分氢化作用和反式脂肪会对血清胆固醇水平产生不利影响。Lichtenstein 等（1999）指出部分氢化与低密度脂蛋白胆固醇水平呈正相关，日常饮食中部分氢化的水平越高，低密度脂蛋白胆固醇水平就越高。另外，随着氢化作用的增强，高密度脂蛋白胆固醇水平基本维持不变，且只会随最高水平的氢化作用而减少，进而导致最不利的总胆固醇与高密度脂蛋白胆固醇比率。Mozaffarian 等（2006）的整合分析表明，在饮食中反式脂肪增长了 2%，冠心病发生率增长了 23%。随着研究的逐渐增多，美国食品及药物管理局（United States Food and Drug Administration，FDA）强制执行了一项公告，即从 2006 年 1 月 1 日起，在所有包装食品的营养成分表上标示反式脂肪酸含量。食品制造商虽然早就知道了这些研究成果，但却从 FDA 这一管制政策出台后才开始减少或去掉反式脂肪酸并重新调整其产品。

消费者对上述食品质量和安全的担忧被认为是有机食品需求增加的主要原因之一，因为消费者认为有机食品更健康、更安全。

6.2　农场和市场效益

理想状态下，商品与服务的成本会反映其环境成本和社会成本以及产品生产、加工和销售过程中的典型成本预算。在这种情况下，竞争和需求法则将确保那些"真正意义"上低成本生产的商品发展。资本主义经济能够为我们服务，但由于外部性和不完全信息，最有效率的生产、消费、分配常无法实现。我们如果将经济作为众多工具之一而非唯一的工具，那么就会开发出更多明智的解决方案，如在价格标签上反映产品的真实成本。近期在美国盛行的生态标签就是这方面的一个较好实例，这表明市场需要改变。认证和标签是缓解价格误报的方式，也成了影响消费者和生产者决策的重要因素。贴标签是向公众证明在实际生产中包含了环境及社会成本的一种尝试。

然而，现今经济系统的建立与运行仍是为了使食品的价格尽量低廉。这会使那些弹性较小的小型农场的竞争能力最小化，使其需要耕种更多土地才能挣得相同数量的财富。例如，加拿大、美国和墨西哥签署的《北美自由贸易协定》对美国的一些大农场主和谷物出口商极为有利。然而与此同时，由于玉米在墨西哥当地市场的价格极其低廉，该协议损害了许多墨西哥小农场主的利益。目前，市场与广告运作的方式虽能在短期带动经济的发展，但对于整个食品体系而言，在全球食品经济日益增长的今天，这既不能反映食品的营养价值，也不能说明生产的可持续性。

6.3 小农场和农村社区

据估计，1910—1990 年，美国农业经济流向农场主的份额从 41%下降到 9%，而市场营销和农业投入产业的份额出现了相应的增长（Madden et al.，1997）。农场主利益的减少是因为非农资源的依赖程度在增长，如对杂交种子、杀虫剂、除草剂、化肥购买和政府对定价的补贴的更大干预等。在这样的趋势下存活的方法就是向大规模、单一栽培的农业形式转变。这种转变使农村社区经济健康发展面临更少的工作、更少的当地零售支出和更少的当地人均收入等挑战（Copeland et al.，1998）。在精神层面，破坏了人们和生产食物的农场之间的直接联系以及人们对自然、当地社区的融入，减少了人们享受应季食物的乐趣。

总体来说，小农场比大型工业化农场更具多样性，具有更富营养价值的食物和更多环境友好型的生产方式。例如，据估计，美国小农场每公顷的树木数量为大型工业化农场的 3 倍，且贡献了接近其土地承载量 2 倍的庄稼和绿肥（Rosset，1999）。由于多样性和土地管理，小农场的每公顷农业输出比大型工业化农场更多（Baarrent，1993）。因此，如果市场能转变为小农场更加切实可行，那么社会和环境将会得到改善与提高。

这种市场转换需要以质量而非数量为特征。这将促使工业（加工商）和消费者购买农产品时更加多样化，还将导致分配从国家和全球层面向地区和社区层面移动。纵观整个美国，我们发现越来越多的农夫市集和社区组织向消费者采取更为直接的营销方式。

尽管政府现在及未来都会继续在食品销售上发挥重要作用，但生态标签一直发挥着更加重要的作用，因为它们能够发出价格和质量信号，以及随后的机会和成本（如雨林联盟和公平贸易组织）。对于生态标签的标准和监管能力有望提高，以满足公众对质量和透明度的需求。

6.4 结论

社会层面的可持续性包括向所有人提供没有不良健康影响的食品供应链和使多元化社区、农场繁荣。农场的合并导致财富集中、人口减少、农村社区基础建设损失以及更大程度的环境退化。

对于美国和其他工业化国家来说，为全世界提供营养食物的关键在于降低肉类消费。这会给这些国家带来公众健康效益，尤其是减少了心脏病、癌症和其他慢性疾病，长远来看还能预防严重致病性疾病的增加。从潜在意义上讲，这也使生产饲料谷物的土地可用来种植其他庄稼或另作他用，提供更富营养的食物并进一步减轻杀虫剂、除草剂使用产生的相关健康问题。

为发展真正可持续的农业与食品体系，人类应以追求至少为世界上每个人平等地提供其所需最小量食物为目标。我们甚至应该认真思考 1948 年《联合国宪章》第 25 条的规定，即应将食物与水源清洁、环境卫生、集会与运动自由等一样作为最基本的人权之一。只有如此，才可为人类提供长期的、可持续的社会。这对于我们和我们的下一代来说，都是一个巨大的挑战。

参考文献

Baarret, C.B. 1993. *On Price Risk and the Inverse Farm Size-Productivity Relationship*. University of Wisconsin-Madison, Department of Agricultural Economics Staff Paper Series No. 369.

Bla´zquez, J., A. Oliver, and J.-M. Go´mez-Go´mez. 2002. Mutation and evolution of antibiotic resistance: Antibiotics as promoters of antibiotic resistance? *Curr. Drug Targets* 3:345-349.

Brown, L.R., M. Renner, abd C. Flavin. 1998. *The Environmental Trends That Are Shaping Our Future*. New York: W.W. Norton.

Cohen, M.L. 2000. Changing patterns of infectious disease. *Nature* 406:762-767.

Compassion in World Farming. 2008. *Global Warning: Climate Change and Farm Animal Welfare*. Available from http://www.ciwf.org.uk/includes/documents/cm docs/ 2008/g/global warning.pdf. Accessed September 15, 2008

Cook, M. 1998. *Reducing Water Pollution from Animal Feeding Operations*. National Water Quality Inventory, EPA Report to Congress, EPA 841R001. Washington, DC.

Copeland, C., and J. Zin. 1998. *Animal Waste Management and the Environment: Background for Current Issues*. Report for Congress. Washington, DC: Congressional Research Service, FAO. FAOSTAT Database. Available from http://apps.fao.org/.

Feingold, B.F. 1975. Hyperkinesis and learning disabilities linked to artificial food flavors and colors. *Am. J. Nurs.* 75:797-803.

Frazier, L. 2007. Reproductive disorders associated with pesticide exposure. *J. Agromedicine* 12(1):27-37.

FSA (Food Standards Agency). 2007. *Chronic and Acute Effects of Artificial Colourings and Preservatives on Children's Behaviour*. Available from http://www .food.gov.uk/multimedia/pdfs/additivesbehaviourfinrep.pdf. Accessed September 15, 2008.

Heller, M., and G. Keoleian. 2000. *Life Cycle-Based Sustainability Indicators for Assessment of the U.S. Food System*. A report of the Center for Sustainable Systems University of Michigan. Report No. CSS00-04.

Horrigan, L., R.S. Lawrence, and P. Walker. 2002. How sustainable agriculture can address the environmental and human health harms of industrial agriculture. *Environ. Health Perspect.* 110(5):445-456.

Jensen, V.F., L. Jakobsen, H.-D. Emborg, A.M. Seyfarth, and A. Hammerum. 2006. Correlation between apramycin and gentamicin use in pigs and an increasing reservoir of gentamicin-resistant *Escherichia coli*. *J. Antimicrob. Chemother.* 58:101-107.

Jing T., Q.Q. Li, A. Loganath, Y.S. Chong, M. Xiao, and J.P. Obbard. 2008. Multivariate data analyses of persistent organic pollutants in maternal adipose tissue in Singapore. *Environ. Sci. Technol.* 42(7):2681-2687.

Lederer, E. 2007. U.N.: Hunger kills 18000 kids each day. *The Associated Press*, February 17, 2007.

Lichtenstein, A.H., L.M. Ausman, S.M. Jalbert, and E.J. Schaefer. 1999. Effects of different forms of dietary hydrogenated fats on serum lipoprotein cholesterol levels. *N. Engl. J. Med.* 340:1933-1940.

Madden, J.P., and S.G. Chaplowe. 1997. *For All Generations: Making World Agriculture More Sustainable.* Glendale, CA: World Sustainable Agriculture Association.

Mahjoubi-Samet, A., H. Fetoui, and N. Zeghal. 2008. Nephrotoxicity induced by dimethoate in adult rats and their suckling pups. *Pest. Biochem. Physiol.* 91(2):96-103.

Mathew, A., R. Cissell, and S. Liamthong. 2007. Antibiotic resistance in bacteria associated with food animals: A United States perspective of livestock production. *Foodborne Pathog. Dis.* 4(2):115-133.

Mays, J.J. 1999. CDC releases new estimates on foodborne diseases. *The Associated Press*, September 16, 1999.

McCann, D., A. Barrett, A. Cooper, D. Crumpler, L. Dalen, K. Grimshaw, E. Kitchin, K. Lok, L. Porteous, E. Prince, E. Sonuga-Barke, J.O. Warner, and J. Stevenson. 2007. Food additives and hyperactive behaviour in 3-year-old and 8/9-year-old children in the community: A randomised, double-blinded, placebo-controlled trial. *Lancet* 370:1560-1567.

Mensink, R.P., and M.B. Katan. 1990. Effect of dietary trans fatty acids on high-density and low-density lipoprotein cholesterol levels in healthy subjects. *N. Engl. J. Med.* 323(7):439-445.

Mozaffarian, D., M.B. Katan, A. Ascherio, M.J. Stampfer, W.C. Willett. 2006. Trans fatty acids and cardiovascular disease. *N. Engl. J. Med.* 354:1601-1613.

Nandi, S., J.J. Maurer, C. Hofacre, and A.O. Summers. 2004. Gram-positive bacteria are a major reservoir of Class 1 antibiotic resistance integrons in poultry litter. *Proc. Natl. Acad. Sci.USA* 101:7118-7122.

Nwosu, V.C. 2001. Antibiotic resistance with particular reference to soil microorganisms. *Res. Microbiol.* 152:421-430.

Ouellet, M., J. Bonin, J.R. Rodrigue, J.-L. DesGranges, and S. Lair. 1997. Hind-limb deformities (ectromelia, ectrodactyly) in free living anurans from agricultural habitats. *J. Wildl. Dis.* 33:95-104.

Pimentel, D., and M. Pimentel, eds. 1996. *Food, Energy and Society*. Niwot, CO: University of Colorado Press.

Polder, A., G.W. Gabrielsen, J. Øyvind Odland, T. Savinova, A. Tkachev, K. B. Løken, and J.U. Skaare. 2008. Spatial and temporal changes of chlorinated pesticides, PCBs, dioxins (PCDDs/PCDFs), and brominated flame retardants in human breast milk from Northern Russia. *Sci. Total Environ.* 391(1):41-54.

Raab, U., U. Preiss, M. Albrecht, N. Shahin, H. Parlar, and H. Fromme. 2008. Concentrations of polybrominated diphenyl ethers, organochlorine compounds and nitro musks in mother's milk from Germany (Bavaria). *Chemosphere* 72(1): 87-94.

Rosset, P. 1999. *The Multiple Functions and Benefits of Small Farm Agriculture: In the Context of Global Trade Negotiations*. Oakland, CA: The Institute for Food and Development Policy. Available from http://www.foodfirst.org/files/pb4.pdf. Accessed September 15, 2008.

Rowe-Magnus, D., A.-M. Guerout, and D. Mazel. 2002. Bacterial resistance evolution by recruitment of superintegron gene cassettes. *Mol. Microbiol.* 43:1657- 1669.

Runge, C.F., and B. Senauer. 2007. How biofuels would starve the poor. *Foreign Affairs* May/June 86(3).

Sapkota, A., F.C. Curriero, K.E. Gibson, and K.J. Schwab. 2007. Antibiotic-resistant enterococci and fecal indicators in surface water and groundwater impacted by a concentrated swine feeding operation. *Environ. Health Perspect.* 115(7):1040-1045.

Schab, D.W., and N.H. Trinh. 2004. Do artificial food colors promote hyperactivity in children with hyperactive syndromes? A meta-analysis of double-blind placebocontrolled trials. *J. Dev. Behav. Pediatr.* 25:423-434.

Sørum, M., P.J. Johnsen, B. Aasnes, T. Rosvoll, H. Kruse, A. Sundsfjord, and G.S. Simonsen. 2006. Prevalence, persistence, and molecular characterization of glycopeptide-resistant enterococci in Norwegian poultry and poultry farmers 3 to 8 years after the ban on avoparcin. *Appl. Environ. Microbiol.* 72:516-521.

Summers, A.O. 2002. Generally overlooked fundamentals of bacterial genetics and ecology. *Clin. Infect. Dis*. 34(3):S85-92.

Summers, A. 2006. Genetic linkage and horizontal gene transfer, the roots of the antibiotic multi-resistance problem. *Anim. Biotechnol.* 17:125-135.

Sunde, M., and M. Norstrom. 2006. The prevalence of associations between and conjugal transfer of antibiotic resistance genes in *Escherichia coli* isolated from Norwegian meat and meat products. *J. Antimicrob. Chemother*. 58:741-747.

Tenover, F.C. 2006. Mechanisms of antimicrobial resistance in bacteria. *Am. J. Med.* 119:S3-S10; discussion S62-S70.

University of Michigan. 2006. *U.S. Food System Fact Sheet.* Available from http://css.snre.umich.edu/css doc/CSS01-06.pdf//. Accessed September 15, 2008.

USNRC (United States National Research Council). 2000. *Genetically Modified PestProtected Plants: Science and Regulation.* Washington, DC: National Academy Press.

Wang, Y.-R., M. Zhang, Q. Wang, D.-Y. Yang, C.-L. Li, J. Liu, J.-G. Li, H. Li, and X.-Y. Yang. 2008. Exposure of mother-child and postpartum woman-infant pairs to DDT and its metabolites in Tianjin, China. *Sci. Total Environ.* 396(1):34-41.

Wilkinson, C.W., J.D. Goldman, and A. Cook. 1997. Trends in food and nutrient intakes by adults. *Fam. Econ. Nutri. Rev.* 10(4):2-15.

Williamson, C.S. 2007. Is organic food better for our health? *Nutr. Bull.* 32(2):104-108.

Wright, G.D. 2007. The antibiotic resistance: The nexus of chemical and genetic diversity. *Natl. Rev. Microbiol*. 5:175-186.

第 7 章
可持续产品中的生态标签和消费者利益

阿马吉特·萨霍塔，巴巴拉·豪曼，霍莉·吉文斯，谢丽尔·J. 鲍尔温

环境和社会问题越来越成为消费者在购买食品时优先考虑的因素（Sloan，2007）。信息资源公司（Information Resources，Inc）的一项调查显示，大约 50% 的美国消费者认为他们在挑选商品以及选择商品购买地点时都会考虑可持续因素（IRI，2007）。正如本书序言中提及的，消费者对健康的关注推动其购买可持续食品，此时消费者考虑的因素主要涉及商品中是否含农药、激素以及转基因成分（Molyneaux，2007）。然而，除了这些健康因素，社会因素的重要性也日益显著。BBMG 消费者报告（BBMG Conscious Consumer Report，2007）显示，大约 90% 的美国人是具有较好的社会责任感以及环保态度的消费者。同时，BBMG（2007）指出在影响消费者产品购买因素中，便利性对消费者产品购买的影响低于产品产地以及产品能源使用效率等因素的影响。

除关注食品本身属性外，消费者对其所购买食品的生产公司也越来越感兴趣，并且表示他们更愿意购买那些支持社会和环境利益的公司所生产的产品（Molyneaux，2007）。

7.1　消费者洞察力和绿色营销

在一定程度上，每个消费者群体对更负责任（社会和环境）的产品都更感兴趣。市场研究表明，具有专注社会意识的群体约占总人口的 10%。这个群体见多识广，并受其价值观显著影响。然而，大多数消费者形成了更加中立的观点，旨

在平衡便利性、成本和差异性。积极的消费者群体、公司和营销的可信度是至关重要的。那些所谓的“漂绿”（greenwash）诸如过高的承诺或虚假的福利，终将被揭露。

有些人购买社会责任产品的动机很小。然而，如果这些社会责任产品符合他们所需的其他价值，如质量、价格和便利性，那么他们会选择购买此类产品，并且观察企业这种行为如何产生影响。一般来说，所有消费者都希望为企业的承诺做出贡献并获得回报。因此，与可持续性相关的最有效的信息的首要原则是可信。

对产品的环保要求在不断变化，从可回收包装等基本产品特征要求开始，到诸如基于生命周期的差异化表现要求，再到可再生能源使用等反映公司负责任和勇于承担的环保要求。最后一种要求展现着更全面的信息，对于任何具有环境承诺与要求的公司都应该负责任地履行承诺和执行要求，从而与消费者建立信任，以此获得长期的成功。例如，一些公司承诺实行对环境负责的行为，生产节能、健康和安全的产品，并支持公平劳工关系和公平贸易等（BBMG，2007）。

在美国，联邦贸易委员会（the Federal Trade Commission，FTC）执行的 FTC 法案（FTC Ac+）以合理的消费者观点来看市场营销，以确保市场营销不具欺骗性或不公平性。因此，了解消费者十分重要，尤其是现在，与可持续发展相关的信息多数是混乱的。消费者可能认为所有的塑料包装都是可回收的，而实际上可回收利用的塑料类型是有限的。

FTC开发了绿色营销指南，以解决典型的可持续发展相关的要求。一般来说，他们的指导信息丰富，并且是已证实的。开发指导信息时要考虑以下关键问题：

①表达和暗示什么？

②需要做什么来证实？

③是否需要资格认证？

7.1.1 认证的作用

零售商销售的某些食品认证展示着可持续生产的信息，如有机食品、公平贸易食品、无动物制品及无转基因的产品。认证产品的种类也在不断增加。认证产品是展现可持续性信息的主要来源之一（BBMG，2007）。认证意味着产品经过验证，符合第三方评估的标准。认证通过图章或符号等标签信息来表现有关验证，这种提供可靠的和经过验证的信息的标签很重要，因为消费者在做出购买决策时，标签是消费者信息的主要来源之一。生态标签（ecolabels）是对具有环境要求的标准的认证，也是识别具有可持续性特征产品的一种方式。

美国消费者联盟于 2001 年创建了一个网站（http：//www.ecolabels.org），以帮助消费者了解生态标签的可信度及其含义。消费者联盟根据标签的含义或标准确定其可信度，他们考虑：组织认证是否满足标签标准；标签含义是否一致；公众是否可获取标签标准；组织的有关信息是否公开；标签背后的组织是否有利益冲突，以及标签是否由广泛的利益相关者参与制定（Consumers Union，2002）。与此同时，英国政府也列出了诸多该国可使用的生态标签（DEFRA，2007）；Ilbery 和 Maya（2007）也总结了欧盟的许多生态标签。

7.1.2　有机食品

“有机”是食品的主要生态标签（其有关定义、标准等细节将在 7.2 节介绍）。据有机监测估计，2007 年全球有机食品和饮料的销售额将超过 400 亿美元（Organic Monitor，2008a）。相比之下，其他可持续食品的全球市场估计价值不到 200 亿美元，对有机产品的需求集中在消费者高度意识到道德问题并且消费者有购买力的地区。

一般来说，有机食品在不使用有毒农药、合成肥料和生长激素的情况下生长，并且生产标准中禁止使用转基因、辐射和污水污泥。有机畜牧要求牲畜饲养需符合该物种恰当的生存条件，如牲畜可在户外饲养，满足其动物自然行为需要以及禁止日常使用抗生素和生长促进剂。

在美国，有机销售预计将在 2007—2011 年翻倍，达到 350 亿美元，全球将达到 650 亿美元（Molyneaux，2007）。原因是政府为有机认证出台了诸多规定与政策（Molyneaux，2007）。美国和世界许多其他国家和地区都制定了有机农业政策，这些国家和地区包括欧盟（27 个国家）、克罗地亚、冰岛、马其顿、黑山、挪威、瑞士、土耳其、中国、日本、韩国、中国台湾地区、泰国、阿根廷、巴西、智利、厄瓜多尔、洪都拉斯和突尼斯等。加拿大自1999年以来就建立了强有力的自愿性的有机标准。而《有机产品法规》（*Organic Products Regulations*）于2009年6月30日前全面实施，并要求有机产品销售强制实施（Huber et al.，2007）。

7.1.3 市场、消费者与有机食品

有机食品是食品行业快速发展的市场之一，2006年，美国的销售年增长率就高达21%（Organic Trade Association，2007）。消费者对有机产品的需求集中在北美和欧洲。其他地区，如亚洲、拉丁美洲和澳大利亚是重要的有机食品生产国和出口国，然而，这些国家的有机食品国内市场才刚刚开始发展。

7.1.3.1 欧洲

欧洲是世界上最大和最发达的有机食品和饮料市场之一，2006年有机产品销售额约为200亿美元。有机食品销售主要集中在西欧，而中欧和东欧的份额占比不到3%。

德国、法国、意大利和英国这四大消费市场占欧洲地区总收入的75%以上。其他国家，如丹麦、瑞典、奥地利市场则呈高速发展态势，然而，由于消费者数量较少，他们的市场也比较小。

德国和英国的市场在欧洲增长最快。德国市场的高速增长正受到主要零售商进入的影响。

有机食品可广泛通过超市、百货商城和药店购买。像Aldi、Lidl和Penny这样的折扣商店以低廉的价格为消费者提供有机食品，对有机食品市场也产生了重要影响。德国和英国市场的有机产品供应短缺导致零售商和食品加工商无法获取充足的有机食品供应，使市场增长受阻。

斯堪的纳维亚和阿尔卑斯山地区的国家有机食品销售市场份额最高。在丹麦、瑞典和瑞士等国，有机食品销售占食品销售总额的5%左右。对于有机牛奶和鸡蛋一类的产品，一些国家的市场销售份额高达30%。瑞士对有机食品消费最多，人均消费超过150美元。而欧洲南部、中部和东部的消费者对有机食品的消费最少（Organic Monitor，2008a）。

Dialego 的一项研究表明，消费者一般对有机食品的溢价具有积极的态度。2/3 的消费者表示有机食品价格高是合理的，而只有 10%的消费者表示有机食品价格高是不合理的（Organic Monitor，2008b）。

英国有超过一半的消费者选择购买有机水果和蔬菜（Organic Monitor，2008b）。一些消费者表示有机产品价格太高，如果这些产品价格更低一些，他们会选择购买更多的有机产品（Organic Monitor，2008b）。然而，森斯伯瑞（Sainsbury's）的研究发现，购买有机产品的并非全是富裕的消费者，31%的低收入家庭也购买这些产品（Organic Monitor，2008a）。此外，具有同等消费水平的男性和女性购买有机产品的人数占比分别为 30%和 38%。

Agence Bio 的一项调查发现，81%的法国男性和女性对有机产品具有正面的印象。当被问及购买有机产品的原因时，94%的被调查者表示是为了保持健康。据 90%的消费者调查反馈得出其他影响购买决策的重要因素为质量和味道（Organic Monitor，2008a）。意大利的一项调查发现，86%～96%的消费者购买有机产品的主要原因是产品中无农药和化肥。无转基因是 75%～91%的消费者购买有机产品的重要原因。其他重要原因为环保（69%～83%）和食品安全（59%～78%）（Organic Monitor，2008a）。其他国家的研究也有类似的发现，如爱尔兰、西班牙和奥地利等国的研究（Organic Monitor，2008a）。

7.1.3.2　北美洲

北美洲地区有机食品和饮料销售保持持续增长，2006 年美国零售额达到 167 亿美元，预计在 2008 年增长到 236 亿美元（Organic Trade Association，2007）。美国是世界上最大的有机产品市场之一。有机耕地大幅增加也让美国成为有机生产领先者，几乎所有类型的有机作物都种植在美国。然而，由于有机产品需求超过供给，对于美国来说进口有机产品也是必要的，如墨西哥、阿根廷和巴西等拉丁美洲国家向美国市场出口大量有机食品。

各种食品零售渠道中都能发现有机食品，无论是提供有机牛肉的餐馆，还是提供有机产品的大型商场。因此，越来越多的美国消费者，无论他们收入如何，都可以购买到有机产品。

事实上，大型市场零售店是有机产品最大的销售渠道，其销售占2006年美国有机产品销售的38%。此外，8%的有机食品和饮料销售是通过大众商场和俱乐部商店实现的。通过食品服务网点以及互联网和邮购等渠道的有机产品销售也在逐渐增加（Organic Trade Association，2007）。

2006年销售增长最快的食品类别分别是有机肉类（增长29%）、乳制品（增长25%）、果蔬（增长24%）、面包和谷物（增长23%）。2006年销售增长最快的非食品类别分别为宠物食品（增长37%）、家庭用品和清洁剂（增长31.6%）、纤维（增长27%）和补给品（增长26%）（Organic Trade Association，2007）。

加拿大有机农业和有机食品法规的出台将为市场带来新的增长。而美国自农业部（United States Department of Agriculture，USDA）于2002年实施国家有机计划（National Organic Program，NOP）以来，有机市场一直呈高速增长状态。除了国家政策的支持，上述两国市场增长的另一主要动力是传统零售商分销渠道的不断增加，如Wal-mart、Safeway和Loblaws等大型零售商店正在通过大量引进私有品牌的有机产品来扩大其有机产品销售范围。Safeway的自有品牌“O Organics”的成功使其开始将这些有机产品出口到亚洲市场。目前Safeway的“O Organics”已经是北美地区有机食品的领先品牌，其正努力成为全球有机品牌。

在美国境内，一些大城市的有机产品的消费者比例高于其他城市。斯卡伯勒研究中心（Scarborough Research，2007）发现，旧金山35%的成年人在2007年9月购买了有机食品。同一个月，西雅图32%的成年人购买了有机食品，这一比例在美国所有城市中位列第二。其他主要城市有波特兰（27%）、华盛顿特区和丹佛（各有26%）、圣地亚哥（24%）。在美国，17%的成年人被认为是有机食品的核心消费者。

斯卡伯勒研究中心（2007）指出，有机食品消费者每周平均消费家庭必需品127美元，比全国平均水平的115美元高出10%。有机食品消费者的可支配收入相对较高，年均家庭收入为8.6万美元，比全国平均水平高出22%。斯卡伯勒研究中心（2007）还发现，有机食品消费者往往是家庭中较年轻的成员，年龄在18～34岁，并且家中有两个或两个以上的孩子的可能性更大。

Mambo Sprouts Marketing 在 2007 年 8 月的一项研究中发现，大多数美国消费者对美国农业部的有机标志并没有很好的了解。对 850 名有机食品消费者的调查发现，只有不到 50%的被调查者认为美国农业部的有机标志表明有机含量 100%，1/4 的被调查者认为这种标志意味着有机含量至少达到 95%，而 16%的被调查者认为该标志表示有机含量在 70%以上，12%的被调查者认为这一标志就是意味着“有机”。调查还显示，消费者喜欢本地的和有机的食品，当被要求在两者之间做选择时，有 36%的消费者表示会选择本地产品而非有机产品，而 33%的人则表示相反。其余的被调查者表示他们不确定要选择哪种（Organic Monitor，2008a）。

2007 年 Harris Interactive 的调查显示，有 50%的美国成年人有时会购买有机食品（Organic Monitor，2008a）。该调查还发现消费者购买有机食品的原因各不相同。40%的消费者购买有机食品的主要原因是认为有机食品对健康有益，如有机食品的生产不使用农药和防腐剂。少部分人认为有机食品口感更好（8%）；购买有机食品更有环保意义（8%）；有机食品更新鲜（6%）；购买有机食品是对社会更负责的行为（4%）；有机食品对孩子更好（3%）。由此可见，避免农药和激素是消费者购买这些有机产品的主要驱动力，而价格高则被认为是消费者放弃购买更多有机食品的主要原因。

7.1.3.3　亚洲

亚洲正在成为有机食品的重要生产和消费地区。中国凭借其拥有该地区最大面积的有机耕地，已经成为全球有机种子、豆类、草药和配料的来源地。印度、泰国和菲律宾也已成为重要的有机产品生产和出口国。

亚洲地区 2006 年的有机食品零售额约为 7.8 亿美元（Organic Monitor，2008a）。需求主要集中在最富裕的国家和地区，即日本、韩国、新加坡、中国台湾和中国香港特区。与世界其他国家和地区一样，以上每个国家和地区有机食品需求都超过内部供给，需要大量进口有机食品。

由于获得有机产品的可能性的提升和消费者意识的提高，亚洲有机市场正在呈高速增长。越来越多的传统食品零售商正在引进有机产品，有机食品店数量也在增加，在新加坡、马来西亚和中国台湾等地区都有新店开业。一些大型食品公司也进入有机市场并引进有机生产线。

消费者对有机食品的认识正在逐渐提高。部分原因是近年来的食品健康问题的高发生率，消费者对健康问题的恐慌正在不断提高其对食品健康问题的认识，并刺激着其对有机食品的需求。健康恐慌包括禽流感和严重急性呼吸综合征（severe acute respiratory syndrome，SARS），涉及的食物包括印度的可乐饮料和印度尼西亚的豆腐。

有机食品销售虽然有所增长，但消费需求仍然低迷，部分原因是大部分亚洲消费者的消费能力较低，而一些亚洲国家和地区的有机食品价格趋高。在日本、中国台湾地区和新加坡，有机食品的价格是普通食品的 4～5 倍。由于大多数有机产品成品来自澳大利亚和美国等国家，分销成本和进口关税会使产品价格上涨。

7.1.3.4　大洋洲

澳大利亚（Australasia）是有机食品的重要生产地区，但它并非有机食品主要的消费地区。澳大利亚有机食品和饮料市场销售额约 3.4 亿美元，占全球销售额不到 1%（Organic Monitor，2008a）。

澳大利亚和新西兰是国际有机产品出口国，主要出口产品包括有机牛肉、羊肉、羊毛、猕猴桃、葡萄酒、苹果和梨。虽然出口额保持增长，但随着有机食品和饮料的国内市场的发展，它们的出口总量正呈下降趋势。

澳大利亚有机产品市场稳步增长。尽管该地区销售的大多数都是水果、蔬菜、牛奶和牛肉等新鲜有机产品，但是，该地区的有机食品加工业正逐渐发展；有机产品的主流零售商数量增加，同时新型有机食品店也相继出现。

7.1.3.5　其他地区

其他地区（如拉丁美洲、中东、非洲等）有机产品的生产和销售量也在增加。如阿根廷、巴西和智利等国已经成为重要的有机产品生产国，然而，其超过 90% 的有机农作物用于出口。这些国家国内的大部分有机产品销售都在布宜诺斯艾利斯和圣保罗等主要城市。非洲的有机产品生产几乎完全用于出口。但是，像迪拜、利雅德和科威特这样的中东城市则正逐渐成为有机产品的重要消费地区。

7.2 全球有机标准和法规

国际有机农业运动联合会（International Organic Federation of Agriculture Movements，IFOAM）于 1980 年发布了第一个国际有机标准。作为全球有机运动组织的 IFOAM（http：//www.ifoam.org），目前在 108 个国家拥有 750 多个成员组织。IFOAM 拥有一个有机保障体系，其通过一个共同的标准认证体系为有机声明的真实性提供市场保证。同时，也促进 IFOAM 的参与方之间的平等关系。

一些欧洲国家如奥地利和法国，在 20 世纪 80 年代针对有机农业采取了诸多立法措施。例如，1991 年，欧盟通过了有机规定 2092/91，其中包括有机产品生产、标签和检验的标准。该规则于 1993 年 1 月生效，于 2005 年开始进行修订，欧盟农业委员会于 2006 年 12 月就新提出的条例达成协议，于 2009 年 1 月 1 日生效（Huber et al.，2007）。

同时，随着时间的推移，联合国粮食和农业组织与世界卫生组织（FAO/WHO）联合的食品法典委员会制定了有关有机产品的生产、加工、销售和标识等方面的指导方针（Huber et al.，2007）。在美国，由美国农业部管理的国家有机计划被公认为是世界上对有机认证最为严格的要求。

在没有政府监管下的有机生产可能会运用一些私营标准（private standards）。例如，新西兰等国的有机食品生产者采用私营标准。对于超出现行规定范围的产品（如有机纤维制成的纺织品），欧洲和美国也采取私营标准。有机食品行业的增长也导致了过多的认证机构，2004 年有 383 个组织涉及认证有机产品，到 2007 年这一数字上升到 468 个。认证机构的增加也使有机认证标准的差异增多，有机标准之间的差异有时会妨碍有机产品的全球贸易，例如，由于标准差异，欧盟和美国之间的内部贸易中有机加工食品非常少（Organic Monitor，2008a）。

有机生产商的主要市场是欧盟、日本和美国。《发展中国家有机食品认证》（2008 年）描述了从发展中国家进口有机产品到欧盟、日本和美国的贸易框架（neuendorff）。

7.2.1 欧洲有机标准和认证

适用于有机食品的主要欧共体规则是1991年6月24日制定的第2092/91号理事会条例（EEC）。根据1991年7月22日发布的官方杂志引用摘要，这一规则涵盖了农产品和食品的有机生产。

这个规则建立了在欧共体内部有机生产方法的最低法定标准的一般框架。它制定了有关生产、检验、加工和标识这些食品的规定，这些食品包括从国外进口并在欧共体内销售的所有食品。

欧洲规则建立的目的是给标识、生产和监管欧盟境内的有机食品提供一个统一协调的框架。

第2092/91号理事会规章（EEC）第11条条款确保进口的有机食品遵循相同的严格标准，具体内容概括如下：

第11条条款规定了从第三世界国家进口的产品的控制制度。从1993年1月开始，这些产品只能从特定名单上的第三世界国家进口。这些国家的生产符合管理委员会的规定。为了能够出现在这个名单上，第三世界国家的政府必须申请并承认适用于其境内的等值交换。

进口的产品必须符合欧盟有机规定才能被标注成有机产品，并且必须按有机产品销售。有七国的有机标准被欧盟承认和批准。来自"第三国家名单"上的有机产品也不需要被欧洲市场再次认证。在名单上的国家有阿根廷、澳大利亚、哥斯达黎加、以色列、新西兰、瑞士和印度。

有机产品还可以通过认证机构的等值交换进入欧盟。如果国外认证机构和欧洲的认证机构有机标准相同，那么有机水果和蔬菜就不需要再次被审查与认证。例如，土壤协会（英国）和加利福尼亚州有机农业认证（美国）从2003年开始就有了等值交换，通过美国有机农业认证机构认证的美国产品就能够拥有英国土壤协会的认证并进入英国市场。其他有机产品可以在具体情况具体分析的基础上由欧盟成员国进口。

欧盟在2007年6月通过了新的有机食品法规。法规（EC）第834/2007号规章是为了规范有机生产和有机产品标识并废除了第2092/91号法规（EEC）。新法规设定了有机生产目标、原则和基本规则的一整套内容。新法规同时包含了新的进口制度和更加一致的控制制度。法规（EC）第 834/2007 号规章于 2009 年 1 月生效。

许多欧洲国家尽管制定了有机农业和有机食品的国家法规，但丹麦是唯一一个拥有国家审查和认证服务的国家。符合丹麦国家法规的有机产品会被给予政府商标：Ø（代表 Økologisk）。挪威和瑞士并非欧盟成员国，所以这两个国家有自己的国家标准。挪威的标准是基于欧盟的法规，相比之下瑞士有更严格的国家标准。图 7.1 展示了欧洲的一些有机产品标识。

图 7.1　欧洲一些国家的有机标志

欧洲有超过 160 家认证机构，但是没有一个区域组织能代表欧洲有机食品产业。IFOAM 是最重要的认证机构。正如上文所述，IFOAM 设定了有机农业和有机食品生产的标准，以便能够在世界范围内协调各规则。认证机构必须使用和 IFOAM 等价的标准才能得到 IFOAM 的认可，2008 年 1 月，有 36 家认证机构被 IFOAM 认可。由此，一些欧洲的零售商倾向于从 IFOAM 认证过的机构进口有机产品，如英国的 Sainsbur's 和瑞典的 Grona Konsum。

7.2.2 美国有机标准和认证

20世纪90年代，美国国会通过了《有机食品生产法》（*the Organic Foods Production Act*，OFPA），作为1990年农业法的一部分。OFPA 的目的是建立美国有机食品生产和标签运作的国家性标准。虽然私营机构和国家机构已经有了有机认证的实践，但是当时并不存在一个国家性的认证，因此无法确保“有机”一词在州与州之间，甚至在当地认证者与认证者之间所表示的内涵的一致性。故消费者和生产者都在寻求有机产品认证的国家标准，以消除市场上的混乱认知，并防止出现有机认证的错误标签或是欺诈。

OFPA 授权组建国家有机计划项目以建立有机标准，并监督有机生产的强制性认证。2000 年 12 月底，负责监督该计划项目的美国农业部发布了国家有机标准最终规则。这些标准于 2002 年 10 月全面实施。

OFPA 还创建了国家有机标准委员会（National Organic Standards Board，NOSB），为农业部部长制定基于国家有机计划项目的有机标准提供建议。也就是说，在考虑 NOSB 的建议后，农业部部长有决定相关规章制度的最终权力。NOSB 的任务之一是，授权召集技术咨询小组，确定在有机生产中被许可或禁止使用的材料清单。随着行业的发展，这些规定逐步形成，例如，有条款规定重新审查有机生产中允许和禁止的材料，以便随着更环保的材料的使用，在生产中逐步淘汰对环境较不友好型的材料。

在国家有机标准下，认证机构必须通过美国农业部认证，从而在生产、处理或加工等环节进行有机认证。美国农业部发布了所有被授权的认证机构清单，包括位于美国境内和全球的认证机构。截至 2008 年 1 月，已有 55 家国内认证机构和 40 家在美国境外的认证机构被认定为符合国家有机计划项目的认证要求（USDA）。

如国家有机标准所述，有机产品在生产中不得使用有毒和持久性的农药、转基因工程、辐射、污水污泥以及合成生长激素或抗生素。虽然标准的第一稿草案对于使用转基因生物、污水污泥和辐射三项是否与有机生产兼容仍存在疑问，但是超过 25 万人认为不应允许这些材料用于有机生产。

为了获得有机认证，至少 3 年不得在土壤中使用禁止的材料和操作。另外，有机生产中不允许有克隆动物。为了避免购买使用转基因工程、污水污泥、辐射和动物克隆等其他禁用方法的产品，消费者可以寻找和查看有机标签。

所有有机产品，无论是在美国制造还是进口，凡是要在美国上市的，都必须符合这些国家标准。该计划项目协调了各有机标准，并形成了一个达成共识的有机标志（图 7.2）。因此，对于美国消费者而言，国家有机标准确保了所有被标识为有机的产品在美国的管控标准是一致的。

图 7.2　USDA NOP 标志

根据产品中有机成分百分比，美国有机标准划分出 4 种不同的有机认证标签选项，包括 3 个不同的类别标签，以及归为第四类的含有有机成分但不足以满足 3 种标签类别之一的产品：

①100% organic（100%有机）。只有使用专属有机生产方式的产品才可以使用“100% organic”的标签。

②Organic（有机）。这意味着加工产品中至少含有 95%的有机生产成分（质量百分比，不包括水和盐）。剩余的成分只能是国家有机标准委员会建议并允许使用的天然或合成成分。

③Made with organic（有机制品）。具有 70%～95%有机成分的产品可以在包装正面显示有机制造（至少列出 3 种有机成分）“Made with organic”（with up to three specific organic ingredients or food groups listed）。

④低于 70%有机成分的产品只能在配料表中列出有机物，其他地方不得提到有机物。

在前两个标签类别（100%有机和有机）中，产品的任何一种成分不能同时使用有机物和非有机物。例如，如果一个有机面包用小麦制成，那么面包中的所有小麦都必须是有机的。同时，这 3 个类别都禁止使用转基因工程、辐射、污水污泥或克隆方式生产的任何成分。

为了协助消费者，美国农业部设计的标志只能用于标示为“100%有机”或“有机”的产品。使用该标志虽然是自愿的，但依旧被视为向消费者销售有机产品的有效工具。

无论标签类别如何，所有产品上都需要显示出有机物含量的实际百分比。但是，显示时要符合规定，仅含有少于 70%有机成分的产品的百分比只能显示在信息列表中。

7.3 公平贸易认证的食品

公平贸易是一种基于对话的、透明的及互相尊重的贸易合作关系，并致力于追求国际贸易的最大公平性。公平贸易通过确保被边缘化的生产者和劳工的权利，为其提供更好的贸易条件以促进可持续发展。公平贸易标识则是通过独立的非营利性的国家组织运行。现有 20 个国家存在这些组织或者标识。

1988 年，第一个公平贸易标识被应用于荷兰的咖啡。此后，公平贸易标准应用于发展中国家的一系列产品，食品类包括茶叶、糖、可可、新鲜果蔬、蜂蜜、葡萄酒、坚果和香料，非食品类包括花、植物、球类运动用品和棉花。

Stichting Max Havelaar 通过产品独立认证开创了公平贸易，使消费者能够追溯产品来源。20 世纪 90 年代，欧洲和北美地区采取了类似的公平贸易标识举措。1997 年，这些运作公平贸易标识举措的组织受到了国际公平贸易标签组织（Fairtrade Labeling Organization，FLO）的保护与管理。FLO 于 2002 年推出了国际公平贸易标识，也是国际公认的公平贸易标识（图 7.3）。

图 7.3　公平贸易标识

7.3.1　市场、消费者与公平贸易

2006 年，公平贸易产品的全球市场价值约为 22 亿美元（Organic Monitor，2008b），市场价值相较于 2004 年的 10 亿美元增长了 1 倍多。与其他可持续产品和“道德产品”（ethical products）一样，公平贸易产品需求主要集中在欧洲和北美。这两个地区的公平贸易产品市场收入占全球公平贸易产品收入的 99%。公平贸易产品的最大市场是美国（6.84 亿美元）、英国（5.61 亿美元）、法国（2.19 亿美元）和瑞士（1.85 亿美元）。表 7.1 列出了公平贸易产品的主要市场。

公平贸易产品的生产主要集中在发展中国家，而需求几乎完全集中在发达国家。生产和需求地区间的巨大差异使公平贸易产品市场高度依赖国际贸易，国内市场不能自给自足。

公平贸易产品在 60 多个国家生产，拥有近 100 万名生产者。公平贸易产品生产的大多数地区位于拉丁美洲和非洲，如拉丁美洲的哥伦比亚、墨西哥、玻利维亚以及非洲的肯尼亚、南非和加纳。与此同时，印度、泰国、印度尼西亚等亚洲国家的公平贸易产量也在逐渐增加。表 7.2 列出了世界市场上主要的公平贸易产品（Fairtrade Labeling Organization，2007）。

表 7.1 公平贸易产品的主要市场（2006）：估计的零售销量

国家	估计的零售销量/百万美元
美国	684
英国	561
法国	219
瑞典	185
德国	151
加拿大	74
奥地利	57
荷兰	56
意大利	47
比利时	38
芬兰	31
丹麦	29
瑞典	22
爱尔兰	16
挪威	12
澳大利亚和新西兰	10
日本	6
卢森堡	4
西班牙	3
总计	2 205

注：所有数据均为约数。

资料来源：国际公平贸易标签组织。

表 7.2 公平贸易的主要产品（2006 年）

产品名称	数量	2005—2006 年增长率/%
香蕉/t	135 763	31
可可/t	10 952	94
咖啡豆/t	52 077	53
棉花/株	1 551 807	125
花/株	171 697	51
蜂蜜/t	1 552	17

产品名称	数量	2005—2006 年增长率/%
果汁/t	7 065	45
稻米/t	2 985	75
球类运动用品/件	56 479	138
糖/t	7 159	98
茶叶/t	3 886	49
葡萄酒/L	3 197 410	139

注：所有数据均为约数。

资料来源：国际公平贸易标签组织。

7.3.2　公平贸易标准与认证

公平贸易标志是颁发给符合国际公认的公平贸易标准的发展中国家产品的认证标签。公平贸易标志提供了 5 项保证：

①农民的产品能获得公平和稳定的价格；

②农民和工人可得到额外的收入来改善他们的生活；

③生产中更加重视保护环境；

④小农户在世界市场上的地位提高；

⑤生产者和消费者之间建立更密切的联系。

现今，主要有两套公平贸易生产者标准：一个是小农户；另一个是种植园和加工厂的工人。第一套标准适用于参与具有民主、参与性的合作社或其他组织的小农户。第二套标准适用于有组织的工人。其雇主支付合理的工资，保障其参加工会的权利，并在一定情况下为其提供住房。并且这些工人工作的种植园和工厂必须遵守最低限度的健康和安全以及环境标准，不得雇用童工或强迫劳动。

根据这些标准生产的产品被认证为"公平贸易"产品，既有公平贸易认证又含有认证系统以外成分的产品被称为复合产品。如果复合产品含有至少 20%的公平贸易认证成分，则允许这些产品使用公平贸易标志。这使诸如果汁、酸奶和小吃类的产品能够被认证为公平贸易产品。

FLO 负责制定和维护适用于生产者以及贸易关系的标准。在标准的指导下，通过其认证机构（FLO-Cert）对生产者进行检查和认证，并对生产商和进口商之间的公平贸易货物进行审核。FLO组织主要包括20个标签计划和3个生产者网络。

FLO的成员主要负责批准符合FLO标准的产品贴上公平贸易标签，监控供应链的最后阶段，以及向本国的企业和消费者推广标签。表7.3 列出了公平贸易标识计划。

表 7.3　公平贸易标识计划

Fairtrade Austria	奥地利公平贸易
Max Havelaar Belgium	比利时马克斯哈维拉尔
TransFair Canada	加拿大公平贸易
Max Havelaar Denmark	丹麦马克斯哈维拉尔
Association for Promoting Fairtrade in Finland	芬兰促进公平贸易协会
Max Havelaar France	法国马克斯哈维拉尔
TransFair Germany	德国公平贸易
Fairtrade Mark Ireland	爱尔兰公平贸易
Fairtrade TransFair Italy	意大利公平贸易
Fairtrade Label Japan	日本公平贸易标识
TransFair Minka Luxembourg	卢森堡明卡公平贸易
Comerciio Justo Mexico	墨西哥公平贸易
Max Havelaar Netherlands	荷兰马克斯哈维拉尔
Fairtrade Max Havelaar Norway	挪威公平贸易马克斯哈维拉尔
Asoc. Del Sello de Comercio Justo Spain	西班牙公平贸易协会
Fairtrade Sweden	瑞典公平贸易
Max Havelaar Switzerland	瑞士马克斯哈维拉尔
Fairtrade Foundation UK	英国公平贸易
TransFair USA	美国公平贸易
Fairtrade Labelling Australia/New Zealand	澳大利亚/新西兰公平贸易标识

资料来源：国际公平贸易标签组织，2007。

公平贸易标签制度有很多优点：

①生产者可以通过单一的检验和认证过程进入各个国家的公平贸易市场；

②认证体系避免了个别国家的重复工作，可以使运作更具成本效益；

③FLO 的所有成员都遵循共同的标准，使产品能够更容易地跨国销售。

7.4　其他可持续食品

7.4.1　海事管理委员会

海事管理委员会（Marine Stewardship Council，MSC）（http：//www.msc.org）为可持续渔业实施了生态标签计划。MSC 标志适用于符合其可持续环境标准并且管理完善的渔业公司。通过这些认证的渔业公司的海鲜产品都有 MSC 标志。在 MSC 设有办事处的国家都用这个标志，这些国家包括英国、美国、澳大利亚、日本和荷兰。

1999 年以来，MSC 一直作为一个独立的非营利组织存在。它最初于 1997 年由世界上最大的海产品买家联合利华和世界野生动物基金会成立。MSC 环境标准涵盖 3 个原则：

①可捕捞的鱼类存量的状况；

②渔业对海洋生态系统的影响；

③渔业管理制度。

MSC 计划的普及主要源于消费者对过度捕捞及其对环境和社会影响的关注。2008 年 3 月，26 个国家的 1 400 多种海鲜产品拥有 MSC 生态标签。26 家渔业公司通过了 MSC 标准，另有 68 家正在评估。此外，500 多家公司已经达到 MSC 海产品可追溯性的产销监管链标准；近 10%的全球可食用的野生海产品的捕捞渔业正积极地参与 MSC 生态标签计划。

7.4.2　雨林联盟

雨林联盟（Rainforest Alliance）（http：//www.rainforest-alliance.org）于 1987

年成立，旨在通过改变土地利用模式、商业行为和消费者行为来保护生物多样性并实现可持续。总部位于纽约市，在美国和全球设有办事处。该组织有 3 个部门：

①可持续林业部门；

②可持续农业部门；

③旅游部门。

可持续农业部门中也包含食品。雨林联盟标准综合考虑了生产性农业、生物多样性保护和人类发展。获得雨林联盟认证的农民、合作社、公司和土地所有者必须符合社会和环境标准，这些标准包括农业化学品使用减量、生态系统保护以及工人健康和安全等。满足这些标准的农场被授予雨林联盟生态标签，然而这是给予农场的，而非给予公司或产品的。标签认证由雨林联盟可持续农业网络（sustainable agriculture，SAN）提供。

雨林联盟农业标准最初于 1991 年制定，涵盖种植咖啡、茶叶、香蕉、牛油果、橘子、番石榴、菠萝、香草和可可等热带作物的农场。

雨林联盟的标准主要被拉丁美洲国家如巴西、哥斯达黎加和秘鲁的农场采用。在埃塞俄比亚、坦桑尼亚和印度尼西亚等国的普及率也在上升。

2007 年，雨林联盟认证的农田数量超过 100 万英亩*。18 个国家 25 731 个农场采用了雨林联盟标准。

咖啡、香蕉和可可这些雨林联盟认证农场生产的产品的零售额在 2007 年达到约 12 亿美元。咖啡是认证农场主要产品之一，2003 年以来，平均销售额增长了 93%。

雨林联盟生态标签的成功在很大程度上取决于大型企业，如奇基塔、宜家、卡夫食品、森斯伯瑞和联合利华等企业。在英国，麦当劳于 2007 年将其全部咖啡供应转向雨林联盟认证的农场生产的咖啡。2008 年 3 月，它宣布会为其 1 200 家快餐店提供雨林联盟认证产地的茶叶（The Daily Telegraph，2008）。2007 年，英国荷兰跨国公司联合利华宣布，将立顿（Lipton）和 PG Tips 品牌的所有茶叶换成雨林联盟认证的茶叶。

---

* 约 41.4 万 hm^2。

7.4.3　食品联盟

食品联盟（food alliance）（http：//www.foodalliance.org）是 1997 年组建的非营利性组织。1993 年，它最初是作为俄勒冈州立大学、华盛顿州立大学和华盛顿州农业部的一个项目。食品联盟的标准包括社会和环境的责任标准及产品差异化标准。

食品联盟认证项目开始于 1998 年的俄勒冈州波特兰城，当时仅有一个苹果种植者加入。到 2007 年，该项目已有超过 275 个已认证农场，包括美国 19 个州、加拿大和墨西哥。这些生产者管理超过 5 100 万英亩的农地，生产牛肉、羊肉、猪肉、乳制品、蘑菇、干豆和扁豆、小麦和果蔬。越来越多的食品联盟认证加工商在生产奶酪、面粉、冷冻和罐头水果以及蔬菜等其他产品。食品联盟首个海产品标准也计划在 2008 年推开。

2007 年，食品联盟认证的产品销售额约 1 亿美元，其中水果和肉类等初级农产品销售量最大。

7.4.3.1　碳标签

现在，越来越多人开始关注碳排放量和所有活动的碳足迹，从重工业到日常活动，再到具体的产品。这是由于人们对气候变化和碳影响的关注不断增加，而减少碳影响正成为一个可能解决气候变化的办法。碳，以二氧化碳作计量，常作为衡量气候变化影响的一种通用方法。这种方法是一系列生命周期评估测量，其重点是测量温室气体排放（GHG）和输入的能量（化石能源和其他能源），再加上所有其他资源的排放量。对于食品行业，碳排放涉及农业中的作物栽培，生产化肥所使用的能量，化肥分解出的氧化亚氮；畜牧业中反刍动物胃肠发酵产生相当大体积的甲烷；加工、包装、配送，特别是冷冻配送用的许多制冷剂（氢氟碳化物等）。

人们一直在努力探索食品的碳足迹，以便将产品对气候变化的影响信息传递给消费者，并帮助他们做出购买决策。然而，由于存在不确定性和误差，碳标签依旧存在其局限性。此外，还有人认为，这样的标签无法让消费者做出区分。

碳标签最初的倡议是来自碳信托（carton trust）。碳信托开发了一个碳标签，以提供产品生命周期碳排放量（包括温室气体排放量）。英国特易购公司（Tesco Stores Ltd.）在 2008 年推出碳信托的碳标签，首先使用于食品和饮料产品（如橙汁和马铃薯）。碳信托正在致力于开发一个广泛的标准，该标准的目的是确保产品和服务中的碳足迹测量的一致性，以及制定和通报减排要求。该标准主要涵盖以下 3 方面内容：

①产品和服务生命周期内的温室气体排放量的评估方法（PAS 2050），明确了产品生命周期内温室气体排放量应如何测量。

②产品相关的减排框架（the product-related emissions reduction framework，PERF），是在采用 PAS 2050 标准测量下，产品生命周期内温室气体的减排协议和预期成果。

③支持公司实施 PAS 2050 或 PAS 2050 和 PERF 的产品相关排放指南。

7.4.3.2 碳计算器

另一个新兴的倡议是碳计算器，这些工具使消费者可以计算他们个人的碳影响，如他们可以输入个人行为或食物选择等，然后利用这些工具计算碳影响。美国食品服务供应商 Bon Appetit 管理公司基于生态信托（eco trust）对生命周期的一项研究，在网站（http：//www.eatlowcarbon.org）上发布了一个低碳饮食计算器，以此来提供所选食物的碳信息，这使消费者可以了解他们的饮食选择所具有的碳影响。与此同时，这个计算器还根据消费者提供的信息来提供菜单，目的是教育消费者对食品的选择如何影响气候变化，并帮助公司减少总的碳影响（Bon Appetit，2007）。

7.5 结论

“道德消费”主义的兴起带来产品生态标签的增加，涉及食品、化妆品、家庭清洁用品、纺织品、家具、电器和园艺用品等诸多产品。制造商和零售商正采用生态标签来满足消费者对道德和环保产品的需求。

有机食品是主要的可持续食品标签。它是全球价值 650 亿美元可持续食品行业中最大的组成部分。该标签被广泛应用的部分原因是各国政府、政府间组织以及私营部门为有机项目提供资金，使有机项目具有高投资水平。与其他可持续食品标签举措不同，全球都采用了有机食品标签，在诸如北美洲和欧洲等主要市场，更是通过法律强制实行。

公平贸易正因其对第三世界贫困国家的影响而越来越受欢迎。消费者将公平贸易制度视为支持较不发达国家农民的一种方式，但是主要的局限是产需的严重分离，需求主要来自富裕的发达国家，而生产则集中在发展中国家。

随着对碳标识和其他传达产品可持续性属性的方式的增多，食品行业的可持续标识的使用将保持持续的增长。这些标识计划项目的成功不仅有助于消费者辨别产品，从而做出更负责任的决策，而且提供了将市场转变为更加道德和环保的产品市场的机会。

参考文献

BBMG. 2007. *Conscious Consumers Are Changing the Rules of Marketing. Are You Ready*? Highlight from the BBMG Conscious Consumer Report. November 2007.

Bon Appe´tit Management Company. 2007. *Cooling the Planet.* Available from http://www.bamco.com/PressRoom/press-pre-041707.htm. Accessed September 15, 2008.

Consumers Union. 2002. "Setting the bar for eco-labels." In: *Eco-labels and the Greening of the Food Market Meeting*, November 7-9, 2002. Boston, MA.

DEFRA (Department for Environment, Food, and Rural Affairs). 2007. *An Index of Green Labels.*

Fairtrade Labelling Organisations. 2007. *Annual Report 2006/2007.* Bonn, Germany: Fairtrade Labelling Organisations.

Huber, B., L. Kilcher, and O. Schmid 2007. "Standards and regulations." In: *The World of Organic Agriculture: Statistics and Emerging Trends 2007*, eds H. Willer, and

M. Yussefi, pp. 56-66. Frick, Switzerland: International Federation of Organic Agriculture Movements (IFOAM) and the Research Institute of Organic Agriculture.

Ilbery, B., and D. Maye. 2007. Marketing sustainable food production in Europe: Case study evidence from two Dutch labelling schemes. *Tijdschrift voor Economische en Sociale Geografie* 98(4):507-518.

IRI. 2007. *Times and Trends: A Snapshot of Trends Shaping the CPG Industry: Sustainability 2007.*

Molyneaux, M. 2007. The changing face of organic consumers. *Food Technol.* 61:22-26.

Neuendorff, J. *Certification of Organic Foodstuffs in Developing Countries*. Produced on behalf of the German Society for Technical Cooperation (GTZ) and the Federal Ministrey of Economic Co-operation and Development (BMZ). Available from http://www2.gtz.de/dokumente/bib/02-5121.pdf. Accessed September 25, 2008.

Organic Monitor. 2008a. *The Global Market for Organic Food and Drink*. London, UK: Organic Trade Association.

Organic Monitor. 2008b. *The European Market for Ethical Fruit and Vegetables*. London, UK: Organic Trade Association.

Organic Trade Association. 2007. *Organic Trade Association 2007s Manufacturing Survey*. Conducted by Packaged Facts for the Organic Trade Association. London, UK: Organic Trade Association. Available from http://www.ota.com/pics/documents/2007ExecutiveSummary.pdf. Accessed September 15, 2008.

Scarborough Research. 2007. *When It Comes to Organic Food, the West Is the Best.* Available from http://findarticles.com/p/articles/mi_m5CNB/is_2007_Oct_10/ai_n25013443. Accessed September 15, 2008.

Sloan, E. 2007. New shades of green. *Food Technol*. 61(12):16.

The Daily Telegraph. 2008. *McDonald's Switches to Rainforest Alliance-Certified Tea.* London, UK, March 27, 2008.

USDA (United States Department of Agriculture's Agricultural Marketing Service). *National Organic Program, List of USDA Accredited Certifying Agents*. Available from http://www.ams.usda.gov/nop/CertifyingAgents/CertAgenthome.html. Accessed September 15, 2008.

Willer, H., M. Yussefi-Menzler, and N. Sorensen 2008. *The World of Organic Agriculture: Statistics and Emerging Trends*. Bonn, Germany: IFOAM and Research Institute of Organic Agriculture (FiBL).

第 8 章

食品和饮料生产企业的可持续

切里·查斯顿，J.C. 维斯，B. 盖尔·史密斯，杰夫·查利

8.1 概述

食品加工是控制食品供应链可持续的关键点。主要影响的领域包括废物的产生、能源的消耗和水资源的使用。很多加工商已经投身于改善这些直接的影响。例如，雀巢成功地从垃圾填埋中转移出 95%的废物；McCains 食品有限公司生产可再生能源，以满足其工厂所需的大部分电力；Walkers 已经减少了 50%的水资源使用量（FDF，2008）。改善这些直接影响的努力还在不断继续，主要聚焦在农业生产的改善，这也是整条供应链中对环境最主要的影响。

前两个食品与饮料生产企业的例子详细说明了领先企业如何成功地实施了可持续战略，减少了直接和间接影响，而最后一个案例主要说明了一家企业如何将可持续贯穿到其组织当中。

8.2 内华达山脉酿造企业：致力于最小化直接影响

内华达山脉酿造企业（Sierra Nevada Brewing Company，SNBC）主要关注美国的手工酿造，因其生产的具有标志性的内华达山脉啤酒（Sierra Nevada Pale Ale）而闻名。肯·格罗斯曼于 1980 年在加利福尼亚创建了奇科酿造厂，是国内第二大手工酿造厂，产品广销各地。通过全面的能源提效、回收和废水项目，他们成为对环境负责任的经营实践的领先者。

8.2.1 能源效率

SNBC 通过几种方法来最小化能源的消耗。一方面是使用可替代能源。SNBC 安装了美国最大的燃料电池机组之一（4 个 300 kW 的用废热发电的燃料电池机组），可以为酿造厂供给电力和热能。燃料电池使用自然的或者沼气，释放氢气，同时与空气中的氧气混合产生电力、热能和水。企业的废水处理工厂产生的甲烷也被用于燃料电池的燃料来源。

电力输出满足了酿造厂大部分电力需求，废热发电锅炉收集了废热，同时产生了加热啤酒和其他加热需求的蒸汽。富余的电能又卖给了电网。

他们使用燃料电池的原因是，相较于传统发电，燃料电池可以降低排放量，最小化输电线传送损失，以及利用来自酿造过程中燃料电池产生的废热发电。除了燃料电池，SNBC 还拥有全国最大的私有太阳能装置之一，为工厂提供 1.9 MW 的太阳能。太阳能板和燃料电池产生了高峰时段超出工厂需求 1 倍的电能。

SNBC 还装备了蒸汽压缩装置，用以回收预加热加工用水的蒸馏步骤产生的废蒸汽。这个蒸汽系统很先进，利用尖端科技包括在线氧气传感器和变速鼓风机来提升能源效率和最小化所有的气体排放。另外，安装的储热回收设备用以收集系统中所有有用的热量。

SNBC 还用电子镇流灯和运动传感器翻新了固定装置，用超高效的速度可控的驱动器替换了空气压缩器，同时在酿造过程中使用高效的发动和制冷系统。

8.2.2 排放

SNBC 的目标是实现完全的能源自给。最近，该企业参与了一个自愿的碳排放项目以减少电力购买相关的排放，即“气候智慧计划”（Climate Smart Program）。

他们也鼓励和奖励员工通过骑自行车上班、办事、出行来降低碳排放。这不仅降低了化石燃料的排放和汽车排放，同时促进了健康的生活方式。

8.2.3 废弃物

减少消耗、回收和再利用原料是 SNBC 运营的基础部分。办公用纸、厚纸板、玻璃、包裹、塑料袋、建筑原料、托盘、粗麻布等都只是酿造厂回收的众多原料中的一小部分。

2007 年，SNBC 转化了总共 1 031 038 t 的原料，其中有 98.2%来自垃圾填埋，包括 631 681 磅*的厚纸板、685 874 磅的玻璃、39 860 磅的办公用纸、35 950 磅的包裹和 49 130 磅的塑料绳。

SNBC 自 2001 年开始每年都获得加利福尼亚州的废弃物减少奖励计划奖（Waste Reduction Awards Program，WRAP），而且 2002 年又名列 WRAP 获得者中年度杰出废弃物减少计划的前十名。

多数酿造使用的原料都可以在当地的农业社区中二次利用。SNBC 与加利福尼亚州立大学的农业学院一起，通过其回收的谷物、啤酒花、酵母来喂牛。发酵过程中使用的多余的酵母被用于母牛的营养补充，而牛的粪便又被用作 SNBC 的 8 hm^2 的啤酒花试验田的肥料。

另一项废弃物回收措施是安装了一个回收自然发酵过程中产生的二氧化碳的系统，通过这个系统，SNBC 回收和再利用了大部分气体，用于酿造、灌装过程中，以生产麦芽酒和啤酒。

8.2.4 水资源保护

SNBC 在几年前就做出承诺要处理所有的废水，以缓解来自当地政府的压力。他们建成了一个由欧洲设计的两步厌氧和需氧处理厂，可以预处理和提纯所有来自酿造过程中产生的水。现在，他们已经能够将水的使用量减少到酿造厂用量的一半。此外，这家工厂也回收和提纯卡车清洗用水。SNBC 还装备了一套系统来灌溉 8 hm^2 的啤酒花田。

---

* 1 磅=0.45 kg。

8.3 联合利华：致力于最小化间接影响

8.3.1 简介

联合利华（Unilever）是一家英国和荷兰的合资公司，快消品的全球制造商，年收入约为 400 亿欧元，其中有 60%来自食品，另外 40%来自家庭和个人护理用品。Unilever 拥有 Knorr、Bertolli、Lipton、Good Humor Bryers、Wall's、Becel/Flora、Hellmann's（以上均为食品）、Dove、Axe、Lux、Sunsilk、Comfort、Domestos、Surf、Cif（以上均为家庭和个人护理品）等 400 多个品牌。Unilever 在 100 多个国家有生产业务，在近 150 个国家有市场和销售业务。企业的使命是“为生活增添活力”：让人们感觉更好、看起来更好，从生活中获取更多。Unilever 在 1995 年开始了 3 项可持续计划，分别针对渔业、水资源和农业。本节讲述了如何看待 Unilever 在食品行业的可持续。

8.3.2 食品生产和可持续食品供应链

食品的保存技术可以保证我们能够在一年的任何时候或者任何地方吃到曾经无法获得的新鲜食物。而且使用这些技术，就有更多的机会让远离生产地的人们交易和获得食物。食品生产商致力于增加食物的价值，通过创造消费者希望购买的产品，不仅满足基本的安全和营养需求，而且增强了其口感、质地等。

对于 Unilever 这样的食品生产企业，重要的是实现现代食品保存和生产技术的价值，同时也尽可能地解决现有食品供应系统的诸多缺点。这就意味着需要在做出关于食品原料的可持续性决策时，考虑多个通常不能同时实现的问题。这其中的很多问题是英国可持续发展协会（U.K. Sustainable Development Commission）在 2002 年明确提出的，该协会也对可持续食品供应链（sustainable food supply chains）做出如下定义：

①响应市场需求，生产安全、健康的产品，保证所有的消费者都能够获得营养的食物，同时发布更准确的食品相关信息；

②支持城乡经济及社区的发展和多元化；

③通过市场和公共利益支出来实现可持续土地管理；

④尊重自然并在自然资源的生物限度内运作（特别是土壤、水资源和生物多样性）；

⑤通过减少能源消费，最小化资源投入，以及在任何可能的条件下使用再生资源，持续地实现高标准的环境绩效；

⑥保证安全和卫生的工作环境，以及参与食品链条中的所有员工享受高的社会福利和培训；

⑦达到动物健康和福利的高标准；

⑧维护可用于种植作物和提供其他公共利益的资源，只有在满足社会至关重要的其他需求时才可以例外。

食品生产企业对上述的第①条和第⑥条负有直接责任。

对于食品生产企业来说，生产安全、健康的产品是重中之重。这些企业决定生产什么，以及如何推广这些产品，并制定合理的价格。他们需要开发和生产安全、有营养和趣味性的食品，同时保持其色、香、味。这些企业已经大大降低了多数食品中的脂肪、盐和糖的含量，未来也会继续这样做，在很多情况下，开发创新性的技术使最终的产品给消费者带来愉悦感。食品生产企业还开发了专门针对世界不同地区的食品(如有的地方的饮食缺少矿物质)，针对不同类型的人群(如年轻人从健脑食物中获取更多)，或者是适应文化需求（如即使在准备时间很短的情况下也要坐下来家庭聚餐）。这些都是食品生产企业的核心业务。

食品生产企业也对员工负有直接责任，确保他们有良好的工作条件，同时尽可能使所有工厂和其他设施的各种污染最小化。

但是，企业也要对如何购买原材料，从谁那里购买，以及在什么情况下购买做出决策。因此，这也会影响食品供应链中的其他参与者，也可以利用这种影响来创造更加可持续的供应链。

8.3.3 农业

对 Unilever 的供应链，通常是通过生命周期评价（Life Cycle Assessments，

LCAs）表明了他们的供应链与农业相关的部分中有很多可以改善整条供应链可持续性的机会。对环境最大的影响来自农场投入品（化肥，谷物保护措施），它们通常消耗很高的能量，并且最终使环境（土壤、土地、地表水）受到影响。这是 Unilever 实施可持续农业计划的原因。

在农业中，可持续的 3 个方面可以与农业生产联系起来（当然也包括价格和质量），避免对环境产生负面的影响，而不只是改善土壤和肥力，优化可再生资源的使用，改善社区生活。

为了理解和改善原料生产背后的农业系统的可持续，Unilever 的可持续农业计划有以下 4 条原则（专栏 8.1）。

专栏 8.1　可持续性原则

Unilever 相信可持续农业应该支持以下原则：

1. 应该生产高产、高营养的农作物，以满足现有和未来的需求，与此同时保持尽可能低的资源投入；

2. 必须确保对土壤肥沃、水和空气质量，以及生物多样性的负面影响都最小化，同时尽可能地施加正面影响；

3. 应该优化可再生资源的使用，同时最小化非可再生资源的使用；

4. 应该让当地社区保护和改善他们的生活和环境。

基于这些原则的任何行为都要与其他经营需求整合在一起，如供给安全、食品安全、产品专业化、成本控制。为了理解这两个方面的要求如何结合在一起，Unilever 自 1998 年就开始投入了一系列针对很多世界范围内的关键农作物的领先农业计划（lead agriculture programmes）。

这些计划是基于以上 4 条原则设定的，但是为了能够对农民有实际性的指导，这个计划针对农业可持续设置了 11 个不同的指标（专栏 8.2）。

专栏 8.2 可持续农业指标

1. 土壤健康

土壤是农业系统的基础，而且肥沃的土壤生态系统能够提高农作物和牲畜的产能。可持续的实践能够改善土壤生态系统有利的部分。

指标包括以下方面：

①有益有机物的数量（如每平方米的蚯蚓数量）；

②捕食螨的数量；

③有益微生物的数量；

④土壤有机碳含量（对土壤结构健康性的测量）。

2. 土壤流失

被水和风侵蚀的土壤结构和有机物都会流失，从而损害农业系统。可持续的实践能够降低土壤侵蚀。

指标包括以下方面：

①土壤覆盖指数（土壤被农作物覆盖的比例；这种覆盖能够抵御侵蚀，涵养水源）；

②土壤侵蚀率（每年地表土的流失比例）。

3. 营养

农作物和牲畜需要营养平衡。有的是就地取材（如氮），而有的必须从外部引入。养分会在种植、土壤侵蚀和挥发中流失。可持续的实践能够提高本地产生的营养，并且减少损失。

指标包括以下方面：

①无机氮、磷、钾的使用量（以每公顷或者每吨产品计）；

②就地产生或者引入的氮的比例；

③氮、磷、钾在农作物轮作中的平衡；

④释放到空气中的氮。

4. 害虫管理

对农作物或牲畜使用杀虫剂时，小部分但是危害很大的杀虫剂会进入水体和空气，或者在食品中累积，影响生态系统以及人类的健康。可持续的实践能够用自然控制方法替代一些杀虫剂，减少对药物的依赖。

指标包括以下方面：

①杀虫剂（起作用的成分）的用量（以每公顷或者每吨产品计）；

②使用的类型（成分、清单、比重）；

③害虫整合管理下的农作物所占比例。

5. 生物多样性

农业塑造了全球大多数生态系统，而农业实践能够改善生物多样性。农业对某些生物多样性很有益。可持续的实践能够通过绿化田地的中心或者周边地带来改善生物多样性。

指标包括以下方面：

①当地生物多样性的水平：生物数量（如鸟、蝴蝶）、自然掠食生物的栖息地（如天敌、池塘和非耕种区域）；

②外部生物多样性的水平：跨边界的影响；

③农作物基因的多样性。

6. 价值链

价值链是为产品市场化附加价值的所有活动的总和。对于农产品，农场经济是价值链的重要组成部分。

农民要领悟什么会影响农场的经济价值，它们会生产出哪些非经济价值。可持续的实践能够保持或改善农场的经济价值，同时增加自然价值和生态系统的服务价值。

指标包括以下方面：

①每公顷生产的价值；农场的收入走势；

②质量的专业化——营养价值，包括矿物质、杀虫剂残留和夹杂物；

③重复使用/回收的固体废物与填埋的固体废物的比例；

④各种农作物和各种田地的边际成本；

⑤财务风险管理；

⑥所创造的自然价值和生态系统服务价值。

7. 能源

虽然太阳的能量是农业的基础输入，但是农业系统的能量平衡依赖于从不可再生能源到动力机械等其他能源。可持续的实践能够改善能量平衡，同时也保证正产出，也就是说相较于能量的输入有更多的能量产生。

指标包括以下方面：

①平衡：总的能量输入/总的能量输出；

②可再生能源与不可再生能源输入的比例；

③向空气中的排放量（温室气体和污染气体）。

8. 水

有些农业系统用水来灌溉；有些会由于杀虫剂、养分或土壤而污染地表水。可持续的实践能够有目标地使用水源，同时减少损失。

指标包括以下方面：

①每公顷或每吨产品的灌溉用水量；

②溶解和流入地表水中的农药；

③溶解和流入地表水中的氮、磷、钾。

9. 社会/人力资本

可持续计划中利用自然资源的挑战从根本上说来自社会方面。这需要共同的行动、新知识的共享、持续性的创新。可持续的农业实践能够改善社会和人力资本，来保证正常的产出。最大的责任就是与当地社区一起落实目标。

指标包括以下方面：

①组织变动/组织密度（农民组织）；

②社区居民意识到可持续实践对社会的益处；

③创新的速度。

10. 地区经济

农业输入（物力、人力、服务）可以从很多地方获取，但是当他们来自当地的时候，这些花费也能够维持当地经营和生活。可持续农业的实践能够使当地和可得的资源发挥最佳效用，以提高效率。

指标包括以下方面：

①再投入到当地的钱和收益；

②从当地获得的物力/人力/服务的比例；

③在当地社区的雇用水平。

11. 生物福利

生物农业系统越来越专业化，因此也进一步使生物远离其繁衍生息的栖息地。在现代环境中对待生物也存在伦理问题。需要善待生物，让他们能与其生存的环境和谐相处。

指标包括以下方面：

①喂养、屋舍、供水；

②对疾病的处理；

③没有虐待。

Unilever 所有的领先农业计划都涉及农民和种植园主（茶叶和橄榄油的种植）。这些农民与来自 Unilever、学术界和 NGO 的专家一起，致力于找到好的农业实践，将每一个指标的可持续价值提升到更高的水平。第一条准则是可持续实践必须要为农民（以及农场）带来利益。一种过去的说法是，“农民生活得就好像他们天天过大年一样，但是农场希望他们永远如此”。在实践中，很多农场都不是按照可持续的方式在经营。对于发达国家的传统农户来说，最大的缺点就是过度依赖农药、忽视土壤的保护、不关心生物多样性，而且也不理解农村社区的社会动态。很多农民使用的农药都比农作物所需的多，甚至比推荐的还要多。正如一个农民所说：“我不希望因为缺乏氮而歉收，所以我通常都是使用推荐值两倍多（化肥）。”为了推广害虫整合管理技术，农民必须要了解每种农作物的病害，学习如何识别关键害虫的暴发期以及在这些病虫害发生的时候该如何应对，而不是依赖于喷洒预防性的杀虫剂来降低暴发的风险。可持续耕种是知识集成型的，而不是农药密集型的。在有机农业中有很多课程可以学习，但是不使用预防性的化肥和杀虫剂（有机农业的要求）会增加农耕的风险，而且通常对产量产生负面影响。这也是为什么 Unilever 推广害虫和农作物组合管理，他们认为对于主流农业来说，向有机农业过渡风险太大，而且也没有必要。

不同类型的供应链需要不同类型的干预。在 Unilever 从农户那里直接购买农作物（如茶叶、西红柿）的环节上，就可以通过 Unilever 的供应管理组织来实施领先农业计划。但是在通过中间商和加工商购买的环节上，就要依赖于与这些供应商的合作。针对全球商品（如大豆、橄榄油、糖）的供应链，这是一个挑战。Unilever 参与了很多特殊商品的可持续行动，如对可持续橄榄油的圆桌会议（the Roundtable for Sustainable Palm Oil）和可持续大豆的圆桌会议（the Roundtable for Responsible Soy）。

在将农民的兴趣和食品生产商的要求结合起来的尝试中，Unilever 以每一种农作物为基础建立了领先农业计划。对于农户，基于农场的方法当然会更有趣。每年将一年生的农作物和其他农作物轮作，而且有很多方式让轮作中的农作物相互产生影响。田地里剩余的麦茬可以用于耕种，并且为下一茬的农作物提供有机物和养分。但是田地里留存的农作物也会导致大量硝酸盐析出，如豆科农作物（从空气中获得氮）。在这些例子中，将冬季农作物作为覆盖农作物来耕种可以在下一茬春季农作物播种前储存氮。为了能尽可能多地收获农作物，Unilever 参与了食品行业发起的一项关于可持续农业的行动，即可持续农业平台（sustainable agriculture initiative platform，SAI）。SAI 的目标是食品行业在可持续农业领域形成竞争力。

从领先农业计划中获得的启示，以及在可持续农业领域合作行动中发展的伙伴关系和对话，使 Unilever 展开了一项远大的计划，即改善供给 Unilever 原料的农业系统的可持续性。

但是很明显，商业利益虽然很重要（表 8.1），但是也不足以革新可持续性和可持续发展规划所需的食品供给系统（表 8.2）。Unilever 认为最大的挑战是农民的安置以及农业的产量缺口。

表 8.1　4 种类型的食品供应链的典型特征

	食品供应链的类型			
	本地	保存	生产	商业
供应链总体复杂性	+	++	+++	+/++

	食品供应链的类型			
	本地	保存	生产	商业
运输距离（食物千米）	+	++	++/+++	+++
加工步骤数	+	++	+++	+
成品的可存储性	+/++	+++	++/+++	+++
成品的市场规模	+	++	++	+++
市场上成品的季节性	+++	+	+	++
市场价格的波动性	+/++	+	+	+++
终端客户进一步加工的需求	++	+/++	+	++/+++

注："+"：低；"++"：中；"+++"：高。

表 8.2　食品供应链中各个角色的典型责任

	供应链中的角色					供应链外部	
英国可持续发展委员会的关注点	农民和种植者	运输和分销 [a]	加工和生产	零售	消费者和市民	政府	研究和开发
1. 安全、健康的产品、营养和信息	++	++	+++	+++	+	++	++
2. 农村和城市的经济和社区	+		+	+		+++	
3. 来自可持续土地管理的多样化生物	+		++	++		+++	+
4. 在自然资源的生态限度内运作	++				+	+++	+++
5. 减少能源消耗、最小化投入、使用可再生能源	++	+++	+++	++	+	+++	+
6. 工人福利、培训、安全和卫生	+	+	+++	+++		+++	+
7. 动物健康和福利的高标准	+++	++	++	++		+++	+
8. 资源可持续	+					+++	++

注：[a] 包括主要加工和生产前后的运输和分销。

"+"：低；"++"：中；"+++"：高。

每一个农学家都知道理论产量和实际产量之间是有差距的。试验田的产出比普通种植的要高，又比农作物种类达到平均值的结果要好。其中有很多原因，包括试验田的平坦的土地、肥沃的土壤、适宜的气候状况、最优品种的选择、监管花费的时间少和仅需简单的关注。但是，随着世界人口的增长，未来有一天世界将不得不依赖于农业供给食物、饲料、纤维和燃料，这一不断加剧的现实就必须要缩小产量的差距。这就有一个真实的例子。对于橄榄油，主要产出国（如印度尼西亚和马来西亚）每年每公顷的平均产量是 3 t（过去 10 年一直都是如此）。但是，在种植公司管理的最好的商业田，产量能达到每年每公顷 6 t，而有的甚至能达到 9～10 t。这种产量差，以及上述描述的小农户的弱势地位，表明了世界农业的潜力。这也解释了为什么对农业生产要进行情景研究，因为即使在欧洲，研究也表明欧洲可以仅仅在 20%的土地上实现目前总的收获，只用 20%的化肥和 10%的杀虫剂，只要具备以下条件：耕种的土地适宜农作物生长、在适合的生态区域、用最优的品种、最优的养分、最优的灌溉和最好的农作物保护机制。虽然数据简化了，但是结果是真实的。对于非农业学家来说可能难以置信。Unilever 计划中的简单例子更有说服力。通过从喷灌到滴灌的改变，澳洲西红柿的产量能从每公顷 40 t 提升到每公顷 100 t，同时减少 40%的灌溉用水，减少 85%杀虫剂。几年前人们就知道并且这样说："当然，澳洲西红柿滴灌比喷灌要好得多。"而我们现在才知道这一点。但是我们 15 年前不知道，农民也不知道，这就是问题的关键。

开发小农户的潜力，缩小产量差距，而不是对环境或者社会造成破坏，这对于世界范围的可持续农业计划都是最大的挑战。寻找到将可持续标准作为农业发展工具的方法，而不是把它们转为贸易的非关税壁垒，也许能提供解决方案。

8.4 卡夫食品：关注如何开始在组织中实施可持续

卡夫食品（Kraft）是世界上最大的食品和饮料生产商，每年的销售额超过 340 亿美元。100 多年来，Kraft 一直提供适合消费者生活方式的食物。Kraft 在 155 个国家推广一系列的品牌，包括 7 个收入超过 10 亿美元的品牌，涉及 Kraft 芝士、晚餐和服装，Nabisco 饼干和膨化食品，Oscar Mayer 肉类，Philadephi 奶油芝士，

Post 麦片，Jacobs 咖啡，Milka 巧克力。Kraft 的产品在美国 99%的家庭中都能见到，而且每天有超过 155 个国家的消费者数以百万次地买到他们喜欢的 Kraft 产品。

Kraft 意识到他们的决策会在很大程度上影响地球资源。针对全球变暖、水资源缺乏、生物多样性，发展中国家的社会问题等，Kraft 已经将可持续融入其关键经营战略中。在 Kraft，可持续的愿景是“可持续是我们每一个决策的一部分”。

就像其他组织一样，Kraft 通过聚焦在环境责任、社会责任和经济责任等方面来实现可持续，如图 8.1 所示。

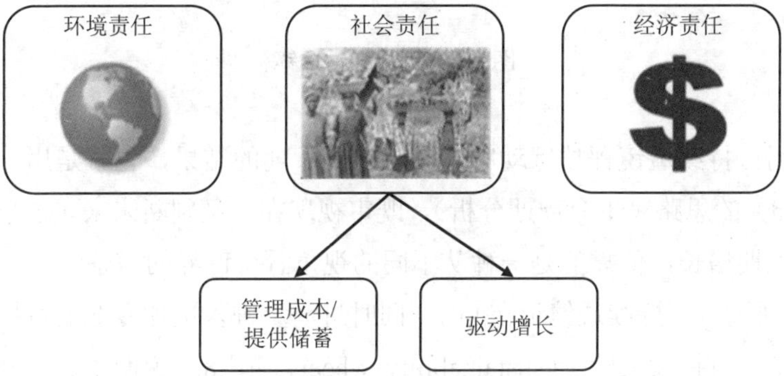

图 8.1　承担对环境责任、社会责任和经济责任的倡议

要做出可持续的解决方案，就必须考虑经济、社会和环境三个方面，而且必须保持中立或积极的态度。如果其中一种因素的影响是负面的，那么该方案就不是一项可持续的解决方案。为了更进一步说明这一点，Kraft 采用了一个可持续透镜的概念。图 8.2 展示了 3 个方面的交叉部分，也就是在做出任何决策的时候都将可持续视为其中一部分，这是最优的解决方案。

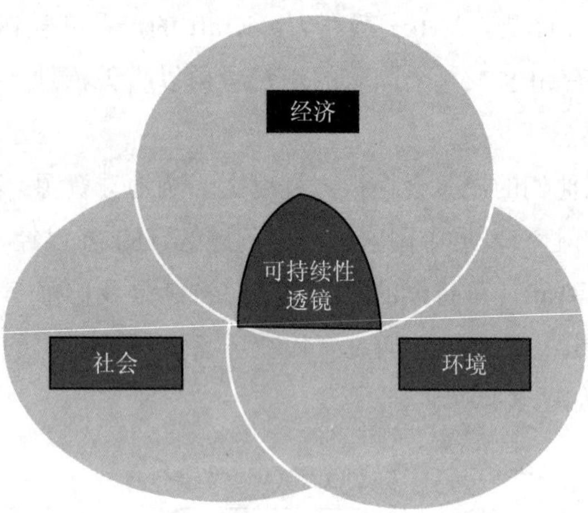

图 8.2　可持续性透镜

在利用可持续透镜评估行动时，考虑的是长期的结果，也就是用一种端到端（end-to-end）的思路（生命周期分析），既审视现在，又判断未来。这个模型的假设是获得长期增长，依靠的是一种从不同的视角看待世界的信条。

Kraft 通过将可持续透镜记在心中，同时进一步进入更加专业的可持续焦点领域，开发了“可持续之轮”（sustainability wheel）。图 8.3 说明了这一概念，就是从设计以及持续改进的视角看待供应链的各个方面。可以将轮子的中心作为新的行动的起点，涉及一切可能的可持续性，同时关注对原有设计的持续改进。

在开始新项目时，要在设计前建立可持续计划，然后对供应链从“端到端”进行持续的改进。

让我们仔细看一下“可持续之轮”的供应链部分，它包括能源、水资源、固体废物、运输和分销。

2006 年，Kraft 所生产的 90 亿 t 食品就消耗了超过 28 亿 MJ 的能源，5 600 万 m^3 的水，产生了 100 万 t 的固体废物和 280 万 t 的温室气体。为了能够简单地理解这些输入和输出，图 8.4 展示了供应链可持续模型。

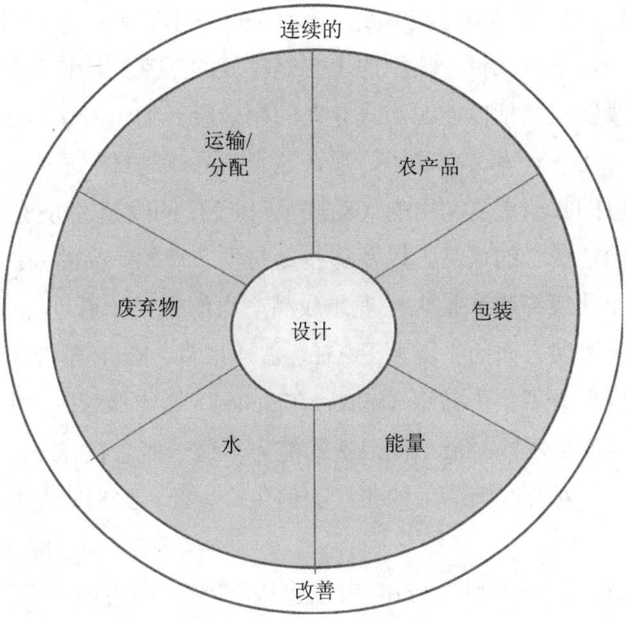

图 8.3　Kraft 开发的“可持续之轮”

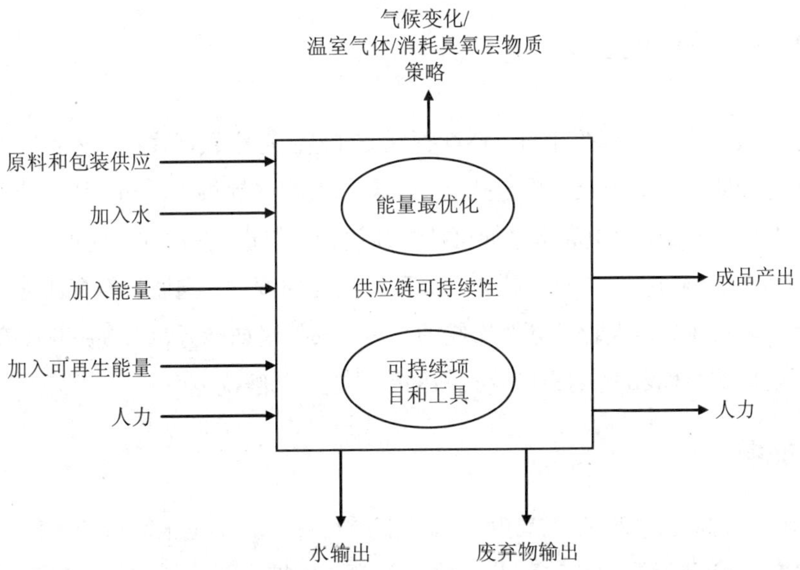

图 8.4　供应链可持续模型

绿色供应链可持续模型的左侧是生产食品基本的输入：原材料、水、化石能源、可再生能源，以及人员。模型的上方是排放的温室气体和臭氧。模型的底部是废水和固体废物，包括以能源形式存在的剩余废弃物。例如，如果一个产品在罐装时是高温，而在仓库又冷却了，那么这个产品就是排放了残留的废能量。废弃物也包括可以回收或重复利用的（Kraft 从其工厂回收超过 88%的废蒸汽）。模型的右侧是卖给消费者的成品，以及那些参与生产理想产品的人。在供应链可持续模型中是最小化废弃物和最大化理想成品产出的方式。通过 InterfaceRaise.Inc 分公司在可持续发展方面的先驱大卫 •H. 古斯塔肖，Kraft 学会了用这些方式来思考可持续，也理解了集中效率（mass efficiency）这一概念。集中效率就是将输入转变为理想化产出，同时最小化浪费的能力。这一概念在 Kraft 的制造工厂得到了应用，目的是对标今天高效的工厂如何生产食品，同时也是为了未来建立改进目标。

通过供应链可持续模型，Kraft 可以建构不断改进供应链可持续的方式。图 8.5 概括了 Kraft 的工作结构和工作组。

8.5 供应链的可持续

为了解决 6 个供应链关注的可持续领域，首先在每个领域践行，然后形成跨职能的、全球的团队，其愿景是界定战略、工具以及那些提供工具和流程的供应商，这些都将帮助 Kraft 实现更高水平的可持续绩效。这些团队关注的是对近期需求的，也就是创造和加强可持续基础的需求，如可持续性的度量、沟通和教育计划，涉及了超过 9 万名员工，以及评估环境影响的工具。其他诸如能源、水资源和废弃物会产生长远的影响，Kraft 也将继续寻找新的改进技术和解决方案。

8.5.1 能源

Kraft 的目标是到 2011 年减少 25%的能源消费。这不是很简单的工作，但是通过跨职能、全球能源团队的帮助，致力于能源保护、运输最优化、探索可替代和再生能源来源，这一切都可以实现。

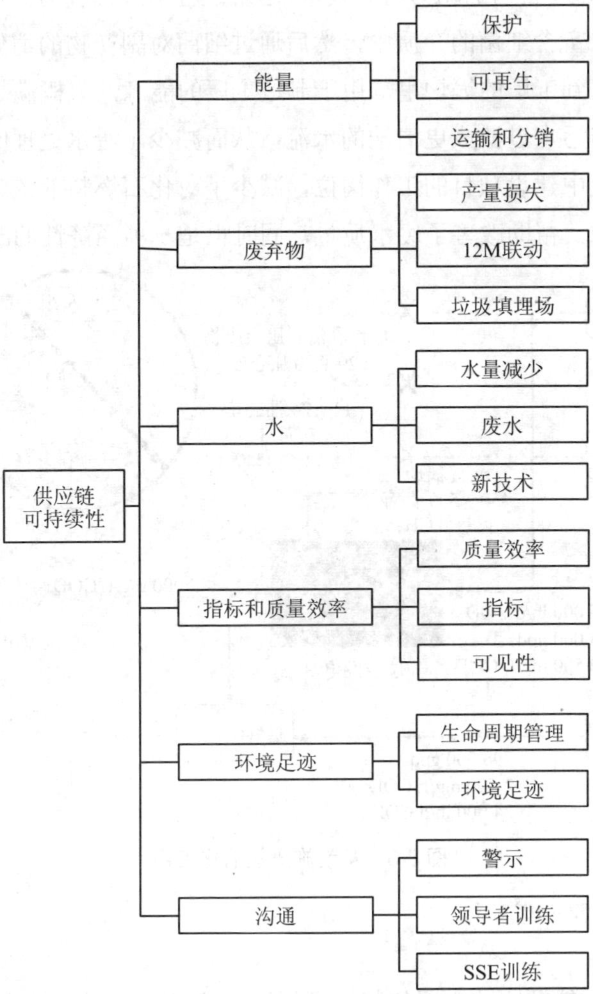

图 8.5　可持续供应链关注领域

可持续解决方案的一个例子是在芝士生产工厂使用厌氧处理系统，如图 8.6 所示。位于纽约的两家 Kraft 工厂就获益于这项技术。过去，这些工厂产生的液体废物是芝士生产的副产物，含有酸性乳清。传统意义上，这种酸性乳清收集回来装入罐车，之后拉到当地农场填埋。这并不是可持续的解决方案。厌氧处理系统是基于 Ecovation 公司的动力薄膜技术，这个过程中酸性乳清流从液体废物流中分离出来，进入富含细菌的介质中，然后通过细菌对副产物的消化产生沼气。这种气体之后被送到工厂的锅炉里，用于制造工厂的能源，大概满足 30%的能源需求。此外，还将污水过滤成更清洁的水流，从而减少了废水处理的需求。这项新技术创造了社区中建设项目的工作岗位，减少了对化石燃料的依赖，消除了土地分散乳清的需求，帮助改善了废水质量，同时也是一项经济性的改善。

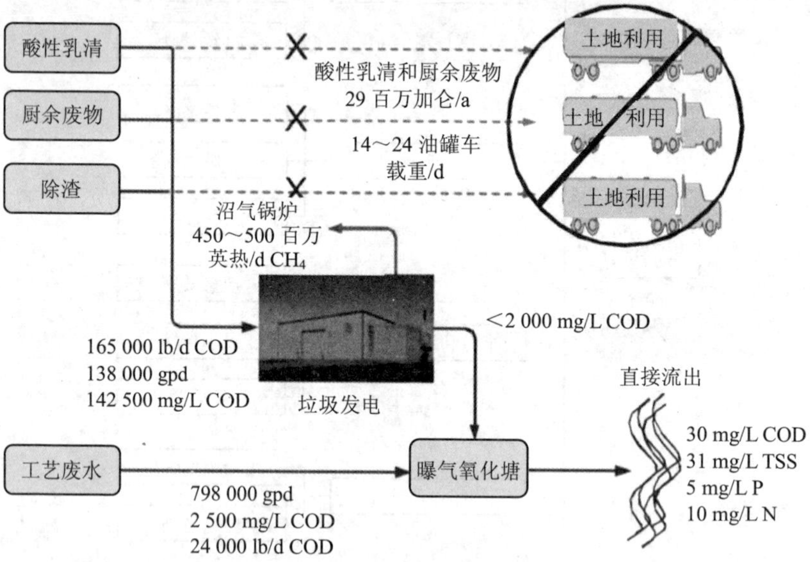

图 8.6 某设施厌氧消化工程

注：1 百万英热=2.52×10^8 Cal。

Kraft 的全球能源团队也评估其他可再生能源战略，包括将废弃物和自然资源转变为能源。废弃物转变为能源包括固体废物、食品废物（如肉类）、液体废物。自然资源转变为能源包括太阳能、风力、水力发电和地热。

在运输优化领域，也有很多正在进行的项目，包括积极参与美国 EPA 支持的项目智慧运输伙伴计划（SmartWay Transport Partnership），是一种“EPA 和运输行业的创新的合作方式，目的是提高能源效率，同时大大减少温室气体和空气污染”。

Kraft 的运输工具所采用的一些概念如下：

①使用氮气给轮胎充气；

②使用低滚动阻力的轮胎；

③53 英尺专用拖车；

④使用智能冷藏技术；

⑤所有专业拖车全部使用辅助电源设备；

⑥使用电力刹车；

⑦开发用空气动力学设计的标准设备；

⑧使用单独扩展轮胎技术；

⑨使用添加十六烷燃料的助推器；

⑩测试先进的发动机燃油过滤系统。

所有这些行动都是为了提高燃料的使用效率，减少温室气体的排放。除了卡车燃料效率优化，还有的行动关注最小化食品里程，通过联合运输，变更拖车路线到其他拣货地点来减少空载，平衡与其他合作承运人的路线规划，最大化运载体积和重量。所有这些行动共同降低了食品运输中的排放。

8.5.2　废弃物

食品制造厂的第二大废弃物就是固体废物。有很多正在实施的改善是通过内部回收收集器和压缩器对固体废物进行回收。其他减少固体废物填埋量的方式是尝试找到固体废物更好的用途。包括使用可食用的食品废物作为其他产品（如其他 Kraft 产品、动物或宠物食品）的副产品组成，或作为能量来源。一个例子是在工厂锅炉中燃烧咖啡渣（在烘焙和研磨咖啡豆过程中产生的废弃部分），通过这种方式就不再需要把咖啡渣拉走丢弃，而是提供了另一种燃料，替代了化石燃料的需求。

另一个关于更负责任的处理固体废物的例子是与主要供应商合作收集和再利用包装物。Sonoco 是很多包装供应商的主要供应商，对可持续投入了很多。Sonoco 与卡夫的制造工厂一起工作，他们的员工制订了包装物回收计划，让 Sonoc 收集和运走所有废弃物。之后 Sonoco 再将包装废弃物纳入他们的制造流程中，或者焚化废弃物产出能源，因此减少了对化石燃料的需求，帮助 Kraft 减轻了填埋的负担。这一例子很好地说明了如何与其他企业合作才能在整个生命周期中都能够让每一个参与者获益。

其他要关注的领域不会马上产生废弃物。如图 8.4 的供应链可持续模型中就有一个关键领域被称为可持续计划和工具。其中之一就是进行改善，并且关注在食品生产过程中的所有损失。持续改进团队所使用的普通工具，包括物料平衡、流程图、其他精益生产/六西格玛工具（lean manufacturzhg/six sigma tools，一种质量管理方法)，以及信度改善工具。这种减少浪费的方法已经扩展到了整个供应链，审视产品退回、不适合销售、以及损坏的原因。另一个流程就是从创意产生到市场流程（12M），包括流程、关键点、里程碑、备忘录等，这是新产品成功市场化或者产品/包装改进所需要做的。其中还存在与可持续相关的专业问题，针对可持续的设计、包装物的考虑，还有创造新方法时需要考虑的很多其他事情。通过设计可以减少废弃物的产生。

8.5.3 水资源

很多人都认为水资源缺乏会很快会成为下一个全球问题。虽然在世界很多国家干净的水资源的成本很低，但在生产过程中依然是昂贵的资源。汲水的成本、加热的成本、冷却的成本，以及处理的成本都会使废水更像是“水黄金”。从工厂出来的水要比进入工厂的水有更高的内在价值。除了水的成本，很多工厂都设在农村，这意味着设施需要注意当地蓄水层的水资源可用性，并采取措施确保其存量。

现在，全球水资源可持续团队正在寻找合适的场景，在那里建立工厂可以将水资源作为冷却媒介，同时简单地从工厂的一边引入水源，通过热交换流出，再流回到水流中。通过仔细地寻找水资源的所有潜在使用价值，用于物料平衡，分析加热和制冷点，水资源的利用变得更加精细。在工厂中利用过一次水资源后，最终的挑战就是看从中能够提取什么并且重复利用而不是变成废水。

为了达到高质量标准，并且确保更好的食品安全，食品生产设备必须用混合了腐蚀性和碱性化学品的水经常性地消毒，这一过程被称作就地清洗（clean in place，CIP）。在过去，昂贵的化学品只是简单地与清洗设备中的食物残留部分一起排出。现在，通过先进的技术，很多化学品可以从废水中提取出来，并且很安全地被用于再清洗。此外，与化学供应商一起合作，Kraft 的原料可以优化清洁循环，因此可以最大化地防止化学品的过度使用。总之，这些努力可以减少水资源和减少化学品的使用，以及运输这些物品相关的排放，进而减轻废水处理厂的负担。

8.5.4　度量

已经有跨职能的全球可持续发展指标团队组建起来，并集合了外部专家和一些关键参考资料，如世界资源委员会（World Resource Council）和世界可持续发展商业理事会（World Business council for Sustazhable Development）制定的温室气体议定书（GHG Protocol）。主要挑战包括明确跟踪什么数据、供应链包括哪些部分、收集数据的频率，以及在世界各国用更简单、更容易理解、更可能实现的方式来做。这需要在定义和测量单位上的一致性。最后，团队致力于向内部的所有人开放数据以便进行基准测试，并建立必要的流程来验证度量标准，同时与供应商的票据应用相结合，减少各种一次性的单据，并且能够用合理的方式提供数据信息。

全球环境足迹团队对一种关键产品试验了生命周期分析（LCA），认识到这需要花费很多时间和精力获取数据，特别是当制造工厂生产各种类型的产品，但是只要一个度量来衡量进入工厂的能源和水资源的时候。这个团队也评估各种 LCA 软件的优劣势，与产业专家探讨使用这些工具的经验。团队成员参与了可持续和环境足迹相关的会议并获得更多的知识，也与其他参与 LCA 活动的企业建立了联系。现在语言、术语、工具已经十分清晰，而且对供应商进行了评估并根据他们的需要提供帮助，也开发了流程让经营者参与到可持续行动中。团队也认识到 LCA 是生命周期管理这个更大主题的一部分。

8.5.5　沟通

计划开展之初，有稳固的沟通和教育策略以及明确期望的结果是很重要的。

一个组织必须要明确以下几个方面：

①什么是可持续？企业的愿景是什么？

②对于我们的部门（或团队）来说，实现这一愿景的行动计划是什么？

③什么是关键的资源，如果我有问题和想法应该去找谁？

④我的角色是什么？要完成这项任务我需要具备什么技能？

⑤我什么时候接受培训？我能获得什么？

如果你错过了以上条目中的一条或几条，那么你就会失掉成功管理变革的机会。因此，沟通团队要制订一个计划，明确以上几点，并且让可持续计划成功地在世界各地的 Kraft 实施。团队关注的领域包括对雇员的领导力培训、可持续训练模块，安全、安保和环境培训计划，并最终利用“公司内部已有的各种沟通工具”进行整体沟通和意识规划。

关键的沟通活动包括可持续发展概述，让 Kraft 的高管、市场和营销团队、供应链团队、研究与开发团队、信息系统团队等参与到可持续计划中来。这些概述聚焦的内容包括界定可持续，概括 Kraft 的可持续愿景、战略、行动计划，以及概括关键的可持续行动、实际发生的公司例子。

参考文献

EPA (United States Environmental Protection Agency). *Smartway Transport*. Available from http://www.epa.gov/smartway/transport/index.htm. Accessed September 15, 2008.

FDF (Food and Drink Federation). 2008. *Environmental Company Case Studies*. Available from https://www.fdf.org.uk/environment_casestudies.aspx. Accessed September 15, 2008.

第 9 章

食品零售中的可持续

谢丽尔 · J. 鲍尔温

9.1 概述

食品零售涉及广泛的运营，从零售店、超市、仓储式商店到生鲜店，在销量上占主导地位的是零售店和超市（Davies et al.，2000）。受到供应商多年来发起的可持续行动的影响，食品零售商也开始关注并开展可持续行动。现在越来越多的供应商参与其中，更多的零售商也开始采取更主动的方式。这会带来更积极的影响，因为食品零售商本身所处的位置能影响到供应商和消费者的行为（Davis et al.，2000）。

由此，大多数零售商开始实施可持续行动（Sustainable Task Force），例如从店里自有品牌的有机产品到使用可再生能源。对美国的消费者的一项调研发现，排名前三的绿色品牌全是食品零售商：Whole Food，Wild Oats，Trader Joes（Landor，2007）。此外，消费者现在将 Whole Food 和 Wal-Mart 视为具有社会责任的企业（BBMG，2007）。

商业协会也在行动。百货制造协会（Grocery Manufacturer Association，GMA）在 2008 年 1 月召开了第一次环境可持续大会。在这次会议上，GMA 的导向是聚焦在企业内部的能源、水资源和包装上。食品营销协会（Food Marketing Institute）在 2006 年开始实施可持续行动，并且明确了协会如何促进零售商和批发商的可持续实践整合。他们主要是做出一些分析工具帮助零售商认识基本的可持续战略。

9.2 食品零售生命周期的影响

对食品零售生命周期影响的研究较少。普通运营中的直接影响是能源消耗、废弃物的产生和分销，以及对消费者选择的影响（Davies et al.，2000）。但是，零售运作最大的影响不只是直接影响（店面内部的控制），还有来自供应链的影响。

据美国能源部（United States Department of Energy）估计，食品零售商是冷藏业务最大的商业用户（DOE，2006）。能源的消耗主要是满足冷藏的需求，这几乎占用了一个零售店一半多的能源（Davies and Konisky，2000）。其他能源的消耗包括照明和建筑物中的暖气。结果就是食品零售商占美国所有商业建筑能源消耗的 4%（DOE，2006）。因此，能源的使用效率是食品零售商关注的重点。

Stop and Shop 超市在英国、纽约、新泽西的店面，以及亚特兰大中部的 Giant 食品店都获得了美国国家环境保护局（EPA）颁发的能源之星领导者奖励，是美国获得这种认可的唯一超市连锁店（Stop and Shop，2008）。能源效率的测量范围包括店内的自然光、高效率的照明、具备高速压缩机和低能耗玻璃门的制冷系统、传感器、绝缘屋顶（Stop and Shop，2008）。该公司还承诺提高 165 辆卡车的车队的能源和燃料效率（Stop and Shop，2008）。

完全转化成无氟氯碳（CFC）的制冷系统会减少大量制冷剂所带来的环境影响。CFC 被用于制冷装置中，但也是熟知的破坏臭氧层的物质。EPA 的规定中按照《清洁空气法》第 601～607 条，要逐步淘汰消耗臭氧层物质（ODS）的生产和引进，这与《蒙特利尔公约》的计划是一致的。逐步淘汰的具体实施就是阶段性地减少在美国合法生产或引进的 ODS 的使用量。现在，已经不允许新的生产和引进 ODS，其使用者只能寻找替代品。例如，GreenWise 是 Pubix 在佛罗里达的一家商店，通过使用更加环保的冷却系统和冰箱来降低 ODS 的使用（McTaggart，2008）。此外，EPA 在 2007 年为零售商制定了一个计划，被称为“绿色制冷高级合作伙伴关系”（Green Chill Advanced Refrigeration Partnership），该计划旨在采用技术、战略和实践，以减少消耗 ODS 和温室气体的排放，提高制冷系统能源效率。

来自食品零售商的废弃物主要包括包装和食品。包装构成了大多数食品零售商的主要废物。包装的形式包括硬纸板、普通纸、塑料、钢铁、铝、玻璃和木材（Davies et al.，2000）。这些材料都能脱离垃圾填埋场，实现回收利用。零售商也在努力回收更多的包装物。例如，2007年，美国零售商Wegman回收了150万磅的塑料袋（消费者退回），以及150磅的塑料绳（Wegmans，2008）。这种回收塑料的用途包括生产新的塑料袋，以及用于甲板和栏杆上的耐用复合材料（Wegmans，2008）。

除了回收，减少初始的总包装也可以减少废弃物。例如，散装产品可以减少包装。对密歇根零售商的一项研究发现，销售散装产品可以显著地减少固体废物（Keoleian et al.，1991）。与预先包装的物品相比，散装产品还有很多优势，包括降低库存成本、节省展柜空间、减少搬运和储存的人工，即便散装产品必须要在结账时称重和定价（Keoleian et al.，1991）。

通常次要包装造成了过度资源使用。笔者在Franklin Associates（1995）的一项研究中发现次要包装的浪费总量在增加，但是也可以通过一些方法减少这一浪费。包括采用可以重复利用的容器，如用注模塑料筐装碳酸饮料、牛奶，还有装新鲜产品的塑料箱。塑料托盘提供了另一种重复利用的运送方式。这些产品可以使用12年，而且比木制的轻，因此在配送过程中可减少燃料的使用（Moore，2008）。此外，在生命周期的后期，塑料托盘可以回收再做成新的托盘。

食品废物的比例取决于零售业务，但是，相对于包装它只是食品零售废物中比例较低的组成部分。食品浪费通常来自零售商对大小、形状、颜色和一致性高标准的需求压力。最终的食品废物可以分解或者捐赠以减少填埋，以及提高食品废物中资源的利用率。Publix 就与佛罗里达亚特兰大大学一起合作在佛罗里达对食品废物进行堆肥（McTaggart，2008）。

分销方面，可以从将食品送至商店，以及吸引消费者到商店的角度来考虑。在很多情境下，食品整个生命周期对环境的影响会超过消费者开车去商店的影响。这可以从消费者去商店仅仅是为了采购几件商品看出来（Braschkat et al.，2003）。精心的选址可以减少这种影响，如选择人口密集的地点。此外，消费者教育和最大化往返效率的计划也有帮助。其他基于店面的计划（如快递）可以减少将产品从商店送达消费者的燃料使用（可以用燃料效率更高的或替代燃料的运输工具）。

在第 3 章已经探讨过食品分销。食品零售商越来越多地参与到批发和分销中，而不是依赖于批发商和分销商。这种纵向整合可以最大化运输效率。零售商也可以控制燃料的类型，使之转变为使用替代燃料，对车队维护可以确保燃料效率最大化，以及承运距离路线规划最小化。例如，Safeway 在 1998 年生产了一半的产品都是私有品牌（Safeway，1999）。这其中还有提高效率的可能性。

食品零售商可以通过教育、计划和产品批量来影响消费者的行为。GfK Roper 公共事务与媒体的一项研究显示，零售商是消费者做出食品决策的主要信息来源（Sustainable Food News，2007）。通过有效实施计划，零售商的上游可以影响食品供应（即影响农业）。在本书的其他章节也都提到，农业通常是生命周期影响的主要来源。随着生产成为零售商的关键竞争力和成长驱动力，也因为消费者逐渐寻找新鲜和健康的食物，这个领域还是会产生很多潜在的正向影响（SUPERVALU，http：//www.supervalu.com）。此外，在针对英国相关利益者的一项调研中，笔者发现零售商很少认识到需要开展更多关于可持续选择的沟通（Opinion Leader，2007）。购买教育（point of purchase education）包括标识和认证标志都被认为是提供给消费者信息的有效方式（Davies et al.，2000）。

例如，Publix 所有的 GreenWise 商店提供很特别的货架标签，可以帮助消费者识别天然的、100%有机的，以及那些含有有机成分的产品（McTaggart，2008）。这为零售店差异化提供了很大的机遇。

9.3 零售商在做什么

9.3.1 沃尔玛商超（Wal-Mart Stores，Inc）

沃尔玛商超在全世界拥有 7 323 家沃尔玛超市和山姆会员店。它们每周为 1.76 万万名消费者服务，由于其规模和范围，他们在可持续发展方面的举措影响广泛（http：//walmartstores.com/）。他们声明的目标是零废弃物，100%用可再生能源，以及提供给消费者的产品都是保护资源和环境的。但是，可持续的高级副总 Matt Kistler 说道："现在我们还没有清晰的方向，不知道如何实现所有目标"（Greenbix.com，2008），当然他们已经在短时间内取得了进展。

沃尔玛商超声明它的直接影响只占碳足迹的 8%，剩下的 92%都来自供应链（Greenbiz.com，2008）。为了使其供应链绿色化，沃尔玛商超 2007 年开始用包装评分卡（在第 4 章提到过）。这个评分卡可以使沃尔玛商超实现到 2013 年减少 5%的包装和不产生废弃物这一目标。虽然供应商应该在 2008 年 2 月底提供所有产品的包装信息，但是沃尔玛商超在 2008 年 4 月仅仅收到了大概一半产品的信息（Greenbix.com，2008）。为了进一步实现零废弃物的目标，他们建立了一个中期目标，到 2008 年 10 月减少 25%的废弃物（http://walmartstores.com/）。减少包装是有帮助的，但是沃尔玛商超还需要回收剩余的固体废物。

为了达到可再生能源目标，沃尔玛商超在 7 年里一直致力于使他现有的超市提高 20%的能源利用效率，在 4 年里建设提高 30%效率的新超市，在 3 年里让卡车车队提高 25%的效率，在 10 年里翻番。此外，他们还在进行很多太阳能项目，并计划在 2008 年开始使用混合动力卡车。与 2005 年相比，通过设计空气动力学的卡车，使用辅助电池来关闭发动机，沃尔玛商超已经提高车队 20%的能源利用效率，但还没有用在加热、冷却和照明上（Greenbix.com，2008）。在商店里，他们通过使用次要循环制冷系统，使用自然光和 LED 照明，以及反射屋顶来提高效率。

为了向消费者提供可持续的产品，它的自有品牌山姆开始提供两种公平交易认证的咖啡，一种是热带雨林联盟认证的，另一种是 USDA 的有机咖啡（Greenbix.com，2008）。这些咖啡是由 Café Bom Dia（一家巴西的公司）烘焙的，通过碳中立（Carbon Neutral）抵消排放。这些产品是 2008 年地球日宣传环境友好型产品的一部分。为了 2008 年的地球日推广，沃尔玛商超选出了 50 个店内产品和 500 个线上产品，从传统的棉制衬衫到橡胶制作的覆膜，再到保护环境的清洁用品。

9.3.2 超价（SUPERVALU）

SUPERVALU 是美国的零售公司，总部在明尼苏达的明尼阿波利斯。它有 2 500 家商店（如 Cub Foods、Albertsons、Jewel-Osco、Shoppers），形式各样（折扣店、超市、服务店)，年收入超过 370 亿美元。SUPERVALU 也为独立的零售商提供供应链服务（http：//www.supervalu.com）。

SUPERVALU 运营着美国最大的百货供应链网络，拥有超过 2 000 万平方英尺（约合 180 万 m^2）的分销设施，为其所有的零售运营和其他客户提供支持。这些设施将上百家制造商的商品配送到大概 5 000 家零售点。

SUPERVALU 一直致力于最小化其环境足迹。为了实现这一点，SUPERVALU 采取了很多行动，从促进客户参与公司的回收计划，到减少商店和办公场所的能源消耗。SUPERVALU 还有一个环境管理委员会（ValuEarth），主要研究、推荐和监督公司实现最小化其环境足迹的方法。

SUPERVALU 最近加入了 EPA 的绿色制冷、先进制冷合作伙伴计划。作为这个计划的一部分，SUPERVALU 现在只使用非臭氧消耗的冰箱，或者是新建，或者是重新设计替代；每年减少臭氧消耗物质和温室气体的排放，以及参与产业/政府的研究活动，来评估先进制冷技术的绩效。

SUPERVALU 还有一个积极的废弃物减少计划，包括回收和堆肥。例如，SUPERVALU 将收集的塑料袋转变成座椅的复合木料，还回收了 4.29 万万个饮料瓶，作为计划的一部分（http：//www.supervalu.com）。

在一些商店里可以通过一种抽取装置将液体废物从所有废弃物中提取出来，从而减少了填埋的体积和重量。在一些商店也会实施堆肥。西雅图的 Albertsons 商店将他们的压缩机换成了堆肥容器，装满废弃物后每周从商店运走，而宾夕法尼亚的 Acme 商店用堆肥袋，其中的废弃物每天被收走，然后变成高品质的土。东北部的 Select Shaw’s 商店与农民合作使用商店产生的废弃物喂动物。商店里卖的重复利用的袋子也减少了塑料的使用，在 2007 年有将近 200 万只袋子卖出（http：//www.supervalu.com）。

2000—2007 年，SUPERVALU 在能源项目上投资了 9 520 万美元，每年节约超过 3.4 亿 kW 的能源（http：//www.supervalu.com）。所有新的商店的设计都使用了低能耗的热后可塑的聚烯烃材料的屋顶系统。高效使用能源的照明也用了很多：通过天窗获得自然光；LED 广告牌和照明；有的工厂还使用了屋顶太阳能收集系统。SUPERVALU 设计和建造了第一个获得能源和环境设计领先认证（leadership in energy and environmental design，LEED）的商店，位于马萨诸塞州伍斯特。商店于 2005 年 1 月开业，是美国第二家拥有 LEED 认证的百货商店。

9.3.3　全食超市（Whole Foods Market，Inc）

全食超市在 1980 年开了第一家店，可持续是其经营发展关键的驱动力，因为当时 3 个当地的经营者认为天然食品产业已经可以使用超市经营的模式。现在，全食超市包括北美洲和英国的 270 家超市（www.wholefoodsmarket.com）。企业的 3 个主要的环境战略是支持可持续农业/有机食品，由此减少杀虫剂的使用和促进土壤保护；通过循环利用、重复利用的包装减少废弃物和不可再生资源的消费，以及保护水资源和能源；鼓励环境友好的清洁计划和店面维护计划。

从一开始，全食超市就支持有机农业，当时要通过有机网络采购和分销还比较困难。因此，他们在加利福尼亚建立了自己的食品分销公司，而这也让企业参与包装、仓储、运输等流程以保证从农场到商店的产品质量。他们一直坚持这个对有机采购的承诺，因为他们是全国有机标准委员会（National Organic Standards Board）唯一的零售代表，也帮助制定了美国有关这些产品的规则。他们也与大牧场主和家禽养殖者一起开发不含激素和抗生素的产品。他们已经制定了质量标准，并且与生产商一起提供满足这些标准的产品。此外，他们在可持续食品方面还投入了很多精力来引导消费者。

全食超市通过购买可再生资源，以及减少自己的碳足迹，进一步减少了他们对不可再生资源的依赖。碳足迹减少的例子包括在企业 4 个分销中心为卡车添加生物柴油。此外全食超市还致力于减少废弃物，包括在超市和工厂堆攒食品废弃物，可循环利用的材料（如塑料、玻璃和铝），出售可重复使用的购物袋。在他们的商店里为了减少资源利用，建设的时候就考虑了废弃物的减少和可再生材料的使用。此外，他们使用低毒性的清洁产品，并且告诉消费者使用这些替代产品可以对空气和水源的质量产生正向影响。

全食超市在消费者教育方面是领先的，每个商店都有一个行动中心（Take Action Center），提供各种关于当地的、区域的、全国的、国际的问题的帮助，如基因工程、有机食品、杀虫剂和可持续农业、法律，以及消费者参与解决这些问题需要的工具。Wholefoodsmarket.com 也提供关于这些问题的详细信息。

9.3.4 玛莎（Marks and Spencer）

玛莎是英国领先的零售商，在英国拥有 600 多家商店，同时还有其他国家 240 家，包括 34 个国家 219 家连锁店。根据 2007 年的一项调查，通过可持续活动，玛莎是英国所有企业中对可持续投入最多的企业（Chatsworth Communications，2007）。

玛莎的研究发现需要特别关注间接影响，因为产品的生产和使用比其经营活动产生的影响大 12 倍左右。“我们认为有责任平衡对高品质食品的充足需求和减小对环境的影响”（Marks and Spencer，http：//www.marksandspencer.com）。

2003 年，玛莎实施了一系列标准来管理其水果、蔬菜和沙拉供应链。这是与供应商、政府和其他组织一起完成的，涉及从“田间到餐桌”的很多方面。这些标准包括可追溯性、最小化杀虫剂的使用、公平贸易、支持非转基因食品和食品安全。此外，玛莎还支持食品里程（food miles）的研究，以此了解在供应链中的重要性。

通过“田间到餐桌”这项战略，玛莎进行了有机生产。但是，由于有机食品通常都很贵，玛莎改变了这些产品的净利润，以此让它们成为消费者可以支付得起的选择。

对于渔业，玛莎从不购买那些不明来历的鱼类，保护了鱼的栖息地。他们也同海洋管理委员会（Marine Stewardship Council）一起开发了自己的渔业养殖实践基地。

对于直接影响，玛莎的目标是在很多领域更加高效。对于能源消耗，他们监控大多数店面的用电，而且能够识别效率低下的问题，如空调系统意外开启。玛莎将消耗臭氧层的制冷剂气体换成了危害更小的氢氟碳化合物（HFC）（新的制冷系统），其设计 HFC 水平较低，而且比之前节约了 4%的电力。他们还运营了一些二次制冷系统，通过充满乙二醇的管网将低温传导给主要制冷装置。

对于运输，他们已经找到了使公路运输更有效率的方法，而且将更多的公路运输方式转变为其他有效的选择如铁路。这家企业还开展了提高水资源使用效率的实践，在商店安装了红外线探测装置来减少卫生间的自动冲水次数，而且该企业正在安装中水再循环系统，用于冲厕所。

对于废物，玛莎发现几乎一半的包装是用来在运输途中保护产品的。为了减少这种类型的包装用量，他们使用了可重复利用的塑料板条箱来运输新鲜食品。这就替代了超过 2.5 万 t 的纸板，而且这些塑料箱很多用了 20 多年才坏。最后，他们将没有卖掉的食物捐献给当地的福利机构，每年 1 200 t。

9.4　总结

食品零售商对供应链可持续的直接影响主要在于能源使用和制冷、废弃物管理、运输。如本章所选实例所示，零售商的最大影响实际上是通过他们的供应链产生间接影响，如商店里的产品。这些例子也说明了可以采取更可持续的做法来改善这些影响，如通过提供可持续产品，以及告诉消费者为什么这些选择更好。

参考文献

BBMG. 2007. *Conscious Consumers Are Changing the Rules of Marketing. Are You Ready*? Highlight from the BBMG Conscious Consumer Report. November 2007.

Braschkat, J., A. Patyk, M. Quirin, and G.A. Reinhardt. 2003. “Life cycle assessment of bread production—a comparison of eight different scenarios.” In: *Life Cycle Assessment in the Agri-Food Sector: Proceedings from the 4th International conference, October 6-8*, Bygholm, Denmark.

Chatsworth Communications. 2007. *UK Big Business Puts Image and Consumer Pressure Ahead of Genuine Concern for the Environment, According to First Major UK Survey of Opinion Formers*. Press Release. September 23, 2007.

Davies, T., and D. Konisky. 2000. *Environmental Implications of the Foodservice and Food Retail Industries*. Discussion Paper 00-11. Resources for the Future. Washington, DC.

DOE (United States Department of Energy). 2006. *Commercial Energy Use*. Available from http://www.eia.doe.gov/kids/energyfacts/uses/commercial.html. Accessed September 19, 2008.

Franklin Associates. 1995. *Grocery Packaging in Municipal Solid Waste*. 1995 Update for Grocery Manufacturers of America.

Greenbiz.com. 2008. *Wal-Mart Expands Sustainability Efforts with Coffee, Trucks*. Available from http://www.greenbiz.com/news/2008/04/02/wal-mart- expands-sustainability-efforts-with-coffee-trucks. Accessed April 2, 2008.

Keoleian G.A., J.W. Bulkley, R. DeYoung, A. Duncan, E. McLaughlin, D. Menerey, M. Monroe, and T. Swenson 1991. *Waste Reduction in Food Retail: Case Study Report of the People's Food Co-op*. Available from http://css.snre.umich.edu/main.php?control=detail_pub&pu_report_id=45. Accessed September 19, 2008.

Landor. 2007. *A Time For Green Brands: A View from the 2007*. ImagePower® Green Brands Survey. Available from http://www.wpp.com/NR/rdonlyres/ EC7958CA-D207-4BF2-BC9E-4474199C789B/0/thestore_005_LandorUK_ATimeforGreenBrands_PhilGandy.pdf. Accessed September 19, 2008.

McTaggart, J. 2008. Best of both worlds. *Progressive Grocer*, April 1, 2008.

Moore, B. 2008. Look below: It's what's under those cartons that can help improve sustainability. *Progressive Grocer*, April 1, 2008.

Opinion Leaders. 2007. *Supermarkets Thematic Review: Stakeholder Consultation Report*. Available from URL http://www.sd-commission.org.uk/publications/downloads/supermarkets_stakeholder_consultation_report.pdf. Accessed September 19, 2008.

Safeway. 1999. *1998 Annual Report*. Pleasanton, California.

Stop and Shop. 2008. *EPA Recognizes Stop and Shop and Giant Food; Only Supermarkets Receiving 2007 ENERGY STAR Leaders Recognition*. Press Release, February 7, 2008.

Sustainable Food News. 2007. *Survey: Consumers Trust Activists, Grocers for Food*

Info. December 6.

Wegmans. 2008. *Mary Ellen Burris Column: The S (Sustainability) Word*. Available from http://www.wegmans.com/webapp/wcs/stores/servlet/MEBDetailView? langId=-1&storeId=10052&catalogId=10002&productId=566563. Accessed September, 19, 2008.

第 10 章
食品服务中的可持续性

约翰·特鲁恩

10.1 引言

越来越多的食品服务业正在转型，传统的食品服务业注重数量和便利性而忽视了质量和营养，往往提供过度加工、高热量但缺乏营养价值的食物，而今转型为采用更可持续性的食品计划以提供更好的支持人类福利的食品。虽然大部分成效都是通过降低成本推动的，但消费需求的不断增长也起到了一定作用。2007 年，62%的消费者表示他们会选择在他们认为环境友好的餐厅吃饭（NRA，2007）。消费者在他们的生活信条中融入了可持续的理念，并且引领了消费变革。例如，耶鲁大学是最早开发基于季节性和本地生产的机构性食品服务提供商。Chipotle 快餐则继续挑战快速服务的概念，即新鲜的料理、符合可持续概念的食物选择（例如，用草喂养的牛肉）和建筑结构。

食品服务运营涵盖了快餐连锁店、独立餐厅、酒店/大容量餐厅以及大学和医院等机构的食堂。食品服务业是美国最大的雇主之一，雇用约 1 300 万名员工（NRA，2007）。无论这个行业的范围如何，在许多方面，食品服务运营与日常供养家庭的方式并无多大差别。食品的原料需要种植或喂养，然后再进行包装储存，最后再料理好吃掉。食品服务运营仅仅是从供应链的各个方面增加生产规模。本章回顾了食品服务运营的主要步骤，以及如何做到更可持续性的方法：①采购；②储存；③准备；④服务。

10.2 采购

正如前几章所讨论的，由于农业生产对环境有重要影响，所以它是食品系统可持续发展的前提。因此，改善食品服务运营影响的主要焦点是更可持续的食品和饮料选择。在一个可持续的食品服务运营中，我们需要考虑以下方面：选择有机的食物或原料，或是食物来源和食物的运输中进行病虫害综合管理（IPM），或者对环境有最小负面影响，或者食品是由任何可持续的项目认证的，如海洋管理委员会或公平贸易组织。

例如，美国食品服务提供商 Bon Appétit 从生命周期的角度评估了他们的采购，并采取了几个步骤来减少其环境影响（Bon Appétit，2007）：

①减少 25%的牛肉使用——牲畜生产造成了 18%的温室气体排放。

②所有肉类和家禽都来源于北美洲——用于食物系统 80%的能量不是来自种植食物，而是来自运输和加工。

③几乎所有来自北美洲的水果和蔬菜，都以季节性的本地产品为首选，并且使用热带水果作为"特殊场合"（special occasion）的原料——大多数香蕉在高速冷藏船上行驶 3 000 英里到达美国家庭的早餐盘，而当地的苹果可能会在 10 英里内运输。

10.3 订购与分销商

现在的菜单更复杂和多样化，通常关注食品的来源和构成，只有当它关系到成本或违背了上述要求时，才需要可持续采购。在传统的模式中，对便利性和成本控制导致了分销商减少。因此，分销是采购更可持续的食品时面临的最大挑战之一。

虽然正如刚才提到的那样，通过经销商运营有成本但也有效益，还有许多其他原因使其直接与生产者/农民打交道。例如，与负责生产食物的人进行简单的面对面交流对员工的发展有很大帮助。当与当地小规模的生产者合作时有许多需要考虑的。对于农民、生产者来说，包装能力可能与规模更大、更多的工业生产商不同。比如，新鲜挑选的色拉蔬菜可能被装在松散的塑料袋中，而不是密封的 3 磅预洗包装中。另一个经常引起关注的问题是，如果不幸发生食源性疾病，机构为防止可能的客户诉讼会要求开展责任保险。实际上，认为真正的危险来源于食品加工是一个误解。实际上，当地农民和生产者更容易被监管，并且因为他们的生计更难以维持，所以他们不会轻易冒险。

一种方法是与生产者/农民建立直接的联系，那就是通过当地的小分销商协调。他们可以充当“中间人”，他们与生产者/农民建立了现有的关系（或者可以发展关系），并充当食品服务到食品订购的中转环节。因为经销商承担了这一任务，因此该模式也有助于克服责任保险要求。然而，为了使这一切成为可行的模式——生产者/农民、分销商和食品服务运营，每个人都必须参与其中并公开成本并付款。如果分销商不支付生产者/农民应得的报酬，这是行不通的。

为了解采购和分销方案的可用性，重要的是要确定其目标，以及实现这些目标的最佳手段。例如，由耶鲁大学的学生、教职员工、总统理查德·莱文和厨师爱丽丝·沃特斯于 2001 建立的耶鲁可持续发展的食品项目，是一个旨在指导耶鲁大学可持续餐饮的项目。该项目的重点是在本地采购符合可持续概念的食品。为了达成这些采购目标，他们与一些分销商和农民合作，因此制定了一套采购指南（耶鲁可持续食品项目）。

10.3.1 蔬菜指南

（1）第一等级（按优先序排列）

①康涅狄格州有机；

②康涅狄格州生态成长；

③区域有机；

④区域生态生长；

⑤康涅狄格州常规（小规模经营）；

⑥区域常规（小规模经营）。

（2）第二等级（按优先序排列）

①康涅狄格州常规（中等规模经营）；

②区域常规（中等规模经营）；

③美国有机（小规模经营）；

④康涅狄格州常规（大规模经营）；

⑤区域常规（大规模经营）；

⑥美国生态增长（小规模经营）。

（3）第三等级（按优先序排列）

①美国有机（中/大规模经营）；

②北美洲有机；

③美国生态增长（中/大规模经营）；

④国际有机；

⑤美国常规（小规模经营）。

10.3.2　水果指南

（1）第一等级（按优先序排列）

①康涅狄格州有机；

②康涅狄格州 IPM（IPM：害虫综合治理）；

③区域有机；

④区域 IPM；

⑤康涅狄格州常规（小规模经营）；

⑥区域常规（小规模经营）；

⑦康涅狄格州常规（中等规模经营）。

（2）第二等级（按优先序排列）

①区域常规（中等规模经营）；

②美国有机（中小规模经营）；

③美国 IPM（中小规模经营）；

④康涅狄格州常规（大规模经营）；

⑤美国有机（大规模经营）；
⑥美国 IPM（大规模经营）；
⑦国际有机；
⑧美国常规。

10.3.3 肉禽类指南

（1）第一等级（按优先序排列）
①康涅狄格州放牧/牧场；
②康涅狄格州有机；
③区域放牧/牧场；
④区域有机；
⑤区域常规（小规模经营）。
（2）第二等级（按优先序排列）
①美国放牧/牧场；
②美国有机（中小规模经营）；
③常规（中小规模经营）；
④美国有机（大规模经营）；
⑤美国常规（大规模经营）。

10.4 食谱规划

如前所述，行业趋势已经变为追求数量和便利性。菜单在很大程度上会影响加工食品、冷冻食品和全球分销。这也导致需要的准备工作和处理技能很少，因此工作人员很少。虽然顾客已经习惯于有许许多多的选择，但他们在优质的食物方面的选择却很少，同时也面临更多有害的食物选择。最近英国的一项研究显示，更便宜的餐食有更高的碳足迹，相比之下，昂贵的膳食更环保（University of Nottingham，2008）。

如果正确组合的话，可持续的食物可以出现在任何类型的菜单中。客户应该能够享受传统和季节性的特殊项目，比萨、新鲜三明治、沙拉和烧烤食品。但是，思考一份菜单要提供什么，这需要投入时间和资源。考虑到员工的素养和能力，食品应以在保证干净度、新鲜度和口味的基础上精心准备。

一种成功实践是缩减企业所提供给员工的选择数量，并将更多的精力集中在更少的选择上，换言之，践行“质量而不是数量”的信念。这样可以使员工的时间集中在处理新鲜的食物上，而不是把时间花在这么多的选择上。这包括在服务点上更多的准备。通过增加与员工的互动，顾客会更加兴奋，并不再认为食物来自厨房墙壁背后的神秘之处。Chipotle 墨西哥烤肉店是美国一家快速休闲连锁店，它成功地实践了这一方式，仅为顾客准备了 5 种类型的新鲜产品的菜单（有几种变化）。

通常人们误认为一个公共可持续的食物项目不能成功的原因之一是没有合适的设施、厨房、设备。尽管这些也很重要，但可以相应地开发菜单。在设计每个菜单和食谱时，要考虑存储和工作场所问题。是否有足够的货架空间或冷藏箱来保存整棵卷心菜，而不是预先包装？是不是在一个干燥的物品区有足够的空间和货架来适当地储存新鲜的西红柿、马铃薯和冬瓜？

开发一个更加符合可持续概念的菜单的另一个步骤是了解食物的季节可得性和利用当地食物的可能性。虽然菜单通常不仅仅包括本地产品，不使用已经过季的食物将减少其影响，并为优质的菜单提供新鲜原料。此外，季节性食物图表可从州的农业部门或推广计划中获得。

伯格维尔（www.burgerville.com）是美国西北部一家快餐连锁店，它在当地购买食品，在沙拉中提供季节性食材，并提供有限的季节性产品，如在春季提供草莓奶昔、草莓冰沙和草莓酥饼。

如前所述，耶鲁可持续食品项目已经实施了他们的购买指南，其中包括以下样本菜单，重点在于季节性和当地采购（耶鲁可持续食品项目，Yale Sustainable Food Project）：

（1）秋季
烤玉米、番茄汤
西瓜、芝麻菜、意大利萨拉塔沙拉
羊肉、黄瓜饼
香葱、欧芹土豆泥
烤西葫芦和黄南瓜
苹果酥

（2）深秋
南瓜汤
茴香和芝士沙拉
烤猪里脊和红莓果酱
韭菜和土豆饼
烤南瓜、枫糖浆和鼠尾草比萨
烤罗马菜
蔓越莓燕麦饼干

（3）冬季
波士顿蛤蜊浓汤
菠菜沙拉和烤杏仁
烤香草鸡
烤牛眼
马铃薯和迷迭香比萨
防风草和土豆浓汤
南瓜饼
布朗尼

（4）春季
芦笋汤
烤香葱拌青菜
食草牛肉汉堡
面条配芦笋柠檬酱
芦笋和帕尔马干酪比萨
橄榄油蒜蓉土豆泥
蒜蓉菠菜
芝士挞

10.5 储存

一旦食物进入设备中就必须储存，在这一阶段操作的主要环境影响来自废弃物和制冷。

固体废物是食品服务业废弃物的重要组成部分，主要包括包装和食品，其中包装是固体废物的主要来源。这是因为在传统的食品服务中，除递送安全优质产品的功能外，包装也起着不可忽视的作用。包装尺寸、品位和质量的一致性决定着管理成本、员工管理和客户期望的长期成功。包装主要是利用可回收利用的纸板和纸，这些可以被用于制作盒子、篮子和蛋箱等，额外的包装应该而且可以最小化。因此，可以削减排放到土地中的包装废弃物的总量。

食品服务和食品零售业务是最大的制冷商业用户，分别占比 23.6%和 39%（DOE，2006）。制冷需要能量，并且还可能使用氟氯碳化合物（CFC）。CFC 是已知的破坏臭氧层的物质，在美国《清洁空气法》第 601～607 条所颁布的清洁空气条例中逐步淘汰了消耗臭氧层物质的生产和进口，这符合《蒙特利尔议定书》制定的时间表。然而，仍有许多操作在使用 CFC 制冷。应当回收 CFCs 并选择更环保的替代物。

10.6　准备和服务

在准备和服务过程中的主要环境影响是能量、水和废弃物。食品服务业占美国所有商业大厦能源使用量的 7%（DOE，2006）。根据环境法律和政策中心的数据，在大多数餐馆里消耗最大能源份额的是烹饪设备（35%），其次是加热和冷却系统（28%）、餐具洗涤（18%）、照明（13%）和制冷（6%）。减少这种能源使用的最有效的方法是有效规划，以使设备在时间上最小化（例如，可以集中一天一次或两次烹调，制冷机可以在非高峰时间、夜间运行）和关闭闲置设备。此外，所有设备都要定期检查、清洗和保养。通过使用诸如煎锅、蒸锅、冰箱或冷冻机、保温柜、热水器等具有“能源之星”认证的电器，可以进一步节省能源。此外，在靠近洗碗机的水龙头处可以使用约 140°F（约 60℃）的热水（Energy Star，2007）。

厨房排气罩用来捕捉和控制厨房里产生的油脂和热量，当它们不能正常工作时，会在厨房里消耗额外的热量（Food Service Technology Center，2007）。管道和风机的维护和清洗将有助于降低能源需求。精心设计和适当安装 UL-listed（在作者实验室）罩将会减少所需的排气量，降低加热/冷却成本，并减少风扇的能源使用量（Food Service Technology Center，2007）。对于废弃物排放还有一些额外的考虑，包括使用符合需求的通风设备、使用壁挂式排风罩代替岛状罩、在轻型器具上（如浅口锅、煎锅）使用接近式罩、在罩子下使用组合式家用电器、尽可能地将设备推到罩下方、安装侧板和前挡板、确保送风罩附近的补充空气保持低速、使用蒸发冷却和直燃式加热器处理补充空气（Food Service Technology Center，2007）。

对于温度控制，应使用可编程恒温器或基于“夜间减速”模式的感应恒温器。有一种符合“能源之星”标准的加热和冷却商业设备，可以比标准设备少用 7%～10%的能量（Energy Star，2007）。使用吊扇可以减少空调的使用和总的能源使用量；每提高 1℃冷却恒温器的温度，能源使用量就会下降 4%～5%（Energy Star，2007）。

紧凑型荧光灯（CFLs）和发光二极管（LED）应该被用来代替白炽灯泡。CFLs 可以用在房子的后面和前面，而 LEDs 通常用在房子的前面。另外，感应器可以用于壁橱、储藏室、休息室、卫生间甚至步入式冰箱，还可以在白天关闭所有照明设备（室外和一些室内场所）。

据估计，餐馆消耗的水主要来自卫生间用水——占比从全服务餐厅的 50%到快餐店的 80%（DPPEA 2，1999）。因此，使用低流量水龙头或自动关闭水龙头和在卫生间里使用低流量厕所是很好的选择。此外，通过干洗程序可以缩减水的使用量，并会减少排入水沟中的食物废弃物的量，从而可以通过下水道系统处理食物废弃物。

从准备和服务方面来看，废弃物来自食品和一次性产品。根据环境法律和政策中心的报告，有机废物占餐厅废弃物的 24%～50%。这种有机废物包括未污染的食物、食物残渣和废油。食物浪费最常见的原因是生产过剩，占食物浪费的 63%（Food Management，2007）。一方面，一些食物垃圾可以在填埋场中降解，但是在 10～15 年内以 25%～50%的低速降解，并且其余食物废弃物保留其原始重量、体积和形态（DPPEA 1，2000）。鉴于几乎不可能精确地准备所需的食物量，因此剩余食物和废料应该分类丢弃以进行堆肥处理（而不是一起丢弃在垃圾桶内，之后在垃圾填埋场被清空或在焚烧炉中燃烧）。这种分类很容易实现，特别是在制备过程中，因此这种做法越来越普遍。另一方面，盘子上的废物更具挑战性。至少食物残留应该被处理掉，所以它们不会被排放到污水处理厂，以至于提高 BOD（生物需氧量）、COD（化学需氧量）、TSS（总悬浮固体）和 FOG（脂肪、油和油脂）的同时还可以收集烹饪油，并且它们越来越多地被转换为生物柴油以用于交通工具。

一次性服务用品的使用在急剧增加。在处理服务用品时，利用可重复使用的餐盘可最大限度地减少浪费。另外，不应使用一次性桌布，而应使用可重复使用的桌布或根本不使用桌布。现今，聚苯乙烯已被广泛用于食品容器。它来源于苯，是一种致癌物质和消耗臭氧层的物质。因此，一些市镇禁止使用聚苯乙烯。如果这种方法不切实际，则可以通过使用具有可回收成分的产品（如餐巾纸和容器）和可回收产品（如袋子和饮料容器）来最小化所使用的资源和来自这些材料的全部废物。国际食品服务提供商索迪斯公司使用具有可回收成分的餐巾纸，并计算出这一变化可节省超过 2.3 万棵树木，接近 1 000 万加仑（约合 3 790 万 L）的水，550 万 kW 的能源，500 万加仑（约合 1 900 万 L）的石油，使 41 t 空气免受污染，并在短短 1 年内从填埋场中提取出 4 131 m^3 纸张（Sodexo，2008）。索迪斯还推出了一次只能取出一张餐巾纸的分配器。在初步测试的某些地点，分配器将纸张使用量减少了 25%～50%（Sodexo，2008）。

食品安全是操作中需要考虑的另一个因素。据估计，所有报告的食源性疾病中有 40%可追溯到餐馆（CDC，1996）。这通常是由于准备过程中食物处理不当造成的。有效的危害分析和关键控制点（HACCP）系统可以预防这些问题。

10.7 实施可持续运营

食品采购、菜单、处理方式、设备使用、用水、回收和堆肥是实施可持续食品服务计划的主要考虑因素。然而，要实现这一目标并获得长期成功，需要内部支持和员工的承诺。工作人员需要知道为什么以及如何执行可持续发展计划。

首先，需要在领导层有一个主导者。这个人必须获得尊重和权威，并愿意强势地领导、支持和培养其他员工。他或她不需要在可持续食品方面有丰富的经验，但必须愿意学习和认同这些原则。

其次，除了主导者，同样重要的是要将时间、精力和资源投入到管理所有员工上。有两种方式来训练员工：第一种是教他们如何使用新的菜单进行新的服务；第二种是解释为什么要这样做，从而使他们深入了解并执行这一项目，即使主导者或领导者不在周围。在这一点上取得成功的方法是与生产者和农民进行访问和对话，进行口味测试，可持续的媒体活动，圆桌讨论，以及客座厨师和演讲者，或者仅仅是像坐下来吃午饭一样简单的事情。

再次，为了培训员工来实施可持续食品计划，机构领导者必须投入时间和资源。可以利用正常服务以外的时间进行未经处理食物的实际操作培训。工作人员忘记如何处理新鲜食物的情况并不少见，或者他们可能从未有过这方面的技能。培养和教导团队成员需要一些时间以确保项目的成功。

最后，为了完成这一计划，操作时必须要与消费者沟通。教育和营销是确保消费者关注并参与到这个项目中的重要环节。这应当通过邀请农民来共进午餐，员工与消费者讨论，提供信息性的标志/海报等方式，建立一个常客小组作为同辈的代言人也是一种方式。正如前面提到过的 Bon Appétit，它有标志、传单和一个专门向客户介绍他们所做的食品采购变化的网站。它的网站还包括一个饮食/环境影响工具，以将可持续发展经验扩展到在家中选择食物。

10.8 案例研究

本章将新的美国比萨连锁店 Pizza Fusion（www.pizzafusion.com）作为讨论案例。首先在原料上，Pizza Fusion 使用天然和有机原料来专注制作比萨、三明治和沙拉。菜单强调优质的原料和口味（如纽约牛排）。为了获取这些原料，他们与主要供应商建立了采购合作伙伴关系，例如 Applegate Farms 供应不含防腐剂和抗生素的意大利辣香肠及熏火腿，Crystal 供应有机糖，这是美国唯一的有机糖农场。

Pizza Fusion 通过内部回收和再使用一次性产品而减少了浪费。通过使用公司混合动力车辆进行运输，从烤箱中回收热量以增加餐厅温度和加热水，使用 CFL 和占用传感器，使用具有“能源之星”认证的设备以及将剩余电力使用量与购买可再生能源信贷相抵消，这些可以最大限度地降低能源消耗及其影响。通过将水槽中的水循环利用到厕所中，可以减少 1/3 的用水量。此外，设施维护采用环保型清洁剂，制服和促销品使用有机棉，餐厅建设采用可再生、可回收和再利用产品等。

最后，Pizza Fusion 通过接触客户和提供教育资源来完成操作。例如，每家商店都为儿童提供免费烹饪课程，以使其理解有机食品和可持续生活的重要性。每家商店还为送回比萨盒以便于回收的客户提供折扣。

10.9 总结

转变为可持续的食品服务业务不仅需要更换一些灯泡和回收卡板还包括认识到可持续的食品服务会产生更大的影响，特别是来自所提供的食品。这是因为食品服务运营商每年都会通过食品系统运送大量食品。任何企业都要考虑负责任的可持续食品采购，精心的菜单规划，减少废弃物，堆肥剩余食物，回收固体废物，减少能源使用，减少水的使用，教育员工和客户。最终，可持续的食品服务会提高环境、经济和社会的福利。

参考文献

Bon Appe´tit. 2007. An Inconvenient Tooth: Food Is Major Contributor to Climate Change: New "Low Carbon Diet" Aims to Take Bite Out of Global Warming. Palo Alto, CA. Available from http://www.bamco.com/PressRoom/press-pre-041707.htm. Accessed April 17, 2007.

CDC. 1996. Surveillance for foodborne-disease outbreaks—United States, 1988-1992. Morb. Mortal. Wkly Rep. 45(SS-5):1-66.

DOE (United States Department of Energy). 2006. Commercial Energy Use. Available from http://www.eia.doe.gov/kids/energyfacts/uses/commercial.html#TYPES. Accessed September 19, 2008.

DPPEA 1 (North Carolina Department of Environment and Natural Resources Division of Pollution Prevention and Environmental Assistance). 2000. A Fact Sheet for Licensed Garbage Feeders. Available from http://www.p2pays.org/ref/04/03991.pdf. Accessed September 19, 2008.

DPPEA 2 (North Carolina Department of Environment and Natural Resources Division of Pollution Prevention and Environmental Assistance). 1999. A Fact Sheet for Managing Food Materials. Available from http://www.p2pays.org/ref/03/

02792.pdf. Accessed September 19, 2008.

Energy Star. 2007. Putting Energy into Profits: ENERGY STAR Guide for Restaurants. Available from http://greenrestaurants.org/documents/Energy_Star_Restaurants_Guide.pdf. Accessed September 19, 2008.

Environmental Law and Policy Center. Going Greener Guide. Available from http://www.greenrestaurants.org/documents/GoingGreenerGuide.pdf. Accessed September 19, 2008.

Food Management. 2007. A Plate Is a Terrible Thing to Waste. Available from http://food-management.com/ar/fm_imp_16651/. Accessed September 19, 2008.

Food Service Technology Center. 2007. The Energy Efficient Kitchen. Available from http://www.fishnick.com/design/eek/kitchen.html. Accessed September 19, 2008.

NRA (National Restaurant Association). 2007. 2008 Restaurant Industry Forecast. Available from http://www.restaurant.org/research/forecast.cfm. Accessed September 19, 2008.

Sodexo. 2008. Sodexo Marks One Year of Recycle Paper Napkin Program with Significant Environmental Impact Announcement. Press Release, March 31, 2008.

University of Nottingham. 2008. Food for Thought. Press Release, May 19, 2008.

Yale Sustainable Food Project. Available from http://www.yale.edu/sustainable-food/index.html. Accessed September 19, 2008.

第 11 章

食品的可持续原则和可持续创新

谢丽尔·J. 鲍尔温，纳娜·T. 威尔伯福斯

11.1 引言

可持续创新和产品开发是一个设计具有环境和社会优势，且商业上获得成功的产品的过程。该过程基于产品生命周期，并考虑材料的采购、生产、包装、交付和产品的寿命终止。有效开发可持续产品的企业将可持续性因素作为一个整体整合到企业中。这些企业在与竞争对手的差异化和超越竞争对手方面看到了真正的价值（通过降低成本、降低风险和提高声誉等手段）（Business Link，2007）。此外，也是企业为气候变化、水资源短缺和营养不良等领域的全球改善做出贡献。

这项工作的成果是绿色工程的发展。美国国家环境保护局（EPA，2007）将绿色工程定义为：一种商业化并用于工艺和产品的设计，它在满足既可行又经济的同时最大限度地减少源头污染的产生和对人类健康和环境的危害。绿色工程包含这样一个概念，即在产品的设计和开发早期阶段应用时，保护人类健康和环境的决策可以产生最大的影响和成本效益。

绿色工程有 12 项原则，它旨在提供一个框架，以创建和评估与最大化可持续性相关的设计要素（Zimmerman）：

原则 1——设计人员需要努力确保所有材料和能源输入与输出尽可能无害。

原则 2——防止浪费比在废弃物形成后处理或清理废弃物更好。

原则 3——分离和纯化操作应该是设计框架的一个组成部分。

原则 4——系统组件的设计要最大化质量、能量和时间效率。

原则 5——系统组件应该通过能源材料的使用实现输出拉动而不是输入推动。

原则 6——在进行关于回收、再利用或有益处置的设计时，必须将熵和复杂性视为一种投入。

原则 7——应当把有针对性的耐久性（而不是永久性），视为一个设计目标。

原则 8——不必要的容量或功能的设计应被视为设计缺陷。这包括工程中“普适性”解决方案。

原则 9——多组件产品应力求材料单一化，以利于拆卸和保值（最小化材料多样性）。

原则 10——流程和系统的设计必须整合可用能源和物流之间的关联。

原则 11——性能指标包括设计后期的表现。

原则 12——设计应基于整个生命周期中的可再生。

绿色化学是一种类似的方法，只不过更专注于化学的使用（和相关的工艺）。它的目标是减少废弃物，消除管道末端处理，生产更安全的产品，并减少能源和资源的使用（EPA，2008）。这些方法的结果——绿色工程和绿色化学（通常统称为生态设计或清洁生产），是通过生命周期为基础的设计和材料能源的使用，从而利用科学和技术来确保质量的提高。

11.2 食品的可持续原则

绿色工程原理和绿色化学在以化学为基础的行业中的应用越来越广泛，其基本原理也可以应用于食品和饮料产品。这要考虑供应链的生命周期影响。正如整本书中所说的（因此只在此处简单回顾一下），农业通常对食品产品的生命周期的影响最大。下游要考虑的因素影响较小，但其范围取决于产品。一般来说，食品加工是在供应链中第二重要的影响因素（Yakovleva，2005）。与供应链的其他组成部分相比，包装的影响非常有限，大多数食品的影响不到 2%，但有时也会由于生产包装所需的能量或包装高含水产品（如饮料），可能高达 20%（Katajajuuri et al.，2007）。消费者如何运输购买的食物也具有重要的影响（Braschkat，2003）。

最后，消费者在烹饪及食用食物时，也会对生命周期产生影响（Braschkat，2003）。

将这些问题与其他可持续性概念一起讨论，食品的可持续性原则包括以下几个方面：

①确保食品供应安全；

②提供富含营养的食物；

③减少动物产品和原料；

④使用低强度农产品；

⑤避免空运食品；

⑥多样化采购；

⑦处理食品的最小投入，原料、水和能源；

⑧零浪费食品加工；

⑨最小化总包装；

⑩有效率地向消费者传送食物。

食物供应的目标是滋养，如果食物不安全，它就不能实现这个目标。因此，确保食品安全是可持续食物供应的基础。如本书前面提到的，这包括食品免于微生物污染，以及微量残留农药和其他潜在毒素。滋养的目标同样与食物的营养质量息息相关。如果食物不能提供一定的营养，那么过度摄入卡路里或营养不良就会成为问题。

由于动物产品对生命周期的影响比其他产品要大，因此降低对动物产品的依赖性是十分重要的。然而，有时又必须生产动物产品，因此，最好找到更低密度的饲养方式（放牧或是谷物喂养）和人道饲养的方式。

此外已有研究表明，当在高强度操作（如温室）中生长时，农产品会具有与动物产品一样高的影响。因此，还应优先考虑低强度操作的农产品，这包括采购应季的新鲜蔬菜或水果。目前，当地种植农产品对减少环境影响并不显著。例如，已经证明在较远处种植具有较低影响的农产品产生的效益远高于在当地高强度种植的效益。

鉴于最后的原则，有效的分配也很重要。空运食品是最不高效的选择，因此不应当被使用。此外，还应寻求更高的分配效率。

为了提供公平的市场和工资，更多、更环保的选择，应当践行种植者和供应商采购的多样化。这种社会考虑也降低了供应问题的风险。

以最少的投入（包括原材料、水和能源）加工食品将减少食品加工的总体影响。这包括考虑每种原材料的影响并在可行的情况下找到替代品。应该将目标设定为使用可再生能源，甚至通过处理废弃物来生产能源。此外，生产食物过程中零排放废物（固体、液体等排放物）是可以实现的并且应该实施。

包装有助于运送食品的安全，但是，使用轻量级包装可以减少包装材料的使用，还可以消除其产生的废弃物。

消费者通过汽车运输他们的食物对供应链有重要影响。因此，有效地向消费者运送食物可以减少总影响。这对现有的零售和食品服务方法提出了挑战，其中包括更好地教育消费者和研究送货方式。

11.3 可持续产品开发与创新

11.3.1 可持续产品开发

既然我们已经概述了食品开发的可持续性原则，那么如何将它们用于开发产品？对于此问题，我们应该关注该过程的技术研究和开发方面而不是市场研究。食品开发过程的研究和开发方面遵循 4 个主要步骤：

①概念开发和测试；

②原型和基础开发；

③工艺、流程和包装开发；

④商业化。

生命周期研究已经证明，一种产品的影响主要取决于其在概念阶段的开发。Envirowise 估计，大约 80%的成本是在概念开发阶段就决定的（Envirowise，2008）。这是因为虽然尚未确定有关产品的许多细节（配方或工艺），但主要的原材料和包装通常会在初期被确定。因此，早在概念开发时就应该了解产品潜在的对生命周期的影响。最好通过对产品进行一些生命周期研究来完成，以此获得一定的对概念阶段的理解。不过，基于当前的生命周期文献，依赖于上述食品可持续性原则也可能有所帮助。例如，意识到具有可回收包装是可持续产品的重要考虑因素，但这一概念可能不适用于汤或饮料的自加热包装（即不可回收）。

在概念阶段的前期考虑所有的食品可持续性原则非常重要。但是，一些可持续性原则通常会成为项目目标的优先考虑因素。而原型设计和基础开发是测试这些优先级以提供各种方法来实现项目目标的阶段。在工艺、流程和包装开发这一阶段，这些优先级实质上就包含在项目中。生命周期评价（LCA）是在原型设计和开发中很有用的工具，它可以确保做出的选择不仅满足项目优先级，而且不会对其他的原则产生负面影响。最后，在商业化步骤中，LCA 对于确保实现和维持可持续性目标非常重要。采用 LCA 的方式有很多种，且在每一个产品开发阶段的 LCA 都不同。例如，库存和影响评估将在商业化阶段完成，以制定基准并监测进展。而在原型设计过程中，可以采用更加简化的（甚至是定性的）方法。

总之，可持续性原则和优先级以下列方式适配产品开发过程：

①概念开发和测试——考虑可持续性原则；

②原型和基础开发——测试可持续优先级；

③工艺、流程和包装开发——包括并最优化可持续优先级；

④商业化——确保满足并保持可持续优先级，且达到可持续性原则的平衡。

11.3.2　可持续创新

将可持续发展原则纳入产品开发是创新的重要来源。这些原则可用于新产品、产品改进、生产线扩展、削减成本和其他开发项目（包括工艺和包装设计）。下面介绍 4 种主要途径以展示可持续发展是如何提供创新手段的：

①围绕可持续性原则所面临的挑战进行创新；

②识别可持续目标与业务目标之间的交集；

③参照自然界考虑如何解决创新问题；

④基于生命周期评价创新。

11.3.2.1 围绕可持续性原则所面临的挑战进行创新

有人说，每一项创新的背后都有一个问题。解决问题的过程可以分解为几个步骤以最大化创新成果，图 11.1 所示为产品开发的创新方法。

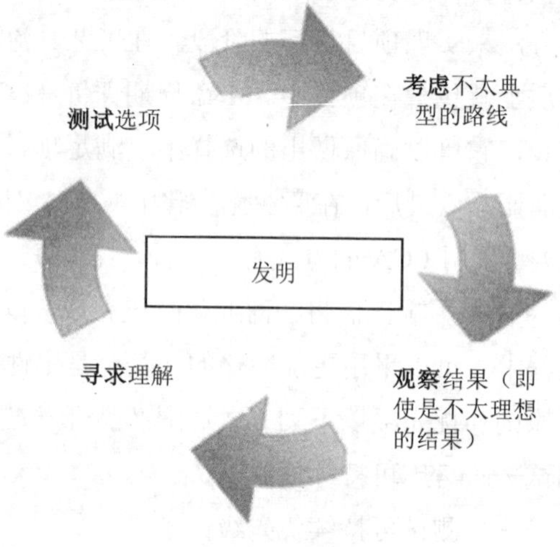

图 11.1 产品开发的创造性方法

首先定义问题，接着用不同的视角再次定义（寻求理解），然后通过测试，其中包括探索难以解决的问题和非典型的路径。通过这一过程和仔细观察，出现的意想不到的后果可能会带来新的解决方案。然而，如果没有挑战的存在，在这种情况下的可持续性原则，可能无法带来创新。而创新可以通过一个、一些或全部的原则来实现。

例如，在开发冰沙饮料时，可以假设使用乳制品作为原料。然而，了解到食品的可持续性原则之一是尽量减少动物成分的使用，人们可以使用大豆一类的植物蛋白。但是，大豆蛋白具有其自身特殊的风味。该专利描述了如何通过非典型的途径探索问题，即去除而不是掩盖这一风味，从而产生一种新颖的解决方案。此外通过仔细研究，还发现该途径可以应用于其他蛋白质来源（US 7097874；US 7094439）。

11.3.2.2　识别可持续目标与业务目标之间的交集

Bhanti（2008）认为业务和可持续目标通常是一致的：用更少的资源做更多的事情（最大化地利用资源），持续建设（长期可行性），使其可扩展（为变革做准备）和设计整个架构（因为协作是关键）。为了更仔细地研究这种方法如何有助于创新，当想要用更少的资源做更多的事情时，可以通过寻找库存打包、闲置设备或副产品的新用途来实现。例如，许多乳制品加工商通过分散废弃物来抵消乳清中损失资源的费用。但是，乳清包括一些可用于产品的高价值成分，包括渗透液（蛋白质分离后剩余的物质）中的乳制品矿物质。分离乳制品矿物质并不是一个复杂的过程，且这些成分可用于为现有产品添加更多的健康和保健成分。

为进一步说明，美国烘焙和非烘焙食品的领导生产商 General Mills Inc.实施了一个项目，即通过优化产品设计和相关生产流程来减少浪费和生产成本，从而用更少的资源做得更多。这是通过审查一条生产线的材料使用数据来完成的，该数据表明在板材、化妆台和包装区域中的废弃物产生量增加（Minnesota Pollution Control Agency）。主要原因是面团温度，产品和生产线可行性（设备与产品的兼容性）、员工培训和沟通以及生产线维护方面存在问题（Minnesota Pollution Control Agency）。该公司由此改进了许多工艺和生产线，包括添加导板以防止产品在包装过程中从输送机边缘掉落；因为用蛋糕盘盛放面团送入烤箱中，因而对蛋糕盘的垂直和水平导向结构进行了改进；在生产线旁边张贴了优质产品与劣质产品的对比照片，以尽量减少被误判为劣质产品而处理掉的情况；冷却剂监测和维护，以确保适当的面团温度；调整传送带，以提高设备性能。这些改进使该生产线上的原料废弃物减少了 40%（每年 64 万磅）（Minnesota Pollution Control Agency）。该公司估计，该计划减少超过 420 万磅废弃物，每年可节省近 480 万美元（Minnesota Pollution Control Agency）。其中，节省的成本来自原料、能源、劳动力和废弃物处理成本的减少（Minnesota Pollution Control Agency）。此外，该公司继续构建详细的废弃物跟踪数据库，以提供各个区域生产线的信息。

11.3.2.3 参照自然界考虑如何解决创新问题

仿生学的概念是大自然为创新提供许多资源。Benyus（1997）仔细描述了这种创新方法，其核心思想是大自然已经解决了我们遇到的许多问题。人们已经发现动物、植物和微生物什么是有效的，什么是合适的，以及最重要的问题——究竟什么能长久存在（http：//www.biomimicryinstitute.org）。例如，在考虑如何制作密封的包装以保持产品新鲜度时，人们可以了解自然界在何处以及怎样采用密封的解决方案。令人惊讶的是，大自然不必依赖黏合剂等化学品来实现密封，而是利用分子间作用力的物理设计（微小的毛发和衬垫产生电力吸引力），如青蛙和壁虎等动物的脚上就是这种作用力。

仿生学的另一个例子是在软体动物的壳中发现的三维对数螺旋，它还存在于潮汐海藻叶的螺旋形状中及我们自己的皮肤孔隙形状中，水蒸气可以通过这些孔隙逃逸（http：//www.biomimicryinstitute.org）。液体和气体通过这些几何一致的形式向中心流动，其间摩擦力较小，效率较高。PAX 科学家根据这种形状设计了风扇、螺旋桨、叶轮和通风装置。该技术的流线型效果表明，根据具体应用的不同，风扇和其他旋转器的能量需求降低了 10%～85%；风扇叶片设计还可将噪声降低 75%（http：//www.biomimicryinstitute.org）。此外，PAX 流线型原理也用于工业搅拌机和水泵，它通常仅需要平时马力的 1/15～1/4（https：//www. paxscientific. com）。

11.3.2.4 基于生命周期评价创新

LCA 工具已经在第 5 章中介绍过，它可以在许多阶段提供对产品和过程甚至整个系统的深入了解。当在产品和包装设计中使用这一工具时，可以比较选择并优化流程。最好将此用于大多数可持续创新和产品开发过程，以确保产品有助于减少对环境的影响，并避免将环境危害从一个领域的生产、维护或处置转移到另一个领域。乍一看，许多产品似乎比同类产品更环保；然而，采用 LCA 方法仍然很重要，因为虽然产品在某些方面可能危害较小，但在其他方面可能更有害。

例如，Spitzley（1997）等的一项研究使用 LCA 来评估饮料包装选择。该研究比较了玻璃、高密度聚乙烯（HDPE）、纸板、软袋、聚碳酸酯、无菌纸盒、聚对苯二甲酸、钢和复合材料等材质，以及生命周期指标范围内的复合方案。他们发现能量密集度较低的材料是最理想的，且这种材料通常有较轻的质量而且可以重复使用。令人惊讶的是，它们是塑料而不是纸板。因此得以证明可重复包装方案的可行性，如可重复填充的 HDPE 和聚碳酸酯瓶等。此外，他们还发现如果不可以重复使用，则可以使用另一种轻质、柔软的袋子来替代。

11.4 总结

本章所概述的食品可持续性原则汇总了现阶段生命周期研究的结论以及本书中提到的其他发现。这些原则为评估食品可持续性提供了指导，并可以作为创新的来源之一。由此带来的将是更可持续的产品、更可持续的业务，以及更可持续的供应链。

参考文献

Benyus, J. 1997. *Biomimicry: Innovation Inspired by Nature*. New York, NY: Harper Collins.

Bhanti, C. 2008. *The Future as a Design Challenge*. Available from http://www.greenbiz.com/users/chhaya-bhanti. Accessed March 10, 2008.

Braschkat, J., A. Patyk, M. Quirin, G.A. Reinhardt, 2003. "Life cycle assessment of bread production—a comparison of eight different scenarios." In: *Life Cycle Assessment in the Agri-Food Sector: Proceedings from the 4th International conference, October 6-8*, Bygholm, Denmark.

Business Link. *Make Your Business More Sustainable*. 2007. Available from http://www.businesslink.gov.uk/bdotg/action/detail?r.l1=1079068363&r.l3=1079404746&type=RESOURCES&itemId=1079404840&r.l2=1079363670&r.s=sc. Accessed September 19, 2008.

Envirowise. 2008. *Packaging Design for the Environment: Reducing Costs and*

Quantities. Available from http://www.envirowise.gov.uk/GG360. Accessed September 19, 2008.

EPA (United States Environmental Protection Agency). 2007. *Green Engineering*. Available from http://www.epa.gov/oppt/greenengineering. Accessed September 19, 2008.

EPA (United States Environmental Protection Agency). 2008. *Green Chemistry*. Available from http://www.epa.gov/greenchemistry. Accessed August 19, 2008.

Katajajuuri, J.-M., and Y. Virtanen. 2007. "Environmental impacts of product packaging in Finnish food production chains." In: *Proceedings from the 5th International Conference on LCA in Foods, April 25-26, 2007*, Gothenberg, Sweden.

Minnesota Pollution Control Agency. *General Mills Inc., Chanhassen Bakeries and Foodservice Plant: A Case Study*. Available from http://proteus.pca.state.mn.us/oea/publications/dfe-generalmills.pdf. Accessed September 19, 2008.

Spitzley, D.V., G.A. Keoleian, and J.S. McDaniel. 1997. *Project Summary: Life Cycle Design of Milk and Juice Packaging*. Available from http://css.snre.umich.edu/css_doc/CSS97-08.pdf. Accessed September 19, 2008.

US 7037547. Akashe, A. and R. Meibach. Method of deflavoring soy-derived materials for use in beverages. May 2, 2006.

US 7094439. Akashe, A., C. Jackson, A. Cudia, and J. Wisler. Meibach. Method of deflavoring whey protein. August 22, 2006.

US 7097874. Meibach, R., A. Akashe, G.W. Haas, and L.G. West. Process for debittering peanut hearts. August 29, 2006.

Yakovleva, N. 2005. "Sustainability indicators for the UK food supply chain." In: *Measuring Sustainability of the Food Supply Chain Seminar*, Cardiff University, October 27, 2005.

Zimmerman, J. *Sustainable Development through the Principles of Green Engineering*. Available from http;//web.mit.edu/d-lab/assignment_files/green.pdf. Accessed September 19, 2008.